기독교 신앙의 근본적인 주제를 다룸에 있어, 톰 라이트는 복잡한 이슈들을 놀랍게 압축하여 쉬운 언어로 설명하는 책을 내놓았다. 이 책에는 익히 알려진 라이트의 방대한 지식, 창의적이고 깊은 신학적 사고, 번뜩이는 통찰력·달변·학문적 비판성, 역사적 기독교 신앙에 대한 확고한 헌신, 오늘의 그리스도인들의 삶을 위한 목회적 관심 등이 잘 표현되어 있다. 목회자들과 신학도들뿐 아니라 지성인 평신도들에게도 아주 유익한 책이다. 이른바 "자유주의자들"과 "보수주의자들"에게 공히 서로 다른 이유로 때때로 이견을 불러일으키겠지만, 성경을 더 진지하게 해석하게 할 교훈을 얻도록 그들 모두에게 도움을 줄 것이다.

김세윤 | 풀러신학대학원 신약학 교수

이 책에 담긴 논의와 설명은, 어떻게 성경이 하나님의 권위의 통로가 되는지에 관한 전체 풍경을 광범위하면서도 강력한 회오리와도 같이 통과한다. 성경에 대한 왜곡된 이해를 바로잡고 성경 연구에 대해 최상급의 방식을 드러내는 이 책은 처음부터 끝까지 그야말로 대가의 작품답다.

제임스 패커 | 리젠트 칼리지 신학 교수

톰 라이트의 성서 해석은 사고를 형성하는 심원한 영향을 주어왔다. 이제 그는 이 책에서 우리가 가진 성경에 대한 기본적 전제에 주의를 돌리게 하고 다시 생각하게 만든다. 그로써 우리의 사고와 대화를 마비시켜온 "자유주의" 대 "보수주의"라는 양극화 현상을 넘어설 길을 열어준다.

브라이언 맥클라렌 | 『새로운 그리스도인이 온다』『예수에게서 답을 찾다』저자

톰 라이트가 어떤 학자인지를 여실히 보여주는 최고의 작품이다. 치밀한 탐구에 근거한 도발적이고 통찰력 넘치는 이 책은 오래된 질문과 해묵은 논쟁들을 재구성함으로써 성경을 다시 한 번 생생하게 살아 있는 역동적인 실체로서 만나도록 이끈다. 성경을 읽는 사람 누구나, 성경을 사랑하는 사람 누구나 이 책에서 비범한 지혜를 발견할 수 있을 것이다.

티모시 조지 | 샘포드 대학교 비손신학대학원 학장,
「크리스채너티 투데이」(*Christianity Today*) 수석 편집자

톰 라이트 특유의 기백이 살아 있으며, 가끔씩은 신랄함을 보이지만 고상함을 잃지 않는 『성경과 하나님의 권위』는 우리로 하여금 더욱 충실히 성경에 귀 기울이게 할 것이며, 성경 해석의 본질에 대해 한층 더 생산적인 대화를 하게 할 것이다.

「책과 문화」(*Books and Culture*)

신학자, 목회자, 평신도 할 것 없이 성경의 권위에 대한 논의에 관심이 있는 사람이라면 누구나 이 책을 읽고 토론해야 한다.

「열린 근원 신학」(*Open Source Theology*)

성경이 과연 어떤 책인지에 관한 여태까지 나온 책들 중 최고의 책이다!

「기독교 세기」(*Christian Century*)

Scripture and the Authority of God

How to Read the Bible Today

성경과 하나님의 권위

톰 라이트, 성경을 말하다

톰 라이트 지음 | 박장훈 옮김

Holy WavePlus

목 차

머리말

성경에 관한 책을 쓰는 것은 마치 수려 장대한 마터호른 봉 앞에다 조그만 모래성을 쌓는 일과 같다. 당신이 기대할 수 있는 최상의 것이라곤 산 위를 보는 대신 밑을 내려다보는 이의 시선을 끌거나, 아니면 산이 그리는 스카이라인에 너무 익숙해진 나머지 저 특별한 아름다움에 싫증을 느끼는 사람의 시선을 잡아끄는 정도가 아닐까? 하지만 지난 수년 동안 성경이 무엇인지 그리고 그리스도인의 사명과 사고에 있어서 성경이 어떤 위치를 차지해야 하는지에 대한 수많은 토론에 참여하면서, 나는 점점 더 다음과 같은 결론에 도달하게 되었다. 즉 교회 안팎에 있는 사람들, 어쩌면 생각보다 훨씬 더 많은 사람들에게 성경이라는 거대한 산에 다시 한 번 오르도록 권유해야 한다는 사실이었다. 그것도 이번에는 완전히 새로운 시선으로 작은 둔덕뿐 아니라 울퉁불퉁한 바위와 그 틈새, 절벽과 설원까지 모두 다, 그래서 결국엔 눈부시게 빛나는 위험천만한 산꼭대기까지도 탐험할 수 있도록 말이다. 이 말이 무슨 뜻인지는 책이 진행될수록 명료해지길 바란다.

특별히 어떻게 성경이 권위를 가질 수 있는가라는 질문은, 최근 전 세계 교회 가운데 벌어졌던 무수한 논쟁 속에 반복하여 울려 퍼진 주제이다. 모든 기독교 교회가 교회의 사명, 삶, 교리, 규율에서 성경이 차지하는 중심성과 권위에 대해 강력한 성명을 발표했고 거기에 공식적으로 서명했다. 하지만 이런 선언서가 실제로 무엇을 의미하는지, 구체적으로 어떻게 실천될 수 있는지에 대해서는 아직 동의가 이루어지지 않은 상태다.

여러 해 동안 수많은 토론에 참석하고 성경을 전문적으로 연구한 결과, 나는 교회가 최소한 몇 가지 질문에 대해서는 잘못된 방식으로 다루고 있음을 확신하게 되었다. 이전 논문에서 나는 핵심적인 질문 하나를 연구했는데, 그것은 대부분이 **이야기**로 되어 있는 글이 어떻게 "권위"를 가질 수 있느냐는 질문이었다["어떻게 성경이 권위를 가질 수 있는가?"는 *Vox Evangelica*(1991, 21호, p. 7-32)에 발표되었고, 지난 수년 동안 썼던 다른 글들과 함께 www.ntwrightpage.com이라는 웹페이지에도 게시되어 있다]. 다음으로 나는 『신약성서와 하나님의 백성』(*The New Testament and the People of God*, 크리스찬다이제스트 역간) 제5장에서 성경을 5막으로 구성된 연극으로 보아야 하며, 그 연극의 마지막 장을 연기해내는 것이 바로 우리가 받은 소명이라는 논증을 펼쳤다. 지금 쓰고 있는 이 책은 이전에 썼던(앞서 소개한) 두 글을 토대로 하고 있으며, 같은 질문을 다루되 새로운 방식으로 문제를 풀어가려 했다.

다음 두 위원회에 참여했던 경험이 나에게 이 책을 쓰도록 특별한 자극을 주었다. 이 위원회들의 목적은 "연합"("성공회 연합"에서의 "연합"이란 뜻으로)이 본질적으로 무엇인지 살펴보는 것이었고 따라서 성경에 관한 질문들을 중점적으로 다루었다. 한 위원회는 스티븐 사이크스 주교(Bishop Stephen Sykes)가 의장을 맡았던 "국제 성공회 교리 및 신학 위원회"인데 아직도 작업이 진행 중이다. 또 다른 위원회는 로빈 임스 대주교(Archbishop Robin Eames)가 의장으로 있는 "램버스 위원회"로 2004년 세 번의 모임을 가졌으며, 그 결과물을 10월 18일 "윈저 리포트"(Windsor Report)로 발표했다. 위 두 위원회에서 활동하면서 동료들과 나누었던 대화를 통해 이 책의 핵심적 논지가 발전되었다. 내 책에 등장하는 단락들 중에는 "윈저 리포트"와 겹치는 부분이 조금 있을 텐데, 이는 동료들과의 대화로부터 내가 많은 도움을 받았음을 입증한다. 동료들과의 대화는 나로 하여금 쟁점 사항들을 새롭고 신선한 관점으로 바라보도록, 또 하고 싶은 말을 더욱 명확하게 표현하도록 자극했다. 이 책을 깊은 감사의 마음과 함께 스티븐과 로빈에게 바친다. 이들이 두 위원회의 토론을 활기차게 이끌어준 덕분에 나는 관련 주제들에 대해 더 깊이 생각할 수 있었다. 진정한 감사를 표하는 바이다.

독자들은 "성경의 권위"를 다룬다는 저작에서 광범위한 논의와 여타 다른 저자들과의 논쟁도 소개되기를 기대할지 모른다. 나는 이 책이 이런 측면에서 결코 완결적이라고는 생각하지 않는다. 차라리 이 책은 현 시대를 위한 소책자에 더 가깝다. 내가 쓴 다른 책들이 너무 길다고 불평했던 사람들은, 내가 이 책에서는 어쩔 수 없이 압축적으로, 때로는 마치 전보 문구같이 간결하게 논의하느라 미처 언급하지 못한 모든 내용들에 대해 불평하지 않으리라 믿는다. 나중에 좀더 여유 있을 때 같은 주제를 다시 다루어야 할 것 같다. 이는 내게 많은 가르침을 준 저술가들과의 논의를 이어나가기 위해서다. 또한 내가 이 글을 쓰면서 자기들의 생각을 한 마디 말도 없이 그대로 빌려 쓰고 있다고 느끼거나 그 생각들에 연루되어 있음을 감지한 저술가들과 대화를 나누기 위해서이기도 하다.

이 자리를 통해 갑작스러운 부탁에도 원고를 읽고 평해준 사람들, 앤드루 고다드(Andrew Goddard) 박사, 리처드 헤이스(Richard Hays) 교수, 브라이언 왈쉬(Brian Walsh) 박사, 그리고 동생인 스티븐 라이트(Stephen Wright) 박사에게 깊은 감사를 표한다. 이들은 책에서 내가 한 말에 대해 아무 책임이 없으며, 사실 어떤 부분에서는 나의 견해에 지속적으로 반대할 것임에 틀림없다. 하지만 내 의견을 명확하게 표현하는 데 이들이 큰 도움을 주었다. 늘 그렇듯 SPCK 출판사에 감사하고, 특히 이 책이 완성되는 과정에 여러 가지 도움을 준 사이먼 킹스턴(Simon Kingston), 조안나 모리어티(Joanna Moriarty), 샐리 그린(Sally Green), 루이즈 클래어몬트(Louise Clarimonte), 트리샤 데일(Trisha Dale)에게도 감사를 표한다.

이 책에서 나는 "구약성경", "신약성경"이라는 단어를 사용했다. 오늘날 많은 사람들이 이 명칭들이 부적절하고 편파적이라고 여기며, 그래서 "히브리어 성경"(아람어로 쓰인 부분도 있지만) 혹은 "기독교 성경"과 같은 표현을 선호한다는 사실을 잘 알고 있으면서도 그렇게 했다. 내가 그리스도인으로서 이 글을 썼기 때문이다. 나중에 논증하겠지만 기독교 탄생 시점부터 예수 그리스도를 따르는 자들은, 구약 시대 이스라엘의 성경이 바로 예수 안에서 궁극적으로 성취되었으며 이를 통해 예레미야가 예언했던 새 언약이 이루어졌음을 믿어왔다. 우리는 스스로에게 "중립적"이라는 딱지를 붙이는 척하는 일을 그만둬야 한다. 바라는 바는, 독자들이 이 문제를 비롯해 용어 사용에 관한 세부 사항들에 신경 쓰느라 내가 하는 말의 핵심을 놓치지 않는 것이다.

배경 설명과 함께 책을 시작할 것인데, 곧 성경에 관한 논의를 먼저 교회사의 흐름 속에서 보고 그 다음에는 현대 문화의 맥락 속에서 살펴볼 것이다(프롤로그). 그러한 내용을 이미 알거나 내가 하고자 하는 말의 핵심에 바로 접근하기를 원하는 사람들은 논의가 본격적으로 시작되는 제1장으로 바로 넘어가면 된다.

내가 몸담고 있는 교회가 지난 수세기 동안 사용했던 아름다운 기도문으로 이 머리말을 마무리하고자 한다.

우리의 배움을 위해 거룩한 성경 전체가 기록되게 하신 은혜로운 주님, 우리로 하여금 성경을 듣고 읽고 표시하고 연구하고 내적으로 소화하게 하셔서, 당신의 거룩한 말씀이 주는 인내와 평안을 얻게 하시고, 그 말씀을 통해 당신의 아들이시며 우리의 구세주이신 예수 그리스도 안에서 주신 거룩한 영생의 소망을 우리가 마음에 품고 더욱더 굳건히 붙들 수 있도록 도와주시옵소서.

오클랜드 캐슬에서
톰 라이트

프롤로그

교회와 그리스도인의 삶에서 성경의 지위

기독교 내에서 성경의 지위: 기독교 탄생 이후 1,500년 동안

최근 들어 교회의 사명과 공동 생활에서 성경이 어떤 지위를 차지하고 또 어떤 역할을 하는지에 대해 다시 한 번 뜨거운 논쟁이 일어나고 있다. 우리는 최근 교회 곳곳에서 일어나는 "성경에 대한 논쟁"(battle for the Bible: 이 논쟁은 성윤리 문제에만 국한되지는 않지만 주로 이와 관련해 일어나고 있다)을, 교회와 세상 안의 더 광범위한 이슈들의 한 부분으로 이해해야 할 필요가 있다. 이 사실을 제대로 인식하고 대처하지 않는다면, 우리는 특정한 성경 구절이나 주제에 관한 토론은 물론이고 성경의 권위에 대한 논의조차도 마치 귀먹은 자들 사이의 동문서답에 불과함을 지속적으로 확인하게 될 것이다.

우선 대략적으로나마 기독교 세계 내부에서 성경이 어떤 지위를 차지해왔는지 살펴보고자 한다. 언제나 성경은 기독교 교회의 삶의 중심이었다. 예수님도 자신이 잘 알고 있던 구약성경, 곧 당시 유대 문화 속에 깊숙이 녹아 있던 히브리어와 아람어로 된 다양한 이야기, 노래, 예언, 지혜 등에 지대한 영향을 받으셨다. 초대교회 신자들도 예수님이 읽은 것과 동일한 구약성경을 읽으면서 살아 계신 하나님이 예수님을 통해 무엇을 성취하셨는지 연구하고 이해하며 설명하려고 했고, 또한 그에 비추어 자신의 삶을 올바로 재정비하기 위해 열정적으로 노력했다. 초기 기독교 문헌들이 본격적으로 수집된 것은 2세기 초 무렵이었다. 그리스도인들은 이 문헌을 경외감을 가지고 대했으며, 여기에 유대인의 원래 성경이었던 구약성경과 비슷한 지위를 부여했다. 2세기 말에는 위대한 기독교 사상가들이 나타나 성경을 연구하고 주해하는 작업을 진행했다. 그들은 이스라엘의 성경인 구약뿐 아니라 예수님의 제자들이 근래에 쓴 그리스어 문헌도 성경으로 간주했다. 그들의 성경 연구와 주해는 주로 교회의 사명을 밝히고 교회를 견고하게 하여 외적 핍박과 내적 논쟁을 이겨내게 하는 데 중점을 두었다. 뒤를 이어 오리게네스, 크리소스토무스, 히에로니무스, 아우구스티누스가 나타났으며 그보다 더 후에는 아퀴나스, 루터, 칼뱅과 같은 저술가들이 등장할 것이었다. 오늘날 이들은 종종 위대한 "신학자"로 불리지만, 이들은 스스로를 다른 무엇보다도 성경 교사로 여겼을 것임에 틀림없다. 당시에는 아직 오늘날과 같은 "신학"과 "성서학" 사이의 현대적인 구분이 나타나지 않았기 때문이다.

종교개혁에서 현재까지

중세 교회 안에 생긴 전통에 대항하기 위해 16세기 종교개혁자들이 택한 전략은 성경에 의지함으로써 교회의 근거를 다시 세우는 것이었다. 그리하여 종교개혁에 기반하여 탄생한 교회들은 모두 초기 기독교 교부들이 그랬던 것처럼 성경의 핵심적 중요성을 강조한다. 루터교, 개혁주의, 성공회, 장로교, 침례교, 감리교, 최근의 오순절 교회에 이르기까지 모두 자신들의 믿음과 삶과 신학에 성경이 중심을 차지함을 공식적으로 인정한다. 이런 태도로 인해 종교개혁 이후 생겨난 교회들은, 교회 생활 속에서 성경이 어떻게 작용하는지를 좀더 복잡하고 뒤얽힌 방식으로 설명하는 동방 정교회나 로마 가톨릭 교회와 구별되었다. 하지만 종교개혁 이전부터 존재했던 이 두 교회도 성경이 문자로 기록된 하나님의 말씀이라는 교리를 포기한 것은 아니다. 사실 로마 가톨릭이나 동방정교회가 종교개혁 이후의 교회들을 비판하는 이유도 어떤 특정 구절에 대한 해석의 차이 때문만이 아니라, 종교개혁 이후 교회들이 성경에 대해 가볍고 오만한 태도를 취하는 것같이 보였기 때문이었다.

경건과 제자도에서 중심적 지위를 차지하는 성경

여하간 어떤 기독교 교회도 성경을 단순히 어떤 문제를 논의할 때 참고하는 책 정도로 여겼던 적은 없다. 교회의 탄생 때부터 성경은 예배 생활에서 핵심적 위치를 차지했는데, 이는 성경이 성도의 **사상** 형성뿐 아니라 **찬양**과 **기도**에도 중요한 지위를 차지함을 보여준다. 많은 기독교 전통에서 예배의 중심에 시편을 사용한다는 점, 뿐만 아니라 대부분(아니면 적어도 여러) 교단에서 성찬식 때 복음서를 읽는다는 사실은, 성경이 지속적으로 하나님이 자기 백성에게 말씀하고 또 그분의 백성이 응답하는 가장 중요한 통로라는 암묵적이지만 강력한 믿음이 교회 바탕에 깔려 있음을 증명한다. 오늘날 널리 퍼져 있는 개인적인 성경 읽기와 성경 연구의 습관은 한때는 특별히 장로교적 현상이었지만 지금은 로마 가톨릭 안에서도 많이 권장되고 있으며, 오랫동안 기독교 경건 생활의 중심적인 역할을 담당해왔다.

성경 공부의 중요성은 경건 생활뿐 아니라 제자도에서도 마찬가지다. 성경을 읽고 연구하는 일은 어떻게 우리가 하나님의 사랑 안에서 성장해야 하는가라는 문제의 중심에 있다. 또한 성경 공부는 어떻게 우리가 하나님과 그분의 진리를 더욱 온전히 이해하게 되는지, 어떻게 도덕적 역량을 키워 모든 것이 우리를 악한 방향으로 끌어당기는 것처럼 느껴질 때에도 예수님의 복음에 합당한 삶을 살 수 있는지 하는 문제에 있어서도 아주 중요하다. 이러한 문제는 그리스도인의 삶에 본질적인 부분을 차지하기 때문에, 정상적인 성도라면 그 삶이라는 옷감 처처에 성경이라는 실이 함께 직조되지 않을 수 없다. 교회는 저마다 성경의 권위와 역할에 대한 이론을 실제화하기 위한 방식을 개발해왔다. 내가 속한 교회(성공회의 일부인 영국 국교회)가 성경에 대한 신념을 표현하는 전통적인 방식은, 관련된 모든 문제를 다루는 묵직한 논문이나 장황한 교리를 만들어내지 않는 것이다. 그렇게 하면 평신도들이 성경에 거리감을 느껴서 새로운 마음으로 성경을 읽고 생각하고 기도해야 할 필요성을 잃어버릴 수 있다고 믿기 때문인 것 같다. 대신 영국 국교회는 성경 읽기가 공적 예배의 초점이 되어야 함을 지속적으로 강조해왔다. 모든 그리스도인들이 스스로 성경을 읽고 연구하도록 권면해왔으며, 교회 지도자 특히 주교에게는 성경을 연구하고 가르치며 그에 따라 교회 질서를 바로잡는 가장 중요하면서도 엄숙한 임무를 맡겼다.

오늘날 세상 안에서 성경

성경은 단순히 교회 안에만 머물러 있지 않다. 자신의 본질과 사명에 충실한 교회라면 항상 하나님의 세상을 향해 열려 있기 때문이다. 현대 문화는 성경과 관련하여 제기되는 문제들에 다양한 방식으로 영향을 미친다. 이제 나는 복잡하게 서로 맞물린 채 상호 작용하는 다섯 영역을 살펴보고자 한다. 곧 문화, 정치, 철학, 신학, 윤리학이 그 영역이다. 물론 이 다섯 가지가 전부라는 말은 결코 아니다. 하지만 이 영역들의 상황을 알고 나면, 왜 성경을 사용하는 일이 교회를 예의 주시하고 있는 세속 세상의 인정을 받는 것은 고사하고, 교회 내에서조차 전체적인 승인과 동의를 이끌어내는 것이 (특히 서구 세계에서) 그토록 어려운지 이해하게 될 것이다.

성경과 문화

수많은 논의를 불러일으켰을 뿐 아니라 여전히 논란이 지속되고 있는 "모더니즘"과 "포스트모더니즘" 문화 사이의 상호 작용은, 적어도 서양 사회 안에다 불확실성의 분위기를 심어놓았다. 이 현상은 다음 세 가지 영역에서 쉽게 발견된다.

첫째, 우리가 누구이고 우리가 왜 여기에 있는지에 대해 말해주는 위대하고 오래된 **이야기들**이 반대에 부딪히고 해체되었다. 어떤 의미에서 포스트모던 경향은 모더니즘 수사법 자체의 방향을 전환시키고 있다. 모더니즘은 18세기 계몽주의와 함께 생겨난 운동으로서 볼테르 같은 사상가를 통해 영향력을 발휘했으며, 교회가 전하는 거대하고 전체를 포괄하는 이야기를 공격함으로써 그 입지를 굳혔다. 포스트모더니즘도 모더니즘과 마찬가지로 인간의 삶에 질서를 부여하는 위대한 이야기들("거대 담론")을 공격하는데, 특히 모더니즘이 자신의 밑천으로 삼았던 "진보"와 "계몽"의 테마를 담은 이야기까지도 공격 대상으로 삼았다. 성경은 하나님에 관한 상당히 비중 있는 개별적인 이야기도 제공하지만, 창세기에서 요한계시록까지의 정경 구성 전체로 보면 하나의 큰 이야기를 들려준다. 그런데 모더니즘의 폭격을 받은 현대인들은 이런 거대 담론 자체를, 거부해야 한다고 배워온 대상들 중 하나로 여긴다. 다른 거대 담론과 마찬가지로 성경의 이야기도 누군가의 사적 이익을 위해 이용되는 것은 아닌지 하는 즉각적인 의심을 일으키는 상황이다. 사람들은 성경 이면에 일종의 권력 게임이 작동하는 게 아닌지 의심한다.

둘째, **진리**라는 개념에 대해 면밀한 조사가 이루어지고 있다. 사실 "조사"라는 말은 너무 약하고, 진리가 공격당하고 있다고 해도 과언이 아니다. 오늘날 많은 사람들이 두 가지 다른 종류의 "진리"를 말한다. 첫 번째 종류의 진리는 "예수가 십자가에서 돌아가신 것이 사실입니까?"라고 할 때의 그 "사실"을 의미한다. 우리는 앞의 질문을 "그 사건은 정말 역사적으로 일어났습니까?"라는 뜻으로 이해하는 것이다. 하지만 두 번째 경우의 "진리"는 다르다. "'탕자의 비유'가 **진리**입니까?"라는 질문에서는 "그 사건이 정말로(역사적으로) 발생했다"라는 첫 번째 진리 개념을 적용하지 않는다. 왜냐하면 본질상 비유는 역사적 사실 차원을 추구하지 않기 때문이다. 비유는 역사적 사실 여부와 상관없는 다른 차원의 "진실"로 간주된다. 만약 비유가 "진리"를 포함하고 있다면(비유가 정말로 "사실"이라면), 그것은 탕자의 이야기가 하나님과 그분의 사랑을 그려내고 인간의 어리석음을 겹겹이 드러내기 때문이며, 그 내용이 인간의 지식과 경험의 모든 부분에 비추어봤을 때 타당하게 들리기 때문이다.

두 가지 종류의 진리가 존재한다는 것, 여기까지는 다 좋다. 비록 대부분의 사람들이 두 가지 종류의 "진리"에 대해서, 그리고 이 두 "진리"가 다른 영역에 미치는 영향에 대해 고민하기 위해서 언제나 잠시 멈춰 서지는 않겠지만 말이다. 모더니즘 후기를 지배하던 과제는, 모든 현상에서 "사실"을 추출함으로써 인간 담론의 점점 더 많은 영역들을 첫 번째 종류의 "진리" 속으로 밀어 넣어 압축시키려던 시도였다. 그렇게 함으로써 세상만사를, 일종의 저울질할 수 있고 측정할 수 있으며 증명 가능한 상자 안에 집어넣으려 했던 것이다. 마치 화학 같은 일반 과학에서 실험을 시행하듯, 심지어 수학 공식을 사용하듯 말이다.

하지만 이러한 모더니즘의 시도가 적어도 역사학과 사회학 같은 분야에서 그 정도를 넘어서자, 이제 포스트모더니즘이 우리를 정반대 방향으로 몰아가고 있다. 이 최신 사상 경향은 모든 "진리", 심지어 실험으로 증명된다고 여겨지는 과학적 "사실들"조차도 결국은 권력 대결의 결과물에 지나지 않는다고 주장한다(절대 진리에 봉사한다고 간주되던 자연과학자들도 결국 돈이 되는 특정한 약 같은 것을 팔아서 이익을 챙기려는 회사를 위해 일하지 않던가). 100여년 전에 니체가 이미 말했듯, 진리라고 하는 모든 주장은 권력을 쟁취하기 위한 수단에 불과하다. "사물을 있는 그대로" 담아낸다고 하는 모든 진술이 "내가 그것을 보는 방식", 심지어 "그것을 바라보는 내게 적합한 방식"의 다양한 변종들로 바뀌고 만다.

앞에서 소개한, "내가 사물을 보는 방식" 대신 "(어떤 특정한 문화 안에서) 우리가 사물을 바라보는 방식"을 주장할 수도 있겠다. "사회적 구성"(social construction)이라는 아이디어에 따르면, 첫눈에 봤을 때는 논란의 여지 없이 객관적이며 수량화될 수 있는 것 같아 보이는 개념들이 사실은 "어떤 특정한 사회가 실체를 바라보는 자신만의 관점을 구축하는 방식"으로 밝혀진다. 우리가 말하는 실체란 객관적 실체 자체가 아니며 한 사회가 그것을 바라보는 상대적인 방식일 뿐임을 주장하는 이 개념은, 전체적인 "진리" 이해에도 깊은 영향을 미쳤다. 알다시피 성경은 진리에 대해, 또한 진리가 개개인과 어떤 연관성을 가지는지에 대해 많이 말하고 있다. 하지만 "사회적 구성"의 관점에서 보면 성경의 주장들을 특정한 시각 그리고 상당히 상대적이며 상황적인 시각으로 축소할 수 있으며, 더 나아가 그렇게 하는 것이 옳다고 생각할 수도 있다. "너에게 진리"인 것이 "나에게 진리"는 아닐지도 모른다는 입장이 대두된다. 또한 "실체의 사회적 구성"이 각 사회와 문화마다 판이하게 다를 수도 있다. 이러한 문화적 전환은 불과 얼마 전까지만 해도 대부분의 사람들에게 이해하기 힘든 것이었지만, 이제는 너무 당연히 받아들여져 모순적이게도 그 자체가 우리 시대의 수많은 사람들에게 절대적이고 의심할 수 없는 진리가 되어버렸을 정도다.

셋째, 우리는 **개인적 정체성**의 위기라는 문제에 봉착했다. 더 이상 "'나'는 누구인가"라는 질문에 예전과 같이 쉽게 대답할 수 없게 되었다. 개인은 더 이상 "자기 운명의 주인이자 영혼의 지휘자"가 아니며, 스스로 속을 들여다볼 때 발견하는 것이라고는 소용돌이치며 차올랐다가 빠져나가는 충동의 파도뿐이다. 관찰 행위 자체가 그 관찰 대상에 변화를 일으킨다는 요약으로 대중에게 알려진 하이젠베르크의 불확정성 원리가, 우리 모습을 거울로 들여다볼 때 일어나는 일과 걱정스럽게도 잘 맞아떨어진다. 성경은 인간으로서, 하나님의 백성으로서, 예수님을 따르는 자로서 우리가 누구인가에 대해 많은 것을 이야기한다. 특히 우리가 하나님의 형상으로 창조되었으며 그 형상이 새롭게 회복되어가는 자들로 부르심을 받았다고 말한다. 그렇기 때문에 우리의 정체성에 대한 성경의 선포를 마음과 생각 속에 붙들고서 그에 합당하게 살고자 최선을 다하는 일은, 오늘날의 문화에 정면으로 도전하는 행위이기도 하다. 왜냐하면 현재의 주류 문화는 우리가 누군지에 대한 기독교적 견해뿐 아니라 인간의 정체성에 대한 모든 고정되고 정해진 관점들을 다 부정하기 때문이다.

따라서 포스트모던적인 지적 분위기 속에서는 (a) 세상을 이해하는 것, (b) 실체를 이해하는 것, (c) 나 자신을 이해하는 행위 전부가 늪에 빠질 위기에 처한다. "안다는 것" 자체가 무엇인지조차 알 수 없는 짙은 무지의 안개 속에 갇혀버릴 우려가 있는 것이다. 이런 인식론적 회의주의가 지배하는 사고방식은 오늘날 수많은 사람들이 항상 들이마시고 있는 문화적 공기이며, 이는 신문과 잡지를 잠깐만 살펴봐도 명백히 알 수 있다. 이런 식으로 세상과 자기 자신을 경험하는 사람들에게는 불확실성이 곧 삶의 방식이 된다. 물론 이 불확실성이 확실성을 향한 새롭고도 불안에 가득 찬 열망을 낳기도 하는데, 바로 그 이유 때문에 또한 근본주의가 호소력을 가지는 것이다. 오늘날의 근본주의는 모더니즘 이전 세계관으로의 회귀라기보다, 모더니즘에 속한 한 형태로의 회귀라고 보는 편이 정확할 것이다("객관적 진리"를 목표로 하여 유사 과학적 탐구라는 사고의 틀로 성경을 읽는 것). 어쨌든 이런 사고의 모든 층위는 일반적으로는 성경 읽기에, 구체적으로는 교회에서의 성경 사용에 영향을 미친다. 이 책에서 나는 다양한 형태의 모더니즘을 찬성하거나 모더니즘 이전으로의 회귀를 주장하지 않을 것이며 포스트모더니즘으로의 편승을 주장하지도 않을 것이다. 내가 소망하는 바는 뒤죽박죽 혼란스러운 이 모든 상황을 헤치고 나와 하나님의 세상 안에서 하나님의 세상을 위해, 하나님의 백성 공동체 안에서 기독교적이고 성경적인 온전함을 가지고 살아갈 길을 찾는 것이다.

성경과 정치

분명히 문화는 **정치**라는 두 번째 영역에도 영향을 끼친다. 현실은 무자비한 방식으로 자신의 존재를 재확인시키는 법이다. 누군가가 중동 지역의 모래사막 혹은 북아일랜드의 도로 위에 선을 그어 놓으면, 그 선을 지나가는 다른 누군가가 총에 맞는다. 2001년 9월 11일의 끔찍한 비극은 한편으로는 전형적인 포스트모던적 순간이었지만(모더니즘의 산물인 경제적·군사적 제국의 중요한 상징물이, 그에 대한 대체 이야기를 구현하고자 하는 자들에 의해 말 그대로 해체되어버린 사건!), 다른 한편으로는 현실의 부정할 수 없는 묵직함이 재확인되는 순간이기도 했다. 특히 세상은 죽음이라는 현실을 재확인했다. 죽음을 이윤과 오락적 즐거움의 공간 안에서 스스로를 무한 복제하며 무한 창출하는 게임의 한 국면쯤으로 생각했던 사람들이, 죽음의 부정할 수 없는 존재감을 다시 발견한 것이다.

우리는 정치에 관한 질문을 외면할 수 없다. 오늘날 서구 민주주의는 위기에 처해 있다. 점점 더 많은 사람들이 중요한 선거에 투표하기보다는 "리얼리티 TV쇼"에 그들의 표를 던진다. 과도하게 비대해진 다수당의 지위, 의회의 토론을 억압하는 내각, 정당 대변인들, 비민주적인 로비 활동 등과 같은 것들이 진정한 토론을 메마르게 한다. 많은 사람들이 좌파와 우파를 양극으로 하는 정당 분류 기준을 현실에 내재된 정해진 질서라고 여기지만, 사실 이런 양극화는 프랑스 혁명이 남긴 유산에 불과하다. 이런 획일화된 분류는 정당들과 논평자들, 투표자들을 오도하여 마치 세트 상품 구입자 같은 생각을 가지게 만든다. 특정한 한 개의 물품을 사면 자동적으로 한 더미의 세트가 따라오듯, 하나의 이슈에 대해 결정을 내리면 곧바로 다른 많은 이슈들에 대해서도 자동적으로 어떤 특정한 견해를 취해야 할 것으로 여기는 생각 말이다. 우리가 누구이고 무슨 일을 해야 하는지 발견하게 해주었던 옛 사고의 틀(예를 들어, 냉전 시대의 사고방식)은 뼈아픈 깨달음만 남긴 채 사라져 버렸다. 미래에 무슨 일이 일어날지 우리는 전혀 알 수 없으며 그래서 어떤 대책도 세울 수 없다는 굴욕적인 자각만을 일깨워준 채 말이다(발칸, 중동, 특히 이스라엘과 팔레스타인 간의 분쟁, 기근, 에이즈 등등의 문제를 상기해보라).

이른바 정치적 도덕성의 지평도 줄어들었다. 유대인 대학살과 핵폭탄은 지난 50년 동안 도덕적으로 어두운 그림자를 드리웠다. 서구 사회의 모든 도덕적이고 정치적인 논쟁들은, 무엇이 틀렸다는 사실은 분명히 알지만 그것을 바로잡는 법은 전혀 알 수 없는 암울한 시대 상황 속에서 발생했다. 어떻게 보면 현재의 정치적 논쟁과 행동을 유도하는 주요 자극은, 무슨 수를 쓰더라도 아돌프 히틀러는 되지 않겠다는 결심인 듯하다. 물론 이것은 의심할 여지없이 숭고한 목표이긴 하지만, 이미 달라져버린 세상의 구체적인 삶의 현실을 파악하는 데는 그리 큰 도움이 되지 못한다. 지금 우리가 당면한 문제를 모두 1930년대의 재방송쯤으로 받아들일 수는 없다. 왜냐하면 페미니즘과 포스트식민주의 같은 강력하고 중요한 운동들이 포스트모더니즘으로부터 힘을 얻기도 하고, 또 자신만의 새롭고도 "확실한" 도덕성("정치적으로 올바른"이란 표현이 이미 유행한 바 있다)을 창출하기도 하면서 매사에 우리 옷깃을 잡아당기기 때문이다.

이러한 세상 한가운데서 성경을 읽는다면 어떻게 될까? 우리는 성경의 출애굽과 가나안 정복 이야기, 해방과 왕국 이야기, 바벨론 유배와 귀환 이야기, 그리고 예수님의 우주적 주장에 대한 이야기—요약하자면 하나님 나라 이야기(!)—가 무시할 수도 없고 또 무시해서도 안 되는 새로운 복합적인 울림을 만들어냄을 발견한다. 그럼에도 불구하고 계몽주의 이래로 200년 동안이나 성경은 정치에 대해서는 침묵하는 책이라는 명제를 자명하게 여겨오는 가운데, 교회는 오늘날의 절박한 정치적인 이슈들을 다루기 위해서 이 계시의 책을 진지하고 책임감 있게 현대적으로 재해석하는 능력을 상실하고 말았다. 2세기의 이레나이우스로부터 16세기의 리처드 후커(Richard Hooker)에 이르기까지의 신학자들이 전혀 겪지 않았던 문제를 오늘날의 우리는 맞닥뜨리고 것이다.

성경과 철학

문화와 정치는 우리를 세 번째 영역 곧 **철학**으로 돌려보낸다. 사람들이 인식하든 그렇지 않든 간에 철학이 제기하는 문제는, 각 사회가 맞추고자 하는 거대한 퍼즐의 저변에 깔려 있는 근본적인 질문이다. 우리는 사물을 어떻게 인식할 수 있는가? 우리는 누구인가? 세상 전체를 어떻게 설명할 수 있는가? 세상은 단일체인가 아니면 "물질"과 "정신"으로 분리되는 이중성을 가지고 있는가? 만약 존재가 물질과 정신으로 분리되어 있다면, 두 가지 중 어느 쪽이 더 중요하고 "실제적인" 부분인가? 악의 본질은 무엇이며, 만일 가능하다면 악에 대해 무슨 일을 할 수 있고 또 해야만 하는가? 어떻게 사는 것이 세상 속에서 합당하게 사는 것인가? 이것들이 서양 철학이 다루어왔던 고전적 질문들 중 일부이다.

계몽주의는 마지막 두 질문에 나름의 답을 제공했다. 계몽주의의 문화적 폭발 현상 속에서 이전부터 존재하던 여러 철학적 견해의 갈래들이 하나로 통합되었는데 그중 하나가 악의 문제를 바라보는 새로운 방식이었다. 악의 문제는 특히 17세기의 종교 전쟁과 1755년에 발생했던 리스본 지진을 계기로 첨예하게 부각된 참이었다. 계몽주의가 제시한 새로운 관점이란 세상을 하나님의 영역과 물질의 영역 두 부분으로 나누는 것이었다. 위층은 하나님이 계신 곳이고, 아래층은 순전히 인과율만이 지배하는 세상이다. 이렇게 가정하면 하나님은 매일 물질세계를 가동하는 책임을 지거나 세상에서 일어나는 일들에 관여하지 않게 된다. 만약에 그렇지 않다면 리스본 지진을(이제는 "아우슈비츠"도 추가해야 할 테지만) 어떻게 이해할 수 있겠는가? 하지만 이런 계몽주의적 시도는 결정적 약점을 가지고 있었다. 하나님을 공식에서 빼버림으로써 그분을 물질세계에 얽매이지 않는, 그래서 현재에는 영적 위안을, 미래를 위해서는 영적 소망만을 제공하는 존재로 축소시켰던 것이다. 그 결과 세상은 하나님의 품에서 전적으로 인간의 수중으로 넘어온다. 특히 위와 같은 철학자들의 이분법적 세계 이해를 기반으로 하여, 새로운 기술을 개발하는 자들은 이전에는 상상할 수 없던 수준으로 자연계를 통제하고 활용할 수 있게 되었다. 이제 하나님은 하늘에만 계시고 세상에는 관여하지 않으니, 우리가 산업과 에너지와 정치적 제국을 통해 세상 문제를 해결하자는 것이 그들의 생각이었다.

하지만 계몽주의는 자기가 한 약속을 이행하지 못했으며, 우리는 실패했다. 사람들은 싸움을 멈추지 않았고, 계몽주의의 세례를 받은 지역들마저도 내분에 휩싸였다. 당면한 문제에 대해 소위 "이성적인" 해결책이라고 내놓은 것들 중에는 구소련의 강제 노동 수용소(Gulag)나 나치의 유대인 대학살 같은 끔찍한 것도 있었다. 계몽주의를 토대로 한 국가들 중 가장 대표적 나라인 미국은 아무 견제 없이 세계적인 제국이 되어버렸고, 많은 국가들이 여전히 가난하거나 더 가난해지는 상황임에도 미국은 매 순간 더 부유해지는 모순에 처해 있다. 이 모든 현존하는 문제들이, 포스트모더니즘이 저항 운동으로서뿐 아니라 그 자체로 일종의 철학으로서 싹터서 자라나게 하는 비옥한 토양을 이루었다. 그 결과 20세기 철학은 거대 담론적 질문에서 돌아서서 한편으로는 분석철학("비록 우리가 무슨 말을 하는지 그 의미는 잘 모를지언정 최소한 논리에 맞는 말을 하도록 애쓰자"는 주장)으로, 또 다른 편으로는 실존주의("이 부조리하고 낯선 세상에서 어떻게 진정한 삶을 살 수 있을까?")로 후퇴했다. 하지만 이 또한 막다른 골목임이 드러났다. 실체는 무시된 채 이미지만이 전부로 여겨지는 가상 현실 속에서 굳이 언어 논리에 맞는 이야기를 해야 할 필요가 있을까? 매 순간 "나"라는 존재 자체를 내가 인식하지 못하는데 실존적 "진정성"을 추구해야 하는 이유는 또 무엇일까?

여기서 나는 옛날 사고방식, 즉 포스트모던 이전의 모더니즘적 사고가 성경 연구에, 신학대학과 교회가 성경을 가르치는 방식 속에, 그리고 계속 고전들로 여겨지는 많은 책들 속에 뚜렷한 흔적을 남겼음을 지적하고 싶다. 주류 문화에서는 이미 절대적 진리의 객관성을 추구하는 이러한 예전 사고방식이 신빙성을 잃었는데도 말이다. [아직도 많은 선생들은 "아무런 전제 없이" 행한 연구를 통해 얻은 "객관적" 결과를 제시한다는 식으로 말하며, 그 객관적 결과에 대한 어떤 이의 제기도 순진한 혹은 비평주의 이전(pre-critical) 사고방식으로의 회귀로 간주한다.] 현재 성경 연구에 몇몇 새로운 형태의 물결이 일고 있기는 하다. 예를 들어 페미니즘과 포스트식민주의 같은 포스트모더니즘 운동의 물결이 새로운 시각을 제공하고 있다. 앞에서 언급했듯 이 모든 현상들이 이미 벌어지고 있으며, 사람들이 성경을 읽고 성경에 대해 이야기하는 방식에 영향을 주고 있다. 우리가 인식하든 그렇지 않든 간에, 어쩌면 특히 이 사실을 인식하지 못하는 경우에 더욱더 큰 영향을 받으리라. 이렇게 소용돌이치는 철학 토론의 물살에 민감하게 반응하면서도 스킬라(Scylla: 그리스 신화에 나오는 바다 괴물)에 낚아챔을 당하거나 카리브디스(Charybdis: 그리스 신화에 나오는 소용돌이를 일으키는 바다의 정령) 속으로 끌려 내려가지 않는 식으로 성경을 읽을 방법은 없을까?

성경과 신학

네 번째는 **신학**이다. 신학 자체도 마찬가지지만, 다원주의를 자처하는 북미 문화 속에서 최근의 성경 연구와 관련된 사실들은 성경을 읽는 데 풍성함을 제공하는 동시에 다른 요소들 못지않게 혼란을 가중시켰다. 신학에서 성경의 지위는 자주 등장하는 토론 주제였는데, 특히 1960년대와 1970년대에 자유주의 신학이 한창이었을 때 그러했다. 오늘날에는 당연하고 확고하다고 여기는 답변들이 그때는 아직 주어지지 않았던 것이다. 비록 존 로빈슨(John A. T. Robinson)이 훌륭한 성서학자로서 환호를 받긴 했지만, 자신의 가장 유명한 저서 『신에게 솔직히』(*Honest to God*, 대한기독교서회 역간)에서 이 신학자는 기독교적 사고방식을 새로 빚어가는 과정에서 성경과 씨름해야 할 의무를 느끼기는커녕 오히려 성경이 해결책이 아니라 문제의 일부라고 본다. 1970년대에 위르겐 몰트만(Jürgen Moltmann), 콜린 건튼(Colin Gunton), 로완 윌리엄

스(Rowan Williams) 같은 신학자들이 주도한 삼위일체 신학의 부활도, 자세하고 명시적인 성경 참조나 성경 주해를 충분히 동반하지 않은 현상이었다. 아마도 이 조직신학자들은 참고할 수 있었던 성서학자들의 신론이 흥미가 없었거나 아니면 "교리"라는 것 자체에 관심이 없었던 것 같다.

지나간 두 세대 동안 성경 자체에 대해, 다시 말해서 성경 텍스트가 실제적으로 무엇을 의미하는지에 대해 진지한 저술을 남긴 조직신학자나 철학적 신학자가 거의 한 명도 없었다. 이를 잘 보여주는 주목할 만한 예가 바로 존 웹스터(John Webster)의 『성경: 교리적 스케치』(*Holy Scripture: A Dogmatic Sketch*, CUP, 2003)이다. 누구라도 이 책을 읽고서는 성경이 담고 있는 실제의 내용에 대해 전혀 알 수 없을 것이다. 만일 웹스터가 이런 항의에 대해 듣는다면 자기 책의 의도를 잘못 파악한 것이라고 반박할지 모른다. 하지만 스스로 성경이 모든 기독교적 사고의 주요 근원임을 주요 논지로 삼은 이상, 이 주장 또한 성경에 근거를 두는 편이 더 적절하지 않았을까 싶다(훌륭한 학자라 충분히 그렇게 할 수 있었으리라). 아마도 칼 바르트(Karl Barth)가 『교회교의학』(*Church Dogmatics*, 대한기독교서회 역간)에서 방대한 성경 주해를 제공했지만 그중 많은 부분이 지속적인 조사와 증명 과정을 버텨내지 못하는 것을 보면서 신학자들이 다소 움츠러든 것 같다. [하지만 두 가지 예외가 존재한다. 하나는 앤서니 티슬턴(Anthony C. Thiselton)인데 철학적 해석학에 관한 두 권의 묵직한 책, 『두 지평』(*Two Horizons*, 총신대학출판부 역간)과 『해석학의 새 지평』(*New Horizons in Hermeneutics*, HarperCollins, 1992)을 비롯해 상당히 두꺼운 『고린도전서 주석』(Eerdmans, 2000)은 방금 논의한 현대 신학 경향을 고려할 때 독특하고 인상적인 작품이다. 다른 예외는 올리버 오도노반(Oliver O'Donovan)인데 그의 많은 저작들, 특히 『국가들의 욕망』(*The Desire of the Nations*, CUP, 1996)은 단순히 성경의 실상뿐 아니라 성경 내용에 관해서도 일관된 성찰을 담고 있다.]

종종 조직신학자들은 초기 기독교 신앙에 대한 글을 쓰면서, 성서학은 몇몇 그리스어 어근을 바로잡아주는 작업에 지나지 않는다는 듯이, 아니면 자신들이 찾고자 하는 신학적 아이디어들을 성경 본문에서 "발견"해낸 성서학자들만이 중요하다는 듯이 굴었다. 성서학자들은 중립적이고 객관적인 도구와 방법을 사용하여 성경에 관한 "사실"들을 알려주고 조직신학자들은 이 사실들을 "해석"한다는 식의 옛 사고방식을 가지고 있는 사람은 더 이상 아무도 없다. 성서학 분야에서 일해본 사람이라면 성서학자들이 누구 못지않게 많은 해석적 전략과 기대를 가지고 성경 텍스트에 접근한다는 사실과, 해석의 완전성은 어떠한 전제도 가지지 않을 때 이루어지는 것이 아니라 자신의 전제들을 인식하고 다른 해석을 가진 사람들에게 귀 기울이고 그들과 소통할 의무를 느낄 때에만 도달 가능하다는 사실을 알고 있고 또 알아야만 한다. 하지만 어떤 사람들은 옛 사고방식이 (자기 생각과 잘 들어맞기만 하면) 어떤 면에서 아직도 옳은 것인 양 고집한다.

좀더 시야를 넓혀보자. "급진 정통주의"(radical orthodoxy)라고

자처하던 운동이 일종의 재개된 중세 신학을 내세우려 했던 적도 있었지만, 이상하게도 이들의 전략 가운데는 성경이 빠져 있었다. 이와 대조적으로 아프리카와 비서구 세계에서 생겨난 다양한 신학은 튼튼하고 풍성하게 성경에 근거를 두고 있다. 비록 최근까지 서구의 제대로 된 관심을 받지 못한 탓에 이들이 큰 영향력을 발휘하지는 못했지만 말이다. 기독교와 유대교, 이슬람교, 힌두교 등 다른 종교 공동체와의 관계에 대한 연구가 점점 더 중요하게 인식되고 있는데, 이 작업에서도 성경은 종종 당혹감을 주는 요소로 비쳐왔다.

사실 현대 신학의 상당한 부분에서 흔히 성경은 하나의 자료 이상으로 여겨지지 않는다. 어떤 경우에는 중요하고 풍성하고 고무적이지만, 다른 경우에는 문제투성이며 곤혹스러운 자료로 여겨지는 것이다. 하지만 이와 관련해 기독교 신학이 어떻게 성경의 권위 아래에 놓일 수 있는지, 동시에 신학이 성경의 권위에 대해 어떤 이론적인 설명을 제공할 수 있는지에 대한 전체적인 이해는 전혀 이루어지지 않는다.

성서학 내에서도 1990년대 미국의 "예수 전쟁"과 점점 더 뜨거운 논쟁거리인 "바울에 대한 새 관점", 페미니즘(과 다른) 운동들이 부각하고 있는 "폭력적 성경"(폭력과 억압을 정당화하기 위해 사용되어왔던 성경 구절들에 대한 분석 연구), 이 모두가 앞서 언급된 문화적·정치적·철학적인 압박들에 대한 반응인 동시에 (종종 인식되지 않은 채 발생한) 상호 작용의 흔적이다. 이 모든 상황을 고려할 때, 두 손을 든 채 포기를 선언하며 개인 영성을 위한 자극 외에 과연 성경으로부터 얻을 것이 무엇이 있겠느냐고 반문하는 사람들이 이해가 가기도 한다. 하지만 과연 이런 포기가 건강한 것일까? 몇몇 비평가들의 소리에 귀를 기울여보자. 그들에 따르면 이런 진리의 포기는 성경이 강력하게 경고하고 있는 재난이다. 여기서 한 걸음 더 나아갈 방법은 없는 것일까?

성경과 윤리

다섯째로 **윤리**에 관한 질문이 있다. 성경과 성경의 권위에 대한 상당한 양의 토론은 바로 이 윤리의 영역에 집중되어 있다. 윤리에 대한 질문이야말로 지금까지 다룬 모든 요소들을 하나로 엮는 요인이다. 아니 더 정확히 표현하자면 윤리적 질문이 앞서 언급한 문화·정치·철학·신학으로 만들어진 벽에 부딪혀 튕겨 나오는 형국이라고도 볼 수 있을 것 같다. 이를 분명하게 보여주는 예가 최근 들어 두드러지게 나타나는, 전쟁과 평화에 대한 논쟁을 다시 불붙이는 다소 광적인 발언이다. "정의로운 전쟁"(just war)이란 표현을 들어본 적도 없는 사람들이 갑자기 이 표현이 말하는 진정한 의미에 대해 생각해봐야 할 필요성을 느끼고 있다. 더 나아가 평화주의에 대해 성경은 어떤 자극을 주고 있는지, 또 예수님의 복음은 어떤 명령을 하는지 살펴보려고 한다. 예수님은 평화주의자였을까? 그분이 폭력을 신봉하지 않았다면 왜 환전상들의 탁자를 둘러엎었을까? 바울은 "모든 권세"는 하나님이 정하신 바며, 그 권세에는 "칼을 소지하는"(롬 13:1-7) 권한이 주어졌다고 했는데, 그러면 여기서 사도는 그리스도인의 군 복무를 허가하는 것일까? 사실 최근에 이르기까지 이런 군 복무의 윤리성에 대해 질문을 던진 이는, 상대적으로 소수의 서구 그리스도인뿐이었다.

비슷한 양상은 성과 젠더에 대한 오늘날의 논쟁에서도 나타난다. 이 첨예한 논쟁은 우리 시대의 문화적·정치적·철학적·신학적 상황 가운데서 탄생하고 모양을 갖추었으며 새로운 형태로 변형되기도 했다. 질문과 관련된 최근의 좋은 예는 동성애 문제를 놓고 벌어지는 "본질주의자"(essentialist) 대 "구성주의자"(constructivist) 간의 치열한 논쟁이다. 개인의 객관적 "정체성"에 대해 다소 모더니즘적 입장을 견지하는 본질주의자는, 한 사람의 성적 정체성은 곧 그 사람의 성적 "경향성"이나 선호도라고 주장한다. 그리하여 이를 증명할 수 있는 "동성애 유발 유전자"를 발견하고자 집요한 탐구를 계속하고 있다. 이에 반해 구성주의자들은 성에 대해 철저하게 포스트모던적이고도 예측 불가능한 발상을 지지한다. 그들의 주장에 따르면 개인이 어떤 종류의 행동을 할지 그 선택은 삶을 살아가는 과정 가운데서 일어난다. 이들은 한 개인의 행동을 설명하고 해명하거나 정당화하는 데 있어서, 어떤 외부적인 기준이나 객관적 실체를 거론하거나 "정체성"이란 개념을 상정해야 할 필요를 느끼지 않는다. 두 진영 사이의 이런 논쟁은 다른 논조로 진행되기도 하는데, 예를 들어 "본성"(nature)과 "양육"(nurture) 사이의 대립이 그러하다. 물론 이런 도식으로 과거의 토론 전부가 요약되지는 않는다. 어쨌든 이 모든 논쟁이 성경과 연관성이 있을까? 있다면 도대체 어떤 연관성을 가질까?

성경과 하나님의 새로운 말씀

이 다섯 영역의 도전에 직면해 있다고 해도 그리스도인의 성경 읽기가 압력에 짓눌려 이런저런 모양으로 변형되어서는 안 된다. 외부의 압박 속에서 자신 안으로 움츠러드는 오늘날의 기독교 사상과는 대조적으로, 예수님이 남긴 비유들은 돌파적이고 혁명적이었다. 예수님의 말씀은 1세기 유대교 세상 안으로 뚫고 들어가 낡은 사고를 깨뜨리고 새롭게 하나님의 나라를 이해할 수 있는 방식을 열어주었을 뿐 아니라, 다른 방식의 생각과 기도와 삶을 착안하는 참신한 식견을 가질 수 있게 하는 해석학적인 공간을 창조했다. 같은 방식으로 성경 또한, 하나님의 말씀이 계속 살아서 역동적으로 힘을 발휘하고 열매를 맺을 것이라고 약속한다(사 40:8; 55:11; 히 4:12). 그렇기에 우리는 성경을 새롭게 읽고 가르치는 작업을 통해 하나님이 주시는 신선한 관점들을 받고 그것으로 현대 문화와 그 안의 모든 것들을 다루고 비판할 수 있을 것이라는 소망을 가질 수 있다. 무기력하게 세상 문화의 틀 속에 그 관점들을 밀어 넣음으로써 중성화시키지는 않으리라고 희망할 수 있는 것이다.

그렇기에 진지한 토론을 하면서 마치 성경 구절만 들이밀면 문제가 해결될 것처럼, 로마서 13장에 호소하여 군사 활동을 정당화한다든지 로마서 1장을 근거로 동성애 행위를 금지한다든지 하는 것만으로는 불충분하다. 이런 식으로 편의에 따라 행동하는 것은 해당 성경 구절의 의미와 맥락에 관해 오래전부터 진행되어온 심각하고 진지한 논쟁의 역사를 무시하는 것이며, 그 저변에 깔린 다음과 같은 중요한 질문에 주목하지 않는 것이다.

1. 애당초 성경에 권위가 있다면, 그것은 어떤 의미에서인가?
2. 어떻게 성경을 적절하게 이해하고 해석할 수 있는가?
3. 적절한 해석이 수행된다고 전제하더라도, 세상은 말할 것도 없이 최소한 교회에 대해 어떻게 성경이 권위를 행사할 수 있는가?

우리는 앞으로 이 책에서 바로 이 질문들을 다룰 것이다.

낡은 논쟁과 새로운 논쟁 사이의 차이는 무엇인가?

항상 그런 것은 아니지만 성경에 대한 이러한 논쟁들은, "전통"과 "이성"에 관련하여 성경이 가지는 권위를 따졌던 16세기 논쟁과 비슷하게 들리곤 한다. 그리고 그 때문에 16세기 논쟁을 중심으로 신학적 입장을 전수받은 주류 교단의 그리스도인들, 특히 많은 성직자들은 너나 할 것 없이 자기 입장을 밝혀야 할 것 같은 강한 부담과 필요를 느끼는 것 같다. 이렇게 되면 성경에 대한 논쟁은 더욱 혼란스러운 양상을 띠게 된다. 모든 논란이 진리의 문제를 떠나 자기 소속, 자기 분파에 대한 충성심의 문제로 변질되는 것이다. 개신교나 복음주의적 관점을 가진 자들이라면 성경의 권위를 강조할 것이다. 가톨릭적 배경을 가진 자들이라면 전통을 강하게 옹호할 것이고, 자신을 자유주의자로 생각하는 사람들은 이성을 강조할 것이다.

그러나 "성경"과 "전통"과 "이성"이라는 개념 자체, 그리고 이 삼자 사이의 관계는 지난 400년간 한 번도 고정된 상태에 머문 적이 없다. 사본 발견 과정에서 이루어진 약간의 교정을 제외하고 상대적으로 변함없는 상태를 유지해온 성경조차, 오늘날에는 16세기 때와는 다르게 "인식"되는 것이 사실이다. 16세기적 관점에서 보면 성경은 참된 교리와 윤리의 보고였다. 헤로도투스와 투키디데스의 저술이 초기 그리스 역사 연구에서 일차적 "권위"를 가지는 것처럼, 성경도 초기 인류와 이스라엘의 역사에 있어서 "최상의" 권위를 지닌 것으로 간주되었다. 하지만 지금은 상황이 바뀌었다. 물론 개인차는 있겠지만, 점점 더 많은 사람이 성경을 이스라엘이라는 변방의 종교적이고 문화적인 역사의 흐름을 반영하는 잡다한 문서들의 수집물 또는 짜깁기로 여기거나, 아니면 거대 담론적 내러티브, 즉 하나님과 세상 전체를 포괄하는 이야기로 간주한다(제8장 206-215쪽을 참조하라). 마찬가지로 "전통"이라는 단어도, 교리의 발전사를 다룬 존 헨리 뉴먼(John Henry Newman) 같은 사람 이래로 전과는 다른 의미를 지니게 되었다(제5장 125-133쪽과 제8장 201-204쪽을 참조하라). 또한 후커와 동시대인에게는 주로 명확하고 논리적인 사고라는 뜻으로만 이해되었던 "이성"(reason)도, 이제는 대문자 R로 시작해야 하는 단어, 다시 말해 독립적인 정체성을 가진 단어로 변했다. 그리하여 "이성"은 어떤 개별적인 출처를 가리키는 동시에 현대 과학의 결과물이라고 여겨지는 것도 지시하게 된 것이다(제5장 135-141쪽과 제8장 204-206쪽을 참조하라).

앞 논지를 통해 내가 전하고 싶은 메시지는 명확하다. 이 책이 다룰 내용을 다시 16세기적 논쟁에 뛰어드는 것으로 바라보는 시각은 극단적인 혼란을 초래하리라는 것이다. 과거의 구분들이 더 이상 중요하지 않다거나 현재의 질문들과 전혀 일치점이 없다는 이야기를 하는 것이 아니다. 둘 사이에 존재하는 관계에 대해서는 책의 후반부에 논의될 것이다. 내가 말하고 싶은 요지는, 21세기에 충성스러운 그리스도인이 된다는 것이 무엇을 의미하는지, 특히 새로운 압박과 도전을 충분히 고려하면서 성경을 지혜롭고 성숙하게 읽고 가르칠 수 있는 그리스도인이 된다는 것이 무엇을 의미하는지 우리 각자가 깊이 탐구해야 한다는 것이다. 과거의 지혜를 활용하는 것은 정당하지만, 그렇다고 현재 우리의 질문들이

루터나 칼뱅, 크랜머, 후커, 혹은 아퀴나스나 이그나티우스 로욜라, 존 헨리 뉴먼, 칼 바르트, 윌리엄 템플, 마이클 램지, 존 로빈슨이 직면했던 것과 동일하다고 착각해서는 안 될 것이다. 지금 우리는 지도에 표시되지 않은, 미지의 바닷가에 서 있다. 그리고 이 바다는 요즘 떠들고 있는 몇몇 논객들이 느끼는 것보다 훨씬 더 깊다.

얕은 수준에서 진행되는 최근 논쟁

직면한 문제의 심각성에도 불구하고, 현재의 논쟁이 다만 얄팍하고 하찮은 수준에서 그치고 마는 것은 서글픈 일이다. 관련 질문에 대해 쓰인 저술들의 양이 엄청남을 고려할 때 이런 질적 불만족은 놀라운 일이 아닐 수 없다. 우리 모두는 논쟁 상대에 대한 인신공격과 비방에 그치는 입씨름에 익숙하다 못해 질려 있다["근본주의적"(fundamentalist)이나 "급진적"(radical) 등등의 단어 속에 내포된 경멸의 기미를 떠올려보라]. 또한 우리 모두는 "연좌"(guilty by association)라는 전술의 수렁에도 깊숙이 빠져 있다. 여러 견해가 각자 다른 이슈를 다룰 수도 있는데도 그들 사이의 이런저런 유사점들만을 근거로 누가 어느 편에 속하는지 명단을 경솔하게 확정지어버리는 행위 말이다. "성경은 무엇무엇을 말하고 있습니다!"라는 식의 지나치게 단순화된 확언도, "당신은 성경을 너무 순진한 방식으로 읽는군요. 우리는 성경을 **컨텍스트 안에서** 읽는데 그렇게 하면 모든 의미가 달라진답니다"처럼 상대방을 강하게 부정하는 입장도 진지한 토론을 진행하는 데 걸림돌이 될 뿐이다.

성경이 자기가 듣기 싫은 내용을 말하는 것 같아, 이 성스러운 책을 편향된 방향으로 몰아붙일 때에도 비슷한 문제가 발생한다. 이런 경향은 이른바 "보수주의자"들 가운데 은밀히 발생하는데, 이들이 "개인의 구원"이나 이신칭의 교리에 과도한 강조점과 중요성을 부여한 나머지 바울 구원론의 또 다른 차원들, 즉 교회적(ecclesial)·세계교회적(ecumenical)·성례적(sacramental)·생태학적(ecological) 차원들을 의도적으로 무시하는 경우가 바로 그런 예다. 사실 "개인의 구원"이나 이신칭의 교리는 종교개혁, 계몽주의, 낭만주의, 실존주의의 다층적 영향 속에 형성되었다. 반면 "급진주의자"들 사이에서는 성경의 편향적 사용이라는 경향성이 대담하고 도전적으로 표출된다. "바울은 이렇게 말했지만, 이제 우리는 그가 틀렸음을 알고 있다" 하는 식으로 말하는 데 쾌감을 느끼며 전통타파주의자들의 인기에 영합할 때가 특히 그렇다. 우리가 새로운 지혜를 구하고 찾으려 할 때 해야 할 일은 이 모든 그릇된 경향을 찾아 적합한 이름을 달고 그것들을 부끄럽게 여기며 제거하는 것이다.

최근 문헌

성경적 권위의 본질이 무엇인가에 대해 철저하게 다룬 권위 있는 몇몇 저술이 있었음을 부정하지는 않겠다. 하지만 이 지면에서는 그 작품들과 상세하게 대화할 수도 없고 또 현존하는 다양한 견해들을 요약할 수도 없기 때문에, 다만 다양한 책의 도움을 받았다는 사실만 밝히고 넘어가기로 한다(물론 때로는 그 책들에 반대하지 않을 수 없는 경우도 있었지만). 나는 참고한 작품들을 중간중간 어지럽게 나열하는 대신 이 책 말미의 부록에 수록해놓았다. 이 저작들을 통해 우리는 성경이 무엇인지, 성경을 어떻게 문화적이고 지적인 기민함과 정직성을 가지고 읽을 수 있는지, 교회의 삶과 사명 완수에 있어서 어떻게 성경이 자신의 역할을 다할 것인지 하는 질문 전반에 관한 활기차고 진지한 연구들이 진행되고 있음을 볼 수 있다. 이런 연구들은 각자, 전형적인 모더니즘적 논쟁 방식에서 비롯된 비생산적인 양자택일적 사고를 지양하는 동시에 포스트모더니즘이 제공하는 고민스러운 해체 작업도 거부한다. 모더니즘이나 포스트모더니즘의 한계로부터 벗어나 창조적이고 지적인 사고를 할 수 있는 새로운 방법들을 보여주는 것이다. 이 책은 새롭게 떠오르고 있는 이러한 경향과의 암묵적이고 상호보완적인 대화 속에 자리하고 있다. 그리고 여기까지 책을 읽어오면서 더 깊은 논의에 참여하고자 하는 바람을 가지게 된 독자들은, 별 생각 없이 잘 정립된 기존의 견해만을 옹호하지 말고 논쟁의 최첨단 지점에서 벌어지는 진지한 토론에 참여할 준비를 갖추기 바란다.

제 1 장

성경의 권위는 어디로부터인가?

프롤로그에서 우리는 기독교 역사 속에서 성경이 어떤 역할을 했는지에 대해 고찰했으며, 뒤이어 현대 문화가 어떻게 성경의 역할에 대한 오늘날의 이해에 영향을 미쳤는가를 살펴보았다. 이제 제1장에서는 "성경의 권위"를 더 큰 신적 권위의 일부로서 바라볼 것이다.

"성경의 권위"란 "성경을 통하여 발휘되는 하나님의 권위"를 뜻하는 축약어다.

여기서 우리는 책 전체의 가장 핵심적인 주장에 다다른다. 즉 "성경의 권위"라는 용어는 "어떤 방식이든 **성경을 통하여** 발휘되는 삼위일체 하나님의 권위"의 약어일 경우에만 기독교적인 의미를 가질 수 있다. 이 주장을 자세히 들여다보면 다른 몇 가지 관련된 사항들이 훨씬 더 분명해진다.

바울은 통치자들과 관련해서 모든 권위는 하나님으로부터 온다고 선포했다(롬 13:1). 또한 예수님도 요한복음 19:11에서 비슷한 말씀을 하셨다. 마태복음 28:18에서 부활하신 예수님은 더욱더 놀라운 주장을 하시는데, 바로 하늘과 땅의 모든 권세가 **예수님 자신**에게 주어졌다는 말씀이 바로 그것이다. 이 주장의 반향은 예를 들어 빌립보서 2:9-11 같은 다른 성경 구절 속에서도 울려 퍼진다. 지상과 하늘의 모든 권위의 주인으로서 예수님의 이미지는, 구약(사 40-55장)과 신약(계 4-5장)에 나오는 수많은 성경 구절들을 잠깐만 살펴봐도 확인되는 사실이다. 요한은 "태초에 말씀이 계시니라"라고 선언했으며, 이런 단언은 "그리고 그 말씀이 글로 쓰였다"가 아니라 "그리고 그 말씀이 육신이 되었다"라는 말로 절정에 도달했다. 히브리서는 과거 성경을 통해 말씀하시던 하나님을 강렬히 소개하는 것으로 시작하지만, 이제는 그 하나님이 아들을 통해 말씀하신다고 주장한다(1:1-2). 이 모든 말이 "성경"의 진술임을 고려할 때 우리가 발견할 수 있는 것은, 성경은 자기 자신이 아닌 하나님을 가리키고 있으며 최종적인 참된 권위는 하나님께 속하고 예수 그리스도께 위임되었음을, 권위를 가지고—정말 성경이 권위를 가진다면!—주장한다는 점이다. 요한복음 8:39-40에서도 하나님으로부터 들은 진리를 말씀하는 분은 예수님이었다.

이 모든 것들을 고려할 때 "성경의 권위"라는 익숙한 용어는 첫눈에 드러나는 것만큼 단순하지 않음을 알게 된다. 그리고 이러한 예기치 못한 복잡성 때문에 현재 진행 중인 어떤 논쟁들이 그

토록 열매 맺기 힘든 것은 아닌가 싶다.

그러나 이런 문제는 많은 학문의 영역에서 고질적으로 발생하는 문제로서, 우리는 이에 대처할 만큼 성숙해야 한다. 종종 슬로건이나 틀에 박힌 문구는 복잡한 내용을 간단하게 요약하여 전달하는 역할을 한다. 기독교 신학에서도 이러한 문구들은 늘 "휴대용 이야기"(portable stories)와 같은 역할, 즉 예수님이나 교회, 세상에 관한 길고 복잡한 이야기를 편리하게 여행 가방에 접어 넣어 들고 다닐 수 있게 하는 역할을 한다[좋은 예로 "속죄"(atonement)라는 귀에 익은 전문 용어가 있다. 이 단어는 정작 성경에는 거의 쓰이지 않는다. 대신 "메시아가 성경대로 우리 죄를 위하여 죽으셨다"라든가 "하나님이 세상을 이처럼 사랑하사 독생자를 주셨으니" 같은 문장이 발견될 뿐이다. 하지만 속죄의 주제가 논의될 경우 매번 앞의 긴 문장들을 한두 개씩 그대로 반복하기보다는 이 전체 내용을 "담고 있다"고 여겨지는 단어 하나를 사용하는 편이 훨씬 쉽고 간편하다]. 다시 말해 이런 간편한 문구는 여행 가방과 마찬가지 방식으로 유용하다. 하지만 절대 잊지 말아야 할 것은 이렇게 간단한 표현을 사용하는 목적이, 여행 가방에 물건을 담아 다니는 이유와 동일하게, 새로운 장소에 갔을 때 가방을 열고 담긴 내용을 꺼내 사용하기 위해서라는 사실이다. 성경의 권위에 대한 너무나 많은 논쟁들에 휘말린 나머지 애초의 목적을 망각한다면, 이는 가방 속 내용물은 그대로 둔 채 잠긴 가방으로 서로의 머리를 내리치며 싸우는 바보짓과 다를 바 없다. 이제는 간략한 문구에 담긴 교리의 내용들을 꺼내 펼쳐놓고 검사

할 때가 되었다. 너무 오랫동안 여행 가방 안에만 있었기 때문에 몇몇 내용물에는 곰팡이가 피었을지도 모르겠다. 이런 경우 아마도 신선한 공기와 뜨거운 다리미가 도움이 될 것이다.

"성경의 권위"라는 문구를 여행 가방에서 꺼내보자. 그렇게 하면 우리는 이 문구가 하나님 자신의 권위나, 예수님이 부활하신 주님이자 하나님의 아들로서 그리고 임마누엘로서 가졌던 권위가 **성경에 위임되어 중재됨**을 나타내는 말이며, 이렇게 이해할 때만 비로소 기독교적인 의미를 가질 수 있음을 알게 된다. 다시 말해 "성경의 권위"는 "**성경을 통해 발휘되는** 하나님의 권위"라는 뜻으로 이해할 때만 진정한 기독교적 의미를 살리는 것이다. 그렇다면 다음과 같은 질문을 다시 던질 수 있다. 하나님 또는 예수님이 가진 권위를 우리는 어떤 의미로 받아들이는가? **하나님과 예수님의 권위 속**에서 성경은 어떤 역할을 하는가? 이 구도 속에서 성령의 역할은 무엇인가? 무엇보다 이 "권위"라는 것이 어떻게 **작용**하는가? 성경의 권위가 교회 지도자들이나 직분 받은 자들의 권위와 연관성이 있다면, 과연 그것은 어떤 종류의 연관성인가?

권위와 이야기

방금 던진 질문들에 대답하자면 먼저 우리는 또 다른 복잡한 문제에 직면해야 한다. 문제가 되는 것은, 앞에서 살펴보았듯 모든 권위가 예수님과 성령 안에 계시된 하나님에게만 속함을 성경 자신이 선포한다는 사실만이 아니다. 여기서 고찰할 또 다른 문제는 성경이란 책 자체의 내적 특성이, 전체로 보아서나 부분들에 있어서나 흔히 사람들이 "권위"라는 단어로부터 떠올리는 것과 거리가 멀다는 사실이다.

일단 성경은 규칙의 목록이 아니다. 비록 다양한 상황에 대한 많은 계명을 담고 있기는 하지만 말이다. 또한 성경은 올바른 교리의 요약도 아니다. 비록 이 책의 많은 부분이 하나님, 예수님, 세상, 우리 인간들에 관한 위대한 진리들을 어떠한 불확실성도 남기지 않는 명쾌함으로 선포하고 있지만 말이다. 유대교 정경 형태를 보든 기독교 정경 형태를 보든 간에 성경 전체를 가장 적절히 묘사할 수 있는 장르는 바로 "이야기"(story)이다. 물론 이런 진술은 복잡한 논의를 부추기고 몰고 올 것이 뻔하지만 그렇다고 이 주제를 무시하고 지나갈 수는 없다. 그런다고 득이 될 것도 없으니까 말이다.

우리가 질문하고 싶은 것은, 어떻게 이 이야기라는 형식이 권위를 가질 수 있느냐 하는 문제다. 어떤 육군 대령이 막사로 뚜벅뚜벅 걸어들어와서는 "옛날 옛날에 말이야" 하면서 이야기를 시작한다고 상상해보자. 아마 군인들은 어안이 벙벙해질 것이다. 또 다른 가정으로, 한 자전거 동호회의 총무가 안내문을 붙였는데 거기에 야외 활동 모임의 시각 대신 짧은 이야기가 적혀 있다고 해보자. 회원들은 언제 모임에 나와야 할지 알 수 없을 것이다. 얼핏 생각하기에 일상적으로 통용되는 "권위"의 개념과, 역시 일상적으로 통용되는 "이야기"의 개념은 서로 잘 맞지 않는다.

하지만 조금만 더 생각해보면, 앞에서 제시한 피상적인 수준보다 좀더 깊은 차원에서 뭔가 다른 것이 존재함을 알게 될 것이다. 먼저 육군 대령의 예를 다시 살펴보자. 그는 지난 몇 주간 무슨 일이 있었는지 "이야기"함으로써, 군인들로 하여금 그들이 앞으로 수행할 평화 수호의 임무가 어떠한 민감한 사안들과 직결되어 있으며 어떠한 내부적 역학 관계를 지니고 있는지를 이해하게 할 필요를 느꼈는지도 모른다. 대령의 이야기는 군인들에게 현재까지의 상황을 알리고, 계속해서 이어질 무용담의 다음 장면을 연기하는 것이 이 이야기에 귀 기울이고 있는 군인들의 몫임을 호소하는 역할을 할 수 있다. 자전거 동호회의 행정을 담당하는 총무의 경우도 짚어보자. 클럽 회원들에게 안전 수칙을 주지시키는데 실패한 이 총무는, 이번에는 다른 형태의 공고문을 게시하기로 마음먹을 수 있다. 이번 공고문에는 다른 언급은 전혀 없이, 안전 수칙을 무시하다가 사고를 당한 한 자전거 운전자의 비극적 이야기만 실음으로써, 강한 암시 효과를 노릴 수 있는 것이다. 이 두 가지의 경우를 보면 이야기를 통해서도 일종의 "권위"가 행사되고 있음을 알 수 있다. 단순히 지시 사항을 열거하는 것보다 훨씬 더 효과적으로 말이다.

앞에서 예로 든 경우 말고도 이야기는 다른 다양한 방식으로 사람들의 생각과 행동을 변화시키는 힘을 발휘한다. 즉 이야기가 권력과 권위를 행사한다는 말이다. (일단 여기서는 최근에 유행하고 있는 권력과 권위라는 두 개념 간의 관계에 대한 복잡다단한 논쟁은 접고 지나가자. 그저 내가 바라는 것은 현재 논의의 요지만 명쾌하게 전달하는 것이다.) 이야기는 어떻게 힘을 발휘하는가? 누구나 아는 뻔한 이야기를 늘어놓다가 갑자기 말미에 놀라운 반전을 준다고 해보자. 그것을 듣는 사람들은 충격에 빠져 자신과 세상을 다른 시각으로 바라보게 될 것이다. 비극적인 감정이나 유머 혹은 드라마를 이용한 이야기는 독자나 청자의 상상력을 자극하여 그들이 이야기의 상황 안에 함께 있다는 인상을 줌으로써, 하나님과 인간에 대한 새로운 통찰을 제시하여 그들 삶에 더 현명한 질서를 부여하도록 도와준다.

위의 예들은 모두—쉽게 생각해낼 수 있는 다른 많은 예들과 더불어—실제로 성경이 작용하는, 아니 실제로 성경이 권위를 행사하는 방식인 것이다. 그리고 여기서 강하게 암시되는 바는, 성경이 원래 의도된 효과를 발휘하기 위해서는 교회가 성경이 하고자 하는 말 그대로를 경청해야지, 성경을 토막 내어 그 책이 아닌 다른 것으로 만들어서는 안 된다는 사실이다. 이 점에 대해서는 뒤에서 좀더 살펴볼 것이다.

저항의 언어로서 "성경의 권위"

지난 몇 세기 동안 "성경의 권위"라는 말이 어떻게 기능했고 어떤 방식으로 발전했는지에 대해 개략적인 언급을 하나 더 보태겠다. 내가 보기에 "성경의 권위"라는 말은 주로 저항의 상황 가운데서 나온 표현이다. 교황에 대한 마르틴 루터의 저항이나, 영국 성공회에 대한 비국교파 교회의 저항 운동[예를 들어, 국교회라는 제도화된 교회에 왜 그토록 반대하는지 성경에 호소하여 설명했던 19세기 침례교 설교자 찰스 스펄전(Charles Spurgeon)과 같은]도 그러했으며, 여러 교단에서 일어났던 "자유주의" 지도자들에 대한 자칭 "성경적인 비주류"들의 반발 같은 상황도 동일했다. 다시 말해, "성경의 권위"는 기존 교회에서 제안되고 행해지는 어떤 일에 대해 반대하는 자들이 꺼내서 곧잘 내걸었던 슬로건이었다. "그렇게 하면 안 됩니다. 왜냐하면 성경이 말하기를…" 이런 식으로 말이다. 물론 성경을 가르치거나 성경에 근거한 설교를 하는 등 긍정적인 방식으로 성경이 사용되는 경우도 있었다. 하지만 더 자주 목도되는 현상은 다소 부정적인 것이었다. 즉 기존 교회에 반대하여 성경의 권위를 주장했던 자들의 손에 드디어 모든 것이 주어지는 때가 되면—아마도 비성경적이라고 간주되는 교단을 떠나 자신들만의 새 교단을 세울 때가 그런 경우가 아닐까?—그들 사이에도 금세 분열이 일어나 **이런 방식으로** 성경을 읽는 자들과 **저런 방식으로** 읽는 자들로 갈리는 것이다. 이 현상이 주는 교훈은, 우리가 자신이 옳음을 증명하기 위해 너무 성급하게 성경에 호소할 때 그것만으로는 사실상 실제 문제를 해결하지 못한다는 것이다. 우리는 성경 저자들 스스로가 주장하는 더 큰 맥락, 곧 하나님 자신의 권위라는 더 큰 맥락 안에 성경을 위치시켜야 한다.

그렇다면 성경 자신은 하나님의 권위에 대해 무엇이라 말하고 있는가?

하나님의 "권위"는, 하나님의 "나라"라는 맥락 안에서 가장 선명하게 이해될 수 있다

참되신 하나님이 세상을 통치한다는 성경의 선포 속에 나타난 "권위"의 개념은, 우리가 통상적으로 가지고 있는 개념과 많이 다르다. 세상을 향한 하나님의 통치, 특히 예수님의 구원적 통치를 표현하기 위해 성경이 선호하는 방식은, 하나님의 주권 혹은 **하나님의 나라**에 대한 보다 역동적인 개념 속에서 발견된다. 이 말은 성경의 권위란 법원의 최종 심급이 가지는 종류의 권위도 아니며 골프 클럽 벽에 붙어 있는 규칙 목록 같은 것도 아니라는 의미이다. 이 점은 복음서에도 잘 나타난다. 복음서를 살펴보면 예수님의 "권위"는 그분의 병 고치는 능력과 다양한 종류의 가르침 속에서 나타났음을 알 수 있다. 결국 복음서 기자뿐 아니라 예수님 자신도 이 두 가지 능력을 하나님 나라의 침노라는 대주제의 한 부분으로 이해했던 것이다. 사실 하나님 나라라는 개념에도 조심스럽게 접근할 필요가 있다. 지난 200-300년 동안 서구 문화는 이 단어를 아주 다른 의미로 사용해왔기 때문이다. 그러므로 하나님 나라라는 이 개념은 서구 문화 안에서 우선적으로 이해되어서는 안 되며, 구약(시편, 이사야서, 다니엘서 등등)과 예수님 당시 이스라엘의 상황 및 유대인의 열망이라는 컨텍스트 안에서 이해되어야만 하는 것이다. [많은 학자들이 구약 시대와 예수님 당시 시대의 정황에 관해 상세한 연구를 했다. 예를 들어 나의 책 『예수와 하나님의 승리』(*Jesus and the Victory of God*, 크리스챤다이제스트 역간)를 참고하라.]

성경 저자들은 다음과 같은 두 가지 내용을 동시에 믿어야 하는 긴장감 가운데서 살았다. 하나는 하나님은 항상 세상을 주권적으로 다스린다는 믿음이다. 다른 하나는 이러한 하나님의 주권, 즉 구원을 이루시는 하나님의 통치는, 타락과 부패와 죽음의 세상, 그리고 이와 밀접하게 연결되어 있는 인간의 불순종, 우상숭배, 죄가 가득한 세상을 새롭게 부수고 들어와야 한다는 것이다. 선지자는 다음과 같이 말했다. "그날에는 여호와께서 천하의 왕이 되시리니 그날에는 여호와께서 홀로 한 분이실 것이요 그의 이름이 홀로 하나이실 것이라"(슥 14:9). 여기서 선지자는 구원의 상황이 아직 이루어지지 않았음을 명확하게 인식하고 있다. 이 미완성의 상태와 창조주 하나님의 절대적 주권을 연결하는 것이 모순적임에도 불구하고 말이다. 유대인들은 하나님 나라가 그들이 사는 세상 가운데로 침노해 들어와서 그들을 억압으로부터 구해내고 세상 전체를 바로잡을 것이라는 소망을 가지고 있었다. 요한계시록은 하나님과 어린 양이 모든 힘과 영광, 명예 등등을 받을 것이라고 말하는데, 이는 바로 어린 양의 승리를 통해 피조물 전체가 본래 하나님의 의도 안에 있었던 조화로운 상태를 회복하고 악과 죽음으로부터 구원받을 것이기 때문이다. 이런 관점에서 보자면 하나님의 "권위"는 바로 피조물 전체를 새롭게 하시는 하나님의 주권적인 능력이라고 할 수 있다. 따라서 인간에 대한, 특히 교회에 대한 구체적인 성경의 권위는 방금 말한 더 크고 본질적인 권위의 한 부분으로 이해되어야 한다.

이 시점에서 나는, 인간 구원이라는 복잡한 사건 속에서 성경이 어떻게 역동적인 기능을 수행하는지에 대해 연구했던 텔포드 워크(Telford Work)의 유익한 논지를 넘어서게 된다. 그의 연구가 주는 나름의 유익을 부정할 순 없지만, 분명히 성경은 하나님의 목적이 인간 구원에만 국한되지 않고 세상 만물을 새롭게 하는 데 있다고 밝힌다. 물론 이 전체 목적은 아직 미완성의 이야기로 남아 있고, 성경의 독자들은 진행형의 이야기에 참여하여 자기 자신의 역할을 수행하라는 초청을 받는다. 그래서 "성경의 권위"란 교회의 사명, 성령의 사역, 궁극적인 미래의 소망, 이 미래적 소망을 현재에서 소망하는 방식, 교회의 본질 같은 다른 더 큰 신학적 주제들에 속해 있는 잔가지인 것이다. 문제는 성경의 기능을 논의하는 사람들이 잔가지만 건드리고 그보다 중요한 다른 것들에는 주의를 기울이지 않는다는 점이다. 흔히 사람들은 "성경"이라는 단어만 들으면 즉각적으로 계율이나 유용한 지시가 나열된 지침서를 떠올린다. 그러고는 각자 기호에 따라 생각하기를, 성경에 쓰인 모든 규칙은 무조건적으로 지켜야 한다거나 아니면 편의에 따라 어겨도 무방하다고 가정해버리는 것이다.

어쨌든 워크가 하고 있는 질문, 즉 하나님이 자신의 궁극적 목적을 이루시는 데 성경이 어떠한 **역할**을 하는가라는 질문은 여전히 유효하다. 우리는 성경의 역할을 구원과 재창조를 이루는 하나님의 일에 대해 **정확한 정보**를 제공하는 것으로 제한하거나, 아니면 하나님이 하시는 일에 대해 수시로 해설을 달아주는 정도로 축소시켜서는 안 된다. 성경은 지금도 계속 진행 중인 하나님의 목적 안에서 역동적인 위치를 차지한다. 이 사실을 아는 것은 너무나도 중요하다. 만약 우리가 성경의 권위라는 말에서 충분히 성경적이고 균형 잡힌 의미를 발견하려 한다면, 오직 이러한 밑바탕 위에서만 가능할 것이기 때문이다. 이런 우선적인 이슈들을 무시하면서 성경의 권위라는 문제를 단순화해서 쉽게 해결하려는 시도는 오히려 지속되는 혼란과 양극화 현상을 일으키는 요인으로 작용한다. 성경은 하나님이 우리 안에서 그리고 우리를 통해 일하실 때 사용하는 수단으로 주어졌다. 정보 전달도 포함하지만 그보다 훨씬 더 큰 역할을 하는 것이다.

성경은 계시를 포함하지만 그 계시를 초월한다

앞에서 고찰한 내용을 통해서 우리가 새삼 깨닫는 것은, 성경이 "정보 전달"이라는 단순한 의미에서의 "계시" 이상이라는 사실이다. "신적인 자기 소통"조차도 충분한 표현은 아닌 것 같다. 단순한 "계시의 기록"으로도 확실히 부족하다. 성경을 표현하기에 뭔가 미진한 이러한 현대적 개념들은 주로 옛 사고의 틀에 그 뿌리를 두고 있음을 알 수 있다. 즉 세상에 부재하는 하나님이 자신과 자신의 목적을 전달하는 메시지를 세상에 보내기로 결정하셨고, 그 결과가 성경이라는 식의 사고 틀 말이다. 문제는 이러한 논리가 성경 속에 나타난 훨씬 더 풍성한 하나님의 이미지, 즉 초월자인 동시에 세상에 임재하고 계시며, 자신이 지은 창조세계의 풍부한 역동적 삶을 축복하면서도 그 만물의 수치와 고통을 보며 깊이 슬퍼하고 계시는 성경적 하나님의 이미지를 훼손한다는 데 있다.

물론 "계시"에 대한 더 오래된 개념도 있다. 이 개념에 따르면 하나님은 자신이 만든 세상을 향해 그리고 그 세상 속에서 끊임없이 자신을 계시한다. 자기 백성 이스라엘 또 그 백성 내에서는 더욱 특별한 방식으로 그렇게 하신다. 이러한 이해가 내가 염두에 두고 있는 하나님의 풍성한 이미지와 더 잘 어울린다. 그러나 계몽주의 이후 여러 사상 속에서 하나님은 다만 종교적·신학적·윤리적으로 옳은 정보만을 주는 전달자의 이미지로 축소되었다. 계몽주의의 이러한 거센 침범 이후에는 특히 실존주의 운동 가운데서 유명해진 대체적 가설이 작용하게 되었다. 즉 성경은 단순히 계시에 대한 "기록"에 지나지 않는다는 가설로서, 진정한 계시는 성경이 아닌 다른 곳, 추정하건대 하나님의 백성의 삶 속에서 혹은 그들의 개인적인 종교적 체험 안에서 발생한다는 주장이다. 이렇게 되면 성경을 다음 두 가지 중 하나로 보는 그릇된 대립쌍이 형성된다. 즉 하나는 성경을, 시간을 초월한 진리가 담긴 편리한 저장소인 동시에 "옳은 정보"를 전하는 수단으로 여기는 것이다. 다른 하나는 성경을 성경이 말하는 현실과 컨텍스트로부터 분리시켜서, 우리가 스스로 취사선택해서 이용할 수 있는 일종의 자원으로 여기는 것이다. 후자의 입장을 받아들이면 성경 속에 포함된 자원은, 이 성스러운 책의 맥락과는 전혀 상관없이, 다른 뿌리에서 계획과 목적과 원동력을 공급받아온 전략을 위해 유용하게 이용될 수도 있다. 그와 반대로 목적에 도움이 되지 않을 경우에는 성경이란 자원은 부분적일망정 생략될 수도 있다. 성경에 대한 기독교적인 견해는 하나님의 자기 계시라는 개념을 포함한다. 하지만 신적 자기 계시 개념을 더 크고 적절한 맥락 안에 놓으면 개념 자체가 변화함을 알 수 있다. 즉 우리가 믿는, 자신을 계시하시는 하나님은 세상에 부재하는 군주가 아니라, 반대로 세상을 사랑하는 분이자 세상의 심판자이다. 그렇기 때문에 하나님의 자기 계시는 세상을 향한 하나님의 사명이라는 개념 속에서, 다시 말해 하나님의 구원의 통치가 예수님과 성령을 통해 흘러나와 모든 피조물의 치료와 회복이라는 목표를 향하고 있다는 개념 속에서 이해되어야 한다.

성경은 경건 생활을 위한 지침서가 아니다

성경은 단순한 "계시"가 아닐 뿐만 아니라, 경건 생활을 위한 지침서도 아니다. 어떻게 보면 신앙생활을 위한 으뜸 되는 조력자라 할 수도 없다. 물론 성경은 내가 속한 전통을 비롯하여 수많은 신앙 전통 속에서 중요한 역할을 해왔다. 사실 성경을 중심으로 하지 않는 하나님과의 매일의 교제를 나는 상상할 수 없다. 많은 전통 속에서 성경은 개인 기도, 찬양, 묵상 등등에 연료와 재료를 공급해왔다. 수도원에서 행해졌던 "영적 독서"(*lectio divina*)나 복음주의자들의 "QT"(quite time), 점점 유명해지고 있는 "이그나티우스적" 묵상 모두가 그 좋은 예이다. 매일 정해진 시간표와 규칙에 따라 사는 공동체들은 하루에 한 번 이상 성경 읽기 시간과 뒤이어 침묵의 시간을 가짐으로써 기도를 통한 묵상을 도모한다. 이런 방식의 성경 사용이 건강한 그리스도인의 삶을 위해 필수불가결한 요소임을 나는 의심 없이 믿고 있다.

그럼에도 불구하고 앞에서 열거한 성경의 효용은 "성경의 권위"란 말이 일차적으로 의미하는 바와 상관이 없다. 성경의 권위가 이 책의 유용성 자체에서 기인하지 않는다는 점을 망각한다면, 특별히 장로교가 유독 강조하는 테두리 즉 "하나님은 오로지 성경을 통해서만 말씀한다"라는 신념 안에서 모든 것을 판단하려 든다면 혼동이 올 수 있다. 내가 알기로 이 오래된 장로교적 신념은 다른 방식으로 새롭게 표현되기도 한다. 이는 특히 하나님이 각 개인을 어떻게 인도하는가 하는 것에 대해 성경을 사용하는 일과 관련이 있다. 이 주장의 관건은 성경이라는 더 큰 권위에 의지해야지, 성경으로부터 오지 않은, 또는 최소한 성경에 의해 뒷받침될 수 없는 개인의 생각이나 충동을 믿고 따라서는 안 된다는 것이다.

이런 주장은 일면 타당하지만 그렇다고 "경건 생활"과 "권위"를 혼동하는 것은 옳지 않다. 기도 중에, 특히 성경에 기초하여 기도할 때 놀라운 일들이 수없이 일어날 수 있다. 성경 구절과 기도자의 삶과 처한 환경 사이를 오가며 불꽃이 튀며 생생한 연결성이 살아나는 것이다. 연관성이 깊고 강력하게 느껴질 때도 있겠지만, 그렇다고 해서 이 경험 현상 자체로부터 성경이 교회에서 권위를 발휘하는 원리를 충분히 설명할 수는 없다. 개인의 기도 가운데 불꽃을 튀기며 이루어지는 해석 또한, 유감스럽게도 우리를 잘못 인도할 수 있다. 자기 기만이라는 강력하고 위험한 가능성이 여전히 존재하기 때문이다[그래서 비트겐슈타인(Wittgenstein)은 "자신을 속이지 않는 것보다 더 어려운 일은 없다"고 하지 않았던가]. 이런저런 성경 구절을 통해 "하나님이 말씀하는 것을 들었다"고 말하며 그 들음에 따라 행동하는 사람이나 교파가, 오히려 더 심한 분열을 일으키는 역설적 현상을 심심치 않게 목도할 수 있다. 성경과 기독교적(그리고 다른 일반) 경험들이 선명하게 보여주는 것은, 하나님은 창조 행위를 포함한 다양한 방식으로 말씀하시되(시 19편; 롬 1:20; 10:18), 가장 중심적으로는 살아 계신 말씀, 즉 육신으로 오신 말씀(요 1:14; 히 1:1-2)을 통해 계시한다는 사실이다.

진실로 하나님은 성경을 통해 말씀한다. 하지만 우리로서는 하나님의 말씀을 성경으로만 축소할 수 없다. 동시에 언어철학적 관심을 나타내는 최근의 많은 저술이 강조하듯, "언술"(speech) 자체를, 말한다는 사실 자체에 의해서 수행되는 행위로 보려 하는 "언술-**행위**"(speech-*act*)적 측면을 무시할 수도 없다(예를 들어 "나는 약속한다" 또는 "나는 피고가 무죄라고 판결한다" 같은 문장에서는, 말을 한다는 사실 자체가 행위의 등가물이 된다). 또한 우리는 하나님이 이런저런 다양한 방식으로 말씀할 수 있다는 사실과 성경의 "권위"의 개념을 혼동해서도 안 된다. 특히 하나님 나라라는 틀 안에서 이해할 때, 권위는 훨씬 더 광대한 개념인 것이다. 권위는 창조세계를 휩쓰는 하나님의 심판하고 회복하는 전능하신 통치이며, 예수 그리스도 안에서 드러난, 죄를 없애고 새 창조를 일으키는 하나님의 강력한 사랑을 의미한다. 하나님의 권위는 붙들고 힘주시는, 성령의 신선한 바람인 것이다.

특히 교회와 그리스도인 개개인의 삶에서 성경의 역할이란 주제는 다음과 같은 세 가지 사항과 연결되는데, 이는 앞으로 우리 논의에서 가장 중요하게 부각될 요소들이다.

첫째, 그리스도인이 경배하는 하나님의 주된 속성이 **말씀하는 분**, 즉 자신이 창조한 인간과 언어로 의사소통하는 분이라는 점이다. 이런 특징은 구약과 신약의 하나님을, 과거와 현재를 막론하고 여타 다른 종교의 신들과 확실하게 차별화시킨다. 그리고 이렇게 말씀하고 소통하는 그분의 특질로부터 우리는, 하나님을 알고 하나님의 말씀을 듣기 위해 책을 읽는다는 개념이 억지스럽기는커녕 하나님 자신의 본성과 잘 어울린다는 사실을 유추할 수 있다.

둘째, 마음과 생각의 새로워짐을 통해 우리가 변화된다는 것(롬 12:1-2)이 초기 교회의 가르침의 핵심이었다는 사실이다. 다시 말해 우리를 변화시키는 하나님의 은혜는 우리로 **새로운 방식으로 생각하게 함으로써** 작용한다는 점이 무엇보다 중요하다. 따라서 하나님의 지혜로 삶을 재정비하기 위해 그분이 주신 책을 읽는다는 개념은 전혀 직관에 반하는 생각이 아니며, 오히려 기독교적 거룩함의 본질과 조화를 이룬다고 볼 수 있다.

셋째, 성경의 역할이라는 주제가 상기시키는 또 다른 사실은, 우리가 경배하는 하나님은 세상을 정복하는 자신의 능력, 곧 예수님의 부활에서 드러난 그분의 능력을 우리 모두에게, 세상에서 복음 전파를 위해 일하고자 하는 모든 자들에게 제공한다는 점이다(엡 1:15-23). 그러므로 선교 사명을 감당할 힘을 얻기 위해 책을 읽는다는 생각은 핵심을 빗나가는 착상이 아니다. 오히려 이런 생각은 우리 인간이 하나님의 형상으로 창조되었다는 것으로부터, 그리고 우리가 그분의 말씀을 듣고 그 뜻에 순종할 때 창조주의 모습을 세상 가운데 비추는 우리 소명을 이룰 수 있다는 진리로부터 직접적으로 흘러나온다.

앞의 모든 사항을 문맥에 맞게 이해하기 위해서는 먼저 한 발짝 물러나, 우리가 과연 하나님 나라를 무엇으로 이해하고 있는지

자성해보아야 한다. 그 다음에야 그 이해의 테두리 안에서 성경의 역할이 무엇인지 생각해볼 수 있을 것이다.

제 2 장

하나님 나라 백성 이스라엘과 성경

구약과 유대교에서 하나님 나라는 악에 대한 하나님의 승리를 확증한다

구약이나 구약 이후 유대교에서 하나님의 선한 창조세계와 하나님의 언약 백성 가운데 근본적인 악이 실재한다는 역설적 사실은, 하나님 "나라" 혹은 하나님의 "왕권"에 대해 의문을 제기하도록 만들었다. 현재의 상황이 이렇게 비참한데 창조세계를 향한 하나님의 원래 의도가 선한 것이었다고 어떻게 믿을 수 있는가? 설사 그분의 의도가 선했다 하더라도 원래 의도를 실현하지 못하는 하나님이 어떻게 왕일 수 있는가? 따라서 의심할 수 없는 악의 현존에도 불구하고 하나님 나라의 현재성과 미래성을 인정한다는 것은, 하나님이 문제를 해결하고 자기 백성을 구할 것이며 피조물 전체에 대한 자기 목적을 완성하실 것임을 인정한다는 의미이다.

자기 백성을 구원하고 창조세계를 완성한다는 이 두 가지 목적은, 창세기부터 요한계시록에 이르는 수없이 많은 성경 텍스트에서 볼 수 있듯, 서로 아주 밀접하게 연결되어 있다. 하나님 백성이 되어 그분의 통치 아래서 살도록 이스라엘을 부르신 것은, 세상을 바로잡으려는 목적을 염두에 두고 하나님이 행하신 핵심적인 과업이었다. 그러나 이스라엘은 세상의 구원을 위한 도구가 되기는커녕 그 문제의 일부가 되어버렸다(이스라엘 또한 죄 많은 인간들의 집단일 뿐이었기 때문이다). 이스라엘의 타락은 아담이 야기했던 것과 비슷한 문제를 이차적으로 발생시킨다. 이스라엘이 바벨론의 포로가 된 사건이 아담이 에덴동산에서 추방된 사건과 평행적이라는 점이 앞의 주장을 증명해준다. 두 경우(인류 전체가 연관된 아담의 경우와 이스라엘의 경우) 모두에서 우리는, 창조주 하나님 외의 다른 것을 경배하는 행위 곧 우상숭배가 가장 본질적인 악임을 확인할 수 있다. 이스라엘 안팎에서 우상숭배는 참된 인간됨에 이르지 못하도록 하는 모든 종류의 그릇된 삶의 방식을 만들어냈다. 그리고 우상숭배로 초래된 비참한 상황은 다음과 같은 이중적 질문을 발생시키는데, 이 질문이야말로 구약, 유대 사상, 유대교의 기도와 저술 대부분에 울려 퍼지는 주된 관심사라 할 수 있다. 그 두 질문이란, 이스라엘은 도대체 어떻게 구원될 것인가 하는 것과 어떻게 세상 전체가 바로잡힐 것인가 하는 물음이었다.

악의 문제가 없었다면 하나님 나라에 대해 말하고 기도하거나 간절히 바랄 필요가 없었을지도 모른다. 그냥 하나님 나라가 당연한 현실이었을 테니까 말이다. 그러므로 하나님 나라를 언급한다는 것은, 주권자 되신 하나님께 곧 세상과 이스라엘과 인류 가운데 존재하는 악을 합당하게 다룰 능력과 의무와 권한을 가진 그분께 호소하여 세상 전체를 새롭게 하기를 간청하는 행위이다. 이러한 재창조를 향한 새롭고도 은혜로운, 용서를 베풀고자 하는 하나님의 목적은 언약의 갱신을 통해 실행된다. 그렇다면 우리 질문을 좀더 구체화할 수 있을 것이다. 이러한 하나님의 목적 안에서 성경의 역할은 과거에는 무엇이었고 또 현재에는 무엇인가? 이런 맥락에서 "하나님의 권위"를 이해한다면 권위를 가진 성경은 어떤 역할을 하는가?

성경 속에 충격적일 만큼 이질적인 장르들과 강조점들이 혼재하고 있음을 충분히 인정하고 나면 우리는, 이스라엘의 성경이야말로 이스라엘 백성이 진정한 하나님이 누구인지 또 어떻게 하나님 나라와 목적들이 진행되는지 계속해서 발견했던 장소이자 수단이었음을 알게 된다. 이스라엘 백성의 예배의 중심은 성경 낭독이었다. 특히 이 의례는 하나님 나라를 계시적으로 드러내는 그분의 행적을 다시 들려줌으로써 찬양과 소망을 불러일으키는 역할을 감당했다. 성경은 하나님의 백성의 경험, 종교적 인식, 사회 문화적 혼란 등을 단순히 "반영"하는 데 그치지 않았다. 물론 이 모든 역할들도 하긴 했지만 말이다. 반복되는 성경의 주된 역할은, 상당히 애매하고 혼란스러워 보이는 "경험"에 직면한 이스라엘에게 새롭고도 예언적인 말씀을 제시하여, 그 말씀이 혼란과 실수로 가득한 이스라엘의 현실 속으로 뚫고 들어가게 하는 것이었다. 다시 말해 성경은 심판과 자비를 베풀고자 세상과 이스라엘의 삶

속으로 침투하시는 하나님의 역사를 언어의 형태로 수행한다고 할 수 있다. 이런 지점을 가장 분명히 볼 수 있는 곳이 선지서들이다(특히 선지자가 부름을 받는 장면이나 하나님의 말씀과 씨름하는 사건이 두드러지는 자서전적 구절들). 하지만 이스라엘의 삶에서 성경이 차지하는 역할은, 하나님이 세상을 위해 이스라엘을 선택하셨다는 바로 이 사실을 통해서만 온전히 이해될 수 있다. 하나님은 세상 구원이라는 목적을 이스라엘을 통해 성취하도록 성경을 통해 준비시킨 것이다.

사실 "준비시키다"라는 말은 성경이 감당한 복합적인 임무들을 가리키기에는 다소 부족하고 부적절한 단어다. 성경을 통해 이스라엘은 국가적 질서를 확립하고 예배 형식을 갖추었으며 일상생활에 소용되는 지혜를 얻었을 뿐 아니라 선지자로부터 전해지는 훈계와 약속들도 받았다. 특히 성경에 담겨 있는 시와 노래를 통해 이 하나님의 백성은, 그들의 모든 마음과 모든 순간을 하나님의 임재 가운데로 가져가서 찬양, 한탄, 경배, 혼란, 절망, 소망, 헌신 등등의 정서를 표현했다. 이 목록은 가장 분명한 특질들만 추린 것이지만 그 풍성함은 놀라울 따름이다.

영감과 "여호와의 말씀"

바로 여기서 "영감"(inspiration)이라는 개념이 등장한다. "영감"은 하나님이 자신의 영으로 다수의 서로 다른 성경 저자들과 편집자들을 인도해서, 그들로 하여금 그분이 자기 백성에게 주려고 의도했던 내용을 정확히 기록하도록 했다는 믿음을 나타내는 축약어이다. 영감은 이 책의 주제는 아니다. 하지만 우리는, 성경이 하나님의 영감으로 쓰였다는 믿음이 초기 교회뿐 아니라 구약성경의 대부분에서도 당연한 사실로 받아들여졌다는 점에 주목해야 한다. 비록 최근 논의 가운데 몇몇 지점에 대한 논란이 있긴 했지만, 본질적으로 "정경"의 등장은 성경의 책들이 어떻게 하나님의 백성의 삶을 형성했는지를 추적하려는 시도였고 하나님이 이 책들을 자기 백성에게 주셨음을 감사함으로 인정하려는 행위였으며, 이스라엘로 하여금 잊어버리지 않고 이 책들을 예우하고 여기에 귀 기울이게 하려는 노력이었다. 정경 안에서 그리고 정경을 통해 우리는 하나님의 "말씀"이라는 정의하기는 어렵지만 강력하기 이를 데 없는 개념이, 단지 글로 쓰인 성경만을 가리키는 동의어가 아니라, 창조하고 심판하고 고치시고 재창조하는 하나님의 특별한 인격적 임재를 나타내는 것임을 알게 된다.

> 여호와의 말씀으로 하늘이 지음이 되었으며 그 만상을 그의 입 기운으로 이루었도다 내 말이 불 같지 아니하냐 바위를 쳐서 부스러뜨

리는 방망이 같지 아니하냐? 모든 육체는 풀이요…풀은 마르고 꽃은 시드나 우리 하나님의 말씀은 영원히 서리라 하라 이는 비와 눈이 하늘로부터 내려서 그리로 되돌아가지 아니하고 땅을 적셔서 싹이 나게 하여…양식을 줌과 같이…내 입에서 나가는 말도 이와 같이 헛되이 내게로 되돌아오지 아니하고 나의 기뻐하는 뜻을 이루며 내가 보낸 일에 형통하리라 오직 그 말씀이 네게 매우 가까워서 네 입에 있으며 네 마음에 있은즉 네가 이를 행할 수 있느니라(시 33:6; 렘 23:29; 사 40:8; 55:10-11; 신 30:14).

여호와의 "말씀"에 대한 구약성경의 이러한 견해는 우리에게 가르치는 바가 크다. 말하자면 "여호와의 말씀"은 마치 하나님의 창조적 지혜와 능력이 가득한 저수지와 같다. 선지자들과 성경 저자들은 하나님의 부르심과 은혜로 말미암아 이 저수지에 연결되어 있다. 그래서 이들을 통해 하나님의 말씀이 흘러나가 하나님의 백성을 적시거나 홍수로 덮는 그분의 역사가 일어날 수 있는 것이다. 같은 진리를 다른 식으로도 표현할 수 있다. 창조주 하나님은 자신이 지은 세상에 대해 완전히 초월적이며 피조물과 완전히 다른 존재지만 그럼에도 불구하고 세상 속에 임재하고 역사한다. 그리고 세상에 역사하는 하나님의 많은 방법들 중 하나가 바로 그분의 살아 있고 역동적인 말씀인 것이다.

말씀을 통해 역사하는 이 방법은, 한편으로는 그분의 성품을 반영한다. 하나님께 있어 말씀한다는 것은 자연스럽고 정상적인 행위이다. 텅 빈 스크린과 같은 하나님께 인간이 신인동형론적 사상을 투사하는 것이 아니다!

다른 한편으로 말씀하는 하나님이란 개념은 다음과 같은 사실을 함축한다. 즉 말하는 행위가 하나님의 창조세계 내에서 하나님의 형상을 지닌 인간이 할 수 있는 가장 강력한 일 중 하나라는 것이다. 말은 사물을 변화시키는 힘을 가진다. 약속, 명령, 사과, 경고를 통해서, 또 사랑의 선포나 악에 대한 준엄한 저항의 천명을 통해 행위와 동일한 힘을 행사하는 것이다. 앞에서 언급했던 "언술-행위"(speech-*act*)는 현대 철학에서는 매우 참신한 개념이지만, 고대 이스라엘인들에게는 전혀 놀랍지 않은 생각이었을 것이다. 월터 브루그만(Walter Brueggemann)은 『구약 신학』(*Theology of the Old Testament*, 기독교문서선교회 역간)에서 시편 33:6을 해석하며 이렇게 말했다. "여기에 나타난 것은 강력한 통치자의 이미지다. 이 통치자가 자기 보좌에서 명령을 내리고 법령을 발포하면, 그 선포 행위 가운데서 선포의 내용이 모두 성취된다."

하나님 나라의 도래를 이룰 백성

어떤 관점에서 보면 이스라엘은 하나님의 말씀을 듣는 백성으로 세워졌다. 부르심, 언약, 해방, 인도, 심판, 용서, 다시 또 한 번의 심판, 새로운 해방, 갱신된 언약이라는 긴 이야기의 전개 과정 가운데 하나님의 말씀을 줄기차게 들은 것이다. (앞에서 열거한 사건의 순서는 아브라함부터 "포로기 이후"에 이르는 구약 전체의 이야기를 요약한 것이다.) 이것이 바로 성경이 "계시의 기록"–예전에 존재했기 때문에 더 우선적인 것으로 추정되는 "종교적 체험"을 그대로 기록해놓은 것–만으로 축소될 수 없다고 한 말의 의미이다. 그렇게 보는 것은 구약 저자들과 편집자들, 구약의 말씀을 듣던 사람들에게는 완전히 생소한 개념을 억지로 갖다 붙이는 일이다. 우리는 "여호와께서 말씀하시기를"이라는 문구를 "예레미야가 말하기를"로 축소할 수 없다. 이는 우리 사고의 틀로 구약 시대 사람들의 틀을 변형시키고, 나아가서 그들의 독특한 경험까지 짓누르는 행위이기 때문이다. 우리는 너무 오랫동안 포이어바흐처럼, 하나님에 관한 모든 이야기를 인간과 인간 경험의 차원으로 축소하고자 했던 철학자들에게 속박당해왔다.

마찬가지로 성경은 절대로, 단순히 정보를 전달하거나 사람들에게 이전의 종교적 경험을 상기시키는 역할에만 국한되지 않았다. 성경 저자들은 이스라엘 역사를 이야기할 때조차 단지 과거 사실을 사실 자체로 전달하는 것을 목표로 삼지 않았다. 이스라엘의 역사를 이야기하는 목적은, 이 백성으로 하여금 그들이 세상 안에서 여호와의 목적을 이루라고 부름 받은 백성임을 다시 한 번 상기하고 용기를 고취하게 하는 것이었다. 그래서 이야기를 기록하고 말하는 행위를 통해서 여호와의 부르심과 약속이 한층 더 구체적인 삶으로 구현되었던 것이다. 성경의 이야기는 하나님 백성의 삶을 형성하고 지휘하기 위해 기록되었다. 구약성경이 가진 내적 긴장감과 어려움은—예를 들어 신명기와 욥기 사이의 극명한 대립, 또는 어떤 곳에서는 선행이 이생에서 보상받을 것을 암시하는 반면 다른 곳에서는 그 견해를 신랄하게 비판하는 경우—성경이 수행해야 할 임무가 얼마나 다면적인지를 보여준다. 또한 **이스라엘의 이중적 지위**, 즉 이 백성이 세상을 향한 하나님의 치유의 약속을 실행할 민족인 동시에, 세상에 속해서 동일한 심판과 치유를 필요로 하는 백성임을 깨닫는 것이 얼마나 복잡한 일인지도 보여준다.

솔직히 말해 "권위"라는 단어는, 이 모든 것을 제대로 담기에는 그 의미가 너무 좁게 집중되는 개념이다. 이스라엘 백성 안에서의 성경의 역할을 요약하자면 다음과 같이 말할 수 있을 것이다. 성경의 권위는 "선포되고 기록된 자신의 말씀을 수단으로 하나님이 이스라엘을 통해, 이스라엘에게, 이스라엘을 위해 하시는 주권적인 역사다." 더 간단히 이렇게 말할 수도 있을 것이다. "성경을 통해 행사되는 하나님의 주권." 또는 "하나님이 말씀하시니 그대로 되니라." 이사야 40:8과 55:10-11처럼 하나님의 말씀은 그 자체로 능력과 새 생명을 지니고 있다.

제2성전 시대 유대교에서의 성경

제2성전 시대(대략 기원전 마지막 400년) 동안 성경의 "권위"는, 적어도 두 개의 서로 맞물려 돌아가는 개념 안에서 이해되었다.

1. 성경은 지배적 이야기(controlling story)를 만들어냈다. 이 이야기 가운데 이스라엘은 하나님의 언약 백성으로서의 자기 정체성과 운명을—언약 백성을 통해 그리고 언약 백성을 위해 하나님의 정의가 궁극적으로 세상 가운데 놀랍게 실현될 것이라는 내용—발견하고자 애썼다. 옛적에는 이 지배적 이야기 자체가 논란의 대상이었는데 왜냐하면 각 집단마다 이스라엘의 이야기를 다른 방식으로 묘사했기 때문이다. 이 문제는 오늘날에도 여전히 거론되고 있다. 몇몇 현대의 비평가들이 사방팔방으로 흩어지듯 산만하게 펼쳐지는 성경의 이야기들을 하나의 일관된 줄거리로 요약하는 것이 어려운 일임을 지적했다. 그렇지만 유대 성경 안에서 전체를 포괄하는 이야기의 큰 윤곽들을 찾아내는 것은 전혀 불가능한 일이 아니다. 예수님 시대의 유대교에서도 성경은 하나의 일관성 있는 이야기로 작용했다. 그 시대에도 일관성을 파악하는 데 방해되는 요소들이 있을 수 있었지만, 그럼에도 불구하고 당시의 이런 성경 적용을 막지는 못했다.
2. 성경은 현재적 "순종"을 요구했다(예를 들면 초기 랍비들의 모세오경 해석이나 몇몇 쿰란 사본에서 발견된 초기의 율법 규정에 나

타난다). 순종을 통해서만 이스라엘은 하나님의 부르심에 올바로 응답할 수 있었다. 이스라엘의 역할은, 지배적 이야기로 작용하며 일상의 지침이 되는 성경 "아래에서" 살아감으로써, 하나님이 모든 사람에게 의도했던 참다운 인간으로서의 삶이 무엇인지를 본보기로 보여주는 것이었다.

성전과 초기 회당들과 쿰란 공동체에서, 큰 유대 절기나 엄숙한 금식의 때에 읽고 연구하고 가르치고 노래로 불렀던 성경은, 하나님 나라의 도래를 열망하는 백성이 되도록 이스라엘을 빚어가는 핵심적인 요소였다. 복합적인 동시에 폭넓었던 예수님 당시의 유대교 또한, 성경 아래서 산다는 것이 무엇인지를 이해하고 실천하려는 다양한 방법 중 하나였다. 유대인 자신들이 직접 살아내고 있는 성경의 이야기를 하나님이 인도하셔서 마땅한 결론으로 이끄시도록, 일하고 기도하고 기다리는 것이 무엇인지 이해하고 실현하려 했던 다양한 시도들 중 한 갈래였던 것이다.

제 3 장

예수와 성경

"때가 차매 하나님이 그 아들을 보내사…"(갈 4:4). 역사적 맥락에서 예수님을 이해한다는 것은 성경 자체가 드러내는 그분의 상황 가운데서 그를 이해함을 의미한다.

예수님은 성경이 가리켰던 바를 성취하신다

역사적 근거를 바탕으로 예수님의 선포와 성취, 죽음과 부활을 이해하면 다음과 같은 점을 알게 된다. 즉 예수님은 항상 그 중심에 자신의 사역을 통하여 성경의 이야기가 절정에 도달할 것이라는 의식을 가지고 있었으며, 하나님께 드린 자신의 순종을 통해 그분의 나라가 성취될 것을 알았다는 사실이다. 그리하여 예수님은 "때가 찼고 하나님 나라가 가까이 왔다"고 선포할 수 있었다. 물론 예수님이라는 존재에 대해, 더 나아가 예수님과 이스라엘의 성경과의 관계에 대해 더 논의할 것이 많을 것이다. [여기에 대해서는 이 주제를 상세히 다룬 나의 『예수와 하나님의 승리』(*Jesus and the Victory of God*, 크리스챤다이제스트 역간)나 『Jesus 코드』(*The Challenges of Jesus*, 성서유니온선교회 역간)를 참고하라.] 하지만 여기서 우리는 현재 논의를 위해 몇 가지 짧지만 중요한 지점들만 다루면 될 것이다.

지난 몇십 년 동안 예수님을 거의 문맹에, 이스라엘의 성경에 대한 지식이나 관심이 전혀 없는 자로 묘사해왔던 학자들이 있었으나[특히 "예수 세미나"(Jesus Seminar)의 몇몇 회원들], 나는 중요한 역사적 근거를 이유로 그들에게 동의할 수 없다. 앞과 같은 태도는 아무런 (유대교적) 근거도 없이 예수님을 날조하는 행위이다. 대신 나는 위에서 언급한 책에서, 예수님의 목적과 동기에 대해 최근 연구 결과를 충실히 반영하는 주장을 펼친 바 있다. 내 주장의 핵심은, 예수님은 구약성경에 다양한 방식으로 표현되었던 구원자적 임무를 자신이 수행하도록 부름 받았음을 스스로 믿었으며, 그 임무를 수행함으로써 하나님의 원대한 목적들이 마침내 결실을 맺을 것을 의식했다는 것이다. 텔포드 워크는 다음과 같이 썼다. "유대교적 성경 실천은 사실상 **인간 예수를 구성하는** 역할을 한다"(*Living and Active: Scripture in the Economy of Salvation*, Eerdmans, 2002, p. 12). 이 말의 실천적 의미는, 예수님 안에서 그리고 예수님을 통해 악이 도전을 받고 심판되며 용서와 회복이 생겨난다는 것이다. 동시에 그분을 통해 언약이 갱신되고 새 창조가 시작된다. 구약에서는 하나님이 성경을 통해 하셨던 일들이,

이번에는 예수님의 공생애와 죽음과 부활, 성령의 보내심을 통해 이루어지는 것이다.

어떤 측면에서 예수님은 성경이 하려 했던 일, 곧 새로운 하나님 나라의 질서를 그분의 백성 안에 그리고 그들을 통해 세상에 임하게 하는 일을 결정적으로 이루셨고, 그 절정에 이르게 했다. 다른 의미에서도 그렇지만 바로 이 점에서 예수님은 육신이 된 말씀인 것이다. 그분이 과거에 누구였고 지금 누구인지, 그분이 무엇을 성취했는지는 모두 성경의 내용에 비추어 이해되어야만 한다. 예수님 자신이 성경에 의해 빚어지고 형성된 하나님 나라를 이루는 "참 이스라엘"이었다. 성경이 성취되어야 한다고 예수님이 말했을 때(예를 들어 막 14:49), 그분은 자신의 행위가 현실과 동떨어진, 옛날 예언들과 우연적으로 일치하는 산발적이고 무작위적인 해프닝에 그칠 거라고 믿지 않았다. 예수님은 성경의 이야기 전체의 줄거리가 마침내 결실을 맺고 있음을 믿었으며, 과거에는 암시와 그림자에 머물렀던 모든 것이 이제는 분명한 말로 표현되고 충만한 빛 가운데 드러나고 있음을 의식했다. 내가 보기에는 바로 이것이, "율법을 폐하러 온 것이 아니라 성취하기 위해 왔다"고 하는 마태복음 5:17-18에 있는 예수님의 말씀이 함축하는 심오한 의미다.

여기서 한 단계 더 깊은 의미로 들어가보자. 초대교회가 신속히 인정했던 것처럼, 예수님은 살아 있는 육신으로 오신 이스라엘의 하나님 곧 태초부터 자신의 영으로 성경을 영감하신 그 하나님이라는 사실에 주목하자. 예수님이 자신의 부르심과 정체성을 성경을 통해 이해했다면, 초기 교회는 곧 그 공식을 반대 방향으로 적용하는 법을 배웠다. 다시 말해 초기 교회는 구약을 읽으며, 그 속의 모든 이야기(언약, 약속, 경고 등)와 계명 전부를 예수님 안에서 발견한 내용에 되비추어 새롭게 이해했다. 누가복음 24장이야말로 이런 새로운 성경 해석 방식을 규범적으로 제시하는 텍스트다. 여기서는 부활한 예수님이 엠마오로 가는 두 제자에게 "모세와 모든 선지자의 글로 시작하여 모든 성경에" 대한 상세한 설명을 제공하고 그들의 마음을 열어, 성경 전체가 항상 중심에 품고 있었던 것이 무엇인지 깨닫게 해준다(눅 24:27, 44-45). 우리는 이와 동일한 핵심 요지를 복음서 이야기 전체에서, 때로는 암시적으로 때로는 선명하게 발견할 수 있다.

예수님은 성경의 권위를 주장한다

성경의 권위를 뒷받침하는 많은 전통적 논증 가운데서 중추적 역할을 감당한 것은 바로 예수님의 구체적인 말씀, 즉 자신이 성경의 권위를 인정함을 선포하고 그렇게 하지 않는 반대자들을 눈에 띄게 꾸짖은 그분의 말씀이었다. 사두개인들에 대한 예수님의 훌륭한 반박이나[사두개인들은 성경도 하나님의 능력도 알지 못하기 때문에 그들의 생각도 틀렸다고 말씀했다(마 22:29과 다른 평행 구절들)]

서기관과 바리새인들에 대한 공격은[바리새인들은 자신들의 전통으로 하나님의 말씀을 폐한다고 말씀했다(마 15:6-9에서는 이사야서를 인용한다)] 이 점을 분명하게 보여준다. 다른 데서 예수님은 수수께끼 같은 주장도 펼치셨다. 만약 시편 82편이 구약의 이스라엘 사람들을 "신"들이라고 불렀다면 하나님이 세상으로 보내신 자를 하나님의 아들로 부르면 안 될 이유가 무엇이냐고 반문하며, "성경은 폐하지 못하나니"(요 10:35)라는 성경 말씀을 상기시킴으로써 자기 주장을 뒷받침했다. 이 모든 예들이 특수한 상황 속에서 발화된 말씀이라는 점은 인정해야 한다. 다시 말해 전체적 문맥 속에서 성경의 기록을 볼 때, 여기서 예수님이 가르침의 중심 주제로 삼은 것은 성경의 권위 자체는 아닌 듯하다. 그럼에도 불구하고 앞에서 인용한 예수님의 말씀이 중요한 이유는, 그분의 생각의 저변에 깔린 근본적인 견해를 드러내고 있기 때문이다. 원래 표면 아래 숨어 있는 근본적 전제들이 곧잘 그러하듯, 잠재적으로 존재하는 이러한 태도는, 넌지시 던져진 질문들이 그것을 건드릴 때에만 밝은 빛 가운데로 자신의 실체를 드러내는 법이다.

성경의 권위를 적극적으로 인정하는 예수님의 이런 견해는, 앞에서 이미 말했던 점, 즉 예수님 자신이 스스로 성경의 이야기를 대망의 절정에 도달시키고 있음을 의식하고 있었다는 사실과 잘 맞아떨어진다. 사실 이러한 의식적 맥락 속에서만 성경의 권위에 대한 예수님의 구체적인 말씀들이 제대로 이해될 수 있다. 예수님이 스스로를 성경 이야기의 완성자로 의식했다는 이 맥락에서 벗어난다면 우리는 대단히 혼란스러울 것이다. 어떻게 예수님은, 인간의 전통보다 성경이 우선이라고 강조하는 구절 속에서 모든 음식이 깨끗하다고 선포할 수 있었을까? (막 7:1-23을 보라. 19절에 나오는 마가의 첨언이 바로 이 점을 강조한다.) 살인, 도둑질, 간음뿐 아니라 이런 범죄를 향한 동기를 마음에 품는 것조차 하나님이 금한다고 주장한 예수님이, 어떻게 안식일을 경시하는 듯한 태도를 나타낼 수 있었을까? 이런 태도는 어떻게 정당화될 수 있을까? 만약 부모를 공경하라는 계명이 지켜져야 한다면, 왜 예수님은 자신의 어머니와 형제들을 무시한 채 추종자들을 돌봤으며(막 3:31-5), 더 나아가서 그들에게도 자신의 부모와 가까운 사람들을 미워할 준비가 되어 있어야 한다고 경고했을까?(눅 14:26) 성경은 분명히 이스라엘이 높임을 받은 후 이방인들이 모여드는 사건을 말하고 있는데, 왜 예수님은 동쪽과 서쪽에서 이방인들이 몰려와 아브라함과 함께 하나님 나라에 앉게 될 때, "그 나라의 본자손들은" 쫓겨날 거라고 말했을까?(마 8:11-12)

성경을 단순한 흑백논리로, 취하거나 버리거나 둘 중 하나라는 식의 사고방식으로 이해하려 하면 도저히 그 진짜 의미를 파악할 수 없다. 하지만 이런 흑백논리에서 벗어나 예수님을 성경 이야기의 더 큰 흐름 속에서 이해하여, 그분이 의미하는 바 새 언약이 정확히 무엇인지 또 어떻게 새 언약이 옛 언약을 성취하고 변혁시키는지 깨닫게 되면(물론 그 작업은 이 책의 범위를 넘어선다), 우리는 훨씬 풍성하고, 성경의 내러티브적 성격에 부합하는 "성취"의 개념을 발견하게 될 것이다. 동시에 이 개념은 초기 교회에 있었던 성경에 대한 절묘하고 강력한 사상을 우리에게 다시 제공할 것이다.

제 4 장

사도 시대 교회에서 “하나님의 말씀”과 성경

초대교회에서 "말씀"은, 구약성경의 약속들이 성취되었음을 알려 주고 삶을 변화시키는 성령의 능력과 권위를 현재 안에서 받아들일 것을 요청했다.

사도들의 "말씀" 설교: 예수님 이야기는 성경 이야기(구약)의 완성이자 실현이다

초대교회 사도들이 했던 최초의 설교는, 표준적인 유대교적 메시지에 예수님만 마지막에 갖다 붙인 것도 아니었고, 유대교적 뿌리가 잘려나간 새로운 종교의 출현을 독자적으로 선포한 것도 아니었다.

설교 속에서 사도들은 예수님의 이야기를 구약의 언약 이야기의 완성이자 실현으로, 그렇기 때문에 기쁜 소식 혹은 "복음"(*euangelion*)으로 받아들였으며, 교회를 탄생시키고 교회의 사명과 삶을 형성할 수 있는 창조적 능력으로 이해했다. 세상에 숱하게 존재하는 인간 영웅의 제국이나 개인의 영적 자아 발견에 관한 이야기와는 아무런 상관없는, 바로 성경의 이야기가 예수님의 성취를 이해하게 하는 해석적 모체를 제공했던 것이다. 복잡하고 복합적인 구약성경의 장르와 주제들은 이스라엘의 삶과 생각의 틀을 만들어주었으며, 신학적 차원에서뿐 아니라 실제적인 영역에서도 선과 악, 이스라엘과 이방 나라, 제국과 저항에 대한 질문들, 무엇보다 창조와 언약의 주인이신 하나님의 주권, 정의, 구원의 목적에 대한 질문들을 제기하도록 도와주었다. 그리고 예수님이 자신의 죽음과 부활에서 절정을 맞은 하나님 나라 운동으로 하나님의 대답을 제공한 것은 바로 이렇게 성경에 따라 제시된 질문들에 대해서였다. 기독교 초창기부터 폭넓게 통용되던 메시지를 인용하면서 바울이 "성경대로 그리스도께서 우리 죄를 위하여 죽으시고 장사지낸 바 되셨다가 성경대로 사흘 만에 다시 살아나사"(고전 15:3-4)라고 말했을 때, 사도가 뜻했던 것은 자신이나 동료들이 앞 주장을 뒷받침할 만한 증거 구절들을 구약에서 찾아낼 수 있다는 의미가 아니었다. 다만 바울은 오랜 세월 굽이치며 전개되어왔던 이스라엘 성경의 이야기가 예수님의 사건에서 절정에 이르렀음을 말하려던 것이었다. 초기 교회에게 "구약성경의 권위"가 본질적으로 의미하던 바는, 예수님을 통해 하나님이 이루신 일이 하나의 구체적인 이야기 속 주인공 또는 어떤 특정한 풍경 속에 그려진 초상화를 보듯 실제적으로 이해되어야 한다는 것이었다. 이야기나 풍경 속 모든 요소가 그 주인공이 누구며 그가 무슨 일을 했는가에 대해 중요한 면모를 드러내듯 성경의 모든 요소들도 하나님 나라의 궁극적 실현을 생생하게 나타낼 것이었다.

우리가 추적하고 재구성할 수 있는 범위 내에서 자신 있게 말할 수 있는 것은, 초대교회의 설교는 바울이 칭한 "말씀", "진리의 말씀" 또는 그냥 단순히 "복음"(예를 들어 골 1:5; 살전 2:13)을 구체화한 것이었다는 사실이다. 따라서 "신약"이 있기 전에 이미 초대교회 가운데는, "하나님의 말씀"이 교회의 사명과 삶의 중심에 위치해야 한다는 뚜렷한 이해가 있었음이 분명하다[예를 들어 사도들은 이 말씀의 봉사에 충실하고자 추가적인 행정 업무를 맡지 않기로 했다(행 6:1-4)].

초대교회가 믿었던 "말씀"을 요약하는 것은 어렵지 않다. 그들에게 "말씀"은 예수님의 이야기, 특히 예수님이 십자가 죽음과 부활에서 이스라엘 이야기의 절정과 완성을 이룩한 이야기이다. 그렇기 때문에 이 이야기는 세상에 대해서는 진실을 제시하고, 교회에 대해서는 사명의 기초와 행동의 원동력을 제공한다. 지금 우리가 네 개의 정경 "복음"서에서 그리고 이 복음서의 출처라고 추정되는 몇몇 문서에서 발견하는 것은 바로 이런 관점에서 이해된 이야기인 것이다. 물론 이 마지막 주장은 요즘 학계 분위기 속에서는 논란을 일으키지만, 나는 충분히 증명 가능한 주장이라고 생각한다.

삶을 변화시키는 성령의 능력을 전달하는 "말씀": 교회를 탄생시키며 교회의 사명과 삶의 형태를 빚어 만든다

바울은 다른 모든 사도들이 발견한 것, 즉 구약의 이야기가 예수님 안에서 절정에 도달했고 완성되었으며, 그것을 선포하는 행위에는 "능력"이 있다는 내용을 설교와 저술로 표현했다. 이 능력은 생각과 마음, 삶을 바꿀 수 있는 힘을 의미한다. "복음은 구원을 주시는 하나님의 능력이 됨이라"(롬 1:16; 살전 1:5; 2:13과 비교해보라). 이 "말씀"은 취하거나 말거나 식의 취사선택의 방식으로 자체를 제시하지 않는다. 나라를 정복한 카이사르의 사신이 속국의 사람들에게 와서 "만약 네가 새로운 종류의 제국을 경험하고 싶으면, 한번 시험 삼아 새 황제에게 충성해보면 어떻겠는가?"라고 말하지 않는 것과 같은 이치이다. 복음의 "말씀"은 절대 군주가 내린 출두 명령과 같이 선포되었으며, 새로운 상황과 새로운 가능성들, 삶을 바꾸는 새로운 힘을 창출해냈다. 사도들과 전도자들은 "말씀"으로부터 뿜어져 나온 이러한 능력이 하나님 자신의 능력이라고 믿었으며, 새롭게 부어진 성령을 통해 작용하면서 새로운 언약 백성, 즉 세상을 섬길 회복된 이스라엘을 조성하고 있음도 믿었다. "말씀"은 단순히 하나님 나라와 그 나라의 영향력에 관한 **정보**가 아니었다. 물론 정보 자체는 그때나 지금이나 중요하지만 말이다. "말씀"은 예수님을 통해 성취된 하나님 나라가 세상 가운데 침투하는 방식이었다(예를 들어 행 6:7을 보라). 여기서 다시 한 번 하나님 나라란, 창조주 하나님이 자신의 주권적 역사로 세상을 바로잡고 악을 심판하며 용서와 새 생명 주심을 중심으로 하는 개념임을 기억하자. 복음의 "말씀"은 바로 이러한 하나님 나라를, 믿음으로 듣고 순종하는 자 안에 실현시켰던 것이다.

여기서 우리는 성경의 권위에 대한 온전히 기독교적인 신학의 뿌리를 찾을 수 있다. 초대교회는 교회의 근본적 사명, 즉 복음 전파의 사명을 감당할 공동체의 토양에 튼튼히 심겨 하나님 나라의 소식을 가지고서 세상의 세력들에 대항하고, 성령에 의해 쇄신되어 에너지를 얻으며, 특히 사도들의 가르침과 설교를 통해 자라나, 전 우주를 바로잡는 하나님의 사역의 첫 열매가 되는 삶의 변화를 이루는 과업이 "말씀"을 통해 실현된다고 믿었다. 이때 "말씀"이란 예수님 안에서 절정에 도달한 이스라엘의 이야기를 가리키며, 이 이야기 속에서 이스라엘에 대한 하나님의 부르심은 새로 회복된 자신의 전 지구적 백성에 대한 부르심으로 변형, 확대된다. 바로 이 "말씀"이 초대교회 저자들을 통해 우리가 아는 신약성경에 담긴 것이다.

따라서 교회는 초창기부터 변화된 하나님의 백성, 즉 하나님의 부르심과 약속으로 세워졌고 복음의 "말씀"을 충만함 속에서 듣기 위해 소집된 사람들의 모임이라는 특징을 가진다. 다시 말해 초대교회는 강력하고 능력 있고 "권위를 가진" 하나님의 말씀—처음에는 구약 안에서, 나중에는 예수님 안에서 구체화되었으며, 세상을 향해 선포되고 교회에서 가르쳐졌던—에 의해 태어났으며 역시 그 말씀으로 존속하는 사람들이라는 정체성을 핵심으로 세워졌던 것이다. 하나님의 말씀이야말로 교회의 사명(이스라엘의 이야기가 성취되었고 그렇기 때문에 세상은 이 기쁜 소식을 들어야만 한다)과 교회의 일상생활(행 2:42에 나타난 첫 번째 "교회의 표시"는 "사도의 가르침"이었다)의 중심이었다. 뿐만 아니라 교회의 정체성의 특징인 참 이스라엘됨과 새로운 인간됨("하나님의 형상으로 회복된" 인간됨)을 표출하는 거룩함으로의 부르심의 중심에도 하나님의 말씀이 있었다. 초대교회에 있었던 주요 논란은 바로 이 거룩함을 실생활에서 어떻게 실현해야 하는지에 관한 것이었다.

성령의 권위를 전달하는 통로로서 "말씀": 교회에 에너지를 주고 교회를 형성하며 지도한다

사도들 중 적어도 한 명(바울)과 동료들, 그리고 몇몇 직속 계승자들은 저술 활동을 통해 앞에서 말한 작업을 더 넓은 규모로 발전시키는 역할을 했다. 신약의 서신서와 복음서 저자들에 대한 최근 연구는, 성경 저자들이 자기 존재와 저술 의도에 대해 선명한 의식을 가지고 있었음을 잘 보여준다. 즉 저자들은 자신이 성령의 인도와 능력에 의해 "권위를 위임받은" 교사로 부르심을 받았으며, 그 부르심에 따라 책과 편지를 씀으로써 교회를 지지하고 강화하며 형성하고 심판하고 새롭게 하는 임무를 가짐을 의식적으로 깨닫고 있었다. 사도들이 쓴 글의 목적은 단순히 세상 전체에 임하는 하나님 나라에 대해서 적어놓고 기록하는 것 이상이었다. 그들은 자신의 글이 하나님 나라를 이 땅에 임하게 하는 수단의 일부임을 깨달았고, 그래서 그 목적을 위해 글을 설계했다. 더 나아가서 하나님 나라의 도래를 위해 **도구**로 사용되는 자신들조차도 **이 계시의 글을 통해** 그리스도의 형상으로 변화될 것임을 의식하고 있었다.

바울 사도의 글을 읽은 사람들은, 초대교회에서 행해졌던 말씀 설교의 특징이었던 능력 혹은 "실제로 발휘되는 권위"(authority in action)를 사도의 글도 동일하게 지니고 있음을 발견할 수 있었다. 흔히 신약 저자들에게는 자신들이 "성경"을 기록하고 있다는 의식이 없었다고 추측하지만, 오늘날 이 가설은 더 이상 역사적 연구의 지지를 받기 힘들다. 신약 저자들의 의식 부재를 주장하는 측들은, 그들 저술의 많은 부분이 "특수 상황에 맞추어진" 것임을 내세우지만(가장 두드러진 예는 갑자기 발생한 긴급한 상황을 다루기 위해 기록된 바울의 편지들이다), 이런 증거는 논의의 핵심에서 벗어나 있다고 할 수 있다. 긴급한 필요가 발생한 바로 그 상황 속에서도(예를 들어 갈라디아서나 고린도후서를 쓸 때), 바울은 자신이 예수 그리스도로부터 받은 사도의 부르심에 따라 성령의 능력 안에서 권위를 위임받은 자라는 것, 그렇기 때문에 자신의 말을 통해 교회에 진정한 삶과 질서를 가져와야 함을 선명하게 의식하고 있었다. 눈에 드러나는 긴급 상황에 직면하여 글을 쓴 바울이 이 정도로 의식적이라면, 세상을 놀라게 할 만큼 단순한 어조로 "태초에 말씀이 계시니라…말씀이 육신이 되어"로 시작하여 "오직 이것을 기록함은 너희로 예수께서 하나님의 아들 그리스도이심을 믿게 하려 함이요 또 너희로 믿고 그 이름을 힘입어 생명을 얻게 함이니라"(요 1:1, 14; 20:31)라고 글을 마무리한 요한 같은 저자는 얼마나 더 그러했겠는가?

물론 신약 저자들이 각자의 글이 하나로 모여 현재 우리가 알고 있는 정경의 형태를 가질 거라고 구체적으로 예측했다고는 할 수 없다. 내 생각으로는 신약 저자들에게 그런 정확한 상이 허락된 적은 단 한 번도 없었을 것이다. 하지만 그들은 첫 세대로서 자신들만이 가지는 독특한 부르심의 한 부분이, 바로 예수님에 의해 조성되고 성령의 이끌림을 받으며 교회를 형성하는 역할을 할 책을 기록하는 것으로 이해했음은 의심의 여지가 없는 사실이다.

신약 정경: 풍성한 다양성인가, 내적 모순인가?

물론 초대교회 저자들이 모두 똑같은 말만 했다는 의미는 아니다. 오늘날, 그들 각자의 글이 지닌 풍성한 다양성을 부정하는 사람은 거의 아무도 없다. 하지만 성경 속에는 다양성뿐 아니라 명백한 모순도 포함되어 있다는 비판이 늘 있었는데, 우리는 곧 이 점을 살펴볼 것이다. 성경에 존재한다고 믿곤 하는 모순적 요소에 대한 비판 대부분은 역사적 연구 자체에서 비롯된 것이라기보다, 성경 당시보다 훨씬 나중에 생겨난 서구적 개념들(예를 들어 16세기나 19세기 서구 철학)을 성경 본문에 억지로 적용함으로써 생겨났다. 한 분명한 예로 만약 성경이라는 책이 "이신칭의"를 가르친다면, 같은 책에서 "교회에 대한 높은 수준의 요구와 소망"은 고사하고 "행위에 따른 최후의 심판" 같은 가르침을 발견하는 것은 불가능하다고 보는 견해가 줄곧 성경의 비논리성을 주장해왔다. 즉 "이신칭의"와 "행위에 따른 심판"이라는 일견 서로 모순되어 보이는 주제들이 같은 책에 담길 수 없다고 보는 것이다. 또 다른 예는 예수님을 "(유대적 개념의) 메시아"로 선포하는 것과, 같은 분을 "주님"(Lord: 이교적 개념이라고 추측함)으로 선포하는 것이 다소 긴장 관계에 있다고 보는 견해이다. 이런 식의 판단들은 지난 200년간 수많은 사람들로 하여금 신약성경이 모순적이라는 성급한 결론에 이르도록 만들었다. 하지만 몇몇 서구 신학자들이 일견 모순적으로 보이는 내용들 기저에 흐르는 성경의 전체적 일관성을 파악하지 못했다고 해서, 1세기에 존재하던 성경 저자들 또한 그랬을 거라고 믿을 필요가 있을까? 정경의 내적 일관성과 정경 텍스트들 사이에 있는 상호 보완성은 지금 첨예한 관심의 대상이 되는 주제들이다. 하지만 이런 문제들이 일부 남아 있다고 해서, 이것들이 신약성경의 선포가 지닌 놀랄 만한 일관성을 훼손한다고 여길 이유는 없다. 오히려 이 문제들을 더 깊은 사고와 연구로 이끄는 자극으로 여기는 편이 바람직할 것이다.

초기 기독교의 구약성경에 대한 다층적 해석: 성경 이야기의 전개 안에서 초기 그리스도인이 가졌던 새 언약 백성으로서의 지위

초기 교회 성도들은 이스라엘의 이야기가 예수님 안에서 성취되었다고 믿었기 때문에, 구약성경에 대한 **다층적이고 미묘한 차이를 살린, 신학적인 근거를 가진** 해석 방식을 개발시켰다. 그들은 구약이 과거에도 그랬고 현재도 여전히 하나님이 자기 백성—세상을 향한 하나님의 목적의 성취를 주도하는 언약 백성으로, 메시아 예수의 태생의 뿌리가 되는 백성—을 위해 주신 책이라고 굳게 믿었다. 하지만 처음부터 초기 그리스도인들은 이 구약을 완전히 새로운 방식으로 읽기 시작했다. 그리고 그들이 새로운 관점의 해석을 통해 얻은 결론은, 성경의 어떤 부분들은 더 이상 자신들의 현재적 삶과 관련성이 없다는 것이었다. 그 부분들이 좋지 않아서거나 하나님이 주신 것이 아니라서 혹은 하나님으로부터 오는 영감의 정도가 덜해서가 아니라, 초기 그리스도인들 자신이 살고 있는 성경 이야기는 **이미 절정에 도달했는데도 불구하고 구약의 대부분은 발단과 전개의 앞부분에 속해 있었기 때문**이다.

바로 이 점이 초기 그리스도인들이 어떻게 구약성경을 이해했으며, 신약 저자들은 어떻게 구약을 사용했는지를 이해하는 데 핵심적 통찰을 제공한다. 흔히 우리는 성경의 권위에 의문을 제기하는 목소리 속에서, 신약 저자들이 (또한 구술 문화적 전통과 가르침

가운데 있던 그들의 전임자들 역시) 구약을 잡동사니 취급하여 원하는 것은 꺼내 쓰고 불편한 것들은 그냥 남겨두었다는 식의 비판을 듣는다. 이러한 주장을 하는 사람들은 구약은 물론 신약 또한 자의적 짜깁기의 결과물이므로, 우리도 성서를 같은 방식으로 취급하여 취할 것은 취하고 버릴 것은 버릴 수 있다는 식의 소리를 최근 수십 년 동안 줄기차게 반복하고 있다. 하지만 그들은 초기 그리스도인들이 어떻게 성경을 이해하고 사용했는지에 대해 완전히 잘못 이해했다. 그러므로 이 주장은 전혀 정당하지 않다.

초기 그리스도인들은 자신들을 회복된 이스라엘 백성으로서 그리고 예수님과 성령을 통해 완전한 변화를 받아 이제는 민족적·지리적 한계를 초월한 자들로서, 전 세계를 향한 사명을 실행할 백성으로 이해했다. 그리고 이런 인식을 바탕으로 하여 기독교 탄생 직후부터 그들은, 구약 시대와 자신의 시대 사이에 존재하는 연속성과 불연속성을 적절하면서도 전혀 자의적이지 않은 방식으로 파악할 수 있었다. [참고로 말하지만 불연속성이라는 단어를 사용했다고 해서 이들의 이해가 "세대주의"(dispensationalism: 19세기 존 넬슨 다비의 성경 해석 운동)의 공상적 추론이나 시대 구분과 상관이 있다는 말은 전혀 아니다.] 앞으로 우리는 이 지점을 더 자세히 탐구하게 될 것이다.

초기 교회의 성경 사용에서 연속성과 불연속성

기독교가 탄생하자마자 초대교회 교인들은 연속성과 불연속의 문제에 대해 고민하지 않을 수 없는 상황에 처하게 되었다. 어떤 방식으로 이방인들이 하나님의 백성으로 받아들여질 수 있는지에 대한 초기의 논쟁은(이방인은 할례를 받아야 하는가? 또 유대의 음식에 관한 율법과 안식일 규율을 지켜야 하는가?) 바울이 갈라디아서 2장과 3장에서 구체적인 주장을 피력하게 된 계기였다. 사도 바울의 주장에 따르면 아브라함에게 주신 언약의 약속을 성취하는 하나님의 방법은, 예수님 안에서 유대인과 이방인 사이의 벽을 무너뜨림으로써 땅의 모든 민족들을 불러 단일한 그분의 새 백성을 형성하는 것이었다. 따라서 바로 이 사실 때문에 모세의 율법 중 유대인과 이방인을 명백히 차별화하는 규율들은 이제 제쳐놓아도 좋았다. 이 규율들이 좋지 않거나 하나님으로부터 온 것이 아니기 때문이 아니었다. 이 규율들은 한시적 목적을 위해서 주어진 것이었고, 이제 그 임의적 목적이 성취되었으므로 그만 사라져도 되었던 것이다. 다른 많은 경우에 있어서도 동일한 패턴이 반복된다. 새 언약이 예수님 안에서 성령에 의해 시작되었다. 그래서 이제 초기 그리스도인들은 어떤 부분에서 새 언약이 기존 언약의 연속적 갱신인지, 또 어떤 부분에서 옛것과는 완전히 다른 "새로운" 언약인지 파악해야 했다. 언약의 갱신이라는 개념이 야기한 이 해석학적 긴장을 바울은 다음과 같이 요약한다. "이제는 율법

외에 하나님의 한 의가 나타났으니, 율법과 선지자들의 증거를 받은 것이라"(롬 3:21).

바울의 이 요약은 초기 그리스도인들이 어떻게 자신들의 시대와 기원전 이스라엘 사이에 존재하는 연속성과 불연속성을 파악했는지 추적할 수 있도록 훌륭한 모델을 제시한다. 예를 들어 우리는 세상을 하나님의 훌륭한 창조물이라고 보는 초기 그리스도인들의 주장에서 연속성을 발견할 수 있다. 그뿐 아니라 하나님을 악을 다루는 주권적 의무를 가진 분이자 또 그렇게 하기로 약속한 분으로 이해하는 동시에, 악의 패망이라는 보편적 목적을 아브라함과의 언약이라는 틀 속에서 성취하고자 하는 분으로 그리는 데서도 연속성을 발견한다. 또한 자기 백성을 향한 하나님의 부르심은 그들을 거룩하게 만드는 것, 즉 우상숭배와 도덕적 타락으로 비인간화된 이방 세계와 대조되는 참되고 쇄신된 인간성을 구현하는 백성을 세우는 데 있다는 주장에서도 같은 연속성을 발견할 수 있다(물론 1세기 많은 그리스도인들은 "거룩"하려면 율법을 지켜야 한다고 믿었다. 거룩에 이르는 구체적 방법에 관한 논의는 앞으로 이어질 불연속성의 카테고리에 속한다).

불연속성에 대한 분명한 예들도 여러 곳에서 발견된다. 구약 시대 이스라엘의 정결법은, 이제 이방인도 하나님의 백성으로 동등하게 받아들여지는 공동체에서는 더 이상 지켜질 수 없는 사항으로 판명되었다(막 7장; 행 15장; 갈 2장). 예루살렘 성전과 거기서 행해지는 제사도 더 이상 하나님이 자기 백성과 만나는 중심

지점이 아니었다(막 12:28-34; 행 7장; 롬 12:1-2; 히 8-10장). 새 예루살렘에는 더 이상 성전도 없을 것이다(계 21-22장, 하지만 놀라운 사실은 물리적 성전의 부재를 말하는 요한계시록의 구절들이, 예루살렘 성전을 주인공으로 그리는 에스겔서의 절정 부분에 기초한다는 점이다). 이제는 안식일도 필수 사항이 아니며(롬 14:5-6), 오히려 안식일 준수를 고집하는 것이 복음의 성질에 반하는 것이다(갈 4:10). 물리적으로 구획된 거룩한 땅도 더 이상 존재하지 않는다. 로마서 4:13에 나오는 아브라함 언약에 대한 바울의 재해석에 의하면, 하나님이 이 믿음의 조상에게 초라한 한 조각의 땅덩어리가 아니라 세상 전체를 약속했으며, 로마서 8장에서 볼 수 있듯 창조세계 전체의 회복을 기대하셨기 때문이다. 아마도 불연속성이 드러난 가장 중요한 대목은, 유대인과 이방인을 나누는 벽이 완전히 허물어졌다는 선포일 것이다(바울 서신 도처에 등장하며, 엡 2:11-22에 잘 요약되어 있다).

초기 그리스도인들이 도달한 이러한 결론은, 스스로 달갑지 않은 구약의 부분들은 맘대로 제쳐놓는 그런 거만한 방식의 귀결이 아니었다. 반대로 그들은 신학적이고 실제적인 성찰 가운데 깊이 뿌리내린 깨달음을 통해 이런 결론에 도달했다. 그들의 깨달음이란 다음과 같은 것이었다. 즉 성경 전체가 예수 그리스도로 요약될 수 있다는 것[마 5:17(이 구절은 마태복음 전체의 요약이기도 하다); 롬 3:31; 고후 1:20]과 하나님의 새 언약, 새 창조의 프로젝트는 불가피하게도 새로운 방식으로 개시되었다는 것이다. 요한은 이런 내용을, 대대로 주석가들을 괴롭히게 될 한 개의 문장으로 요약한 바 있다. 즉 기록하기를 "율법은 모세로 말미암아 주어진 것이요 은혜와 진리는 예수 그리스도로 말미암아 온 것이라"(요 1:17)라고 했다. 여기서 주석적 난제는 앞 문장을 "그러나 은혜와 진리는 예수 그리스도로 말미암아 온 것이라"라고 이해해야 하는지, 아니면 "그리고…"로 이해해야 하는지의 문제다. 요한이 쓴 복음의 나머지 부분을 읽어보면 그가 의도적으로 이 부분을 애매하게 표현한 것은 아닐까 하는 암시를 받게 된다.

위에서 본 바 양날의 칼과도 같이 상반된 두 요소로 이루어진 이 이중적 견해는, 초기 그리스도인들이 구약을 사용하는 방식 안에 뚜렷하게 반영되어 있다. 예수님이 이룬 전무후무한 성취에 대한 절대적 강조 때문에, 더 이상 구약은 기독교 공동체 내에서 과거와 동일한 역할을 계속할 수 없었다. 기독교에서 예수님이 이룬 독특한 성취가 다시는 반복될 수 없듯, 성경의 발단과 전개의 이야기 앞부분도 다시 반복되어서는 안 된다. 옛것을 기념하고 그 위에 새로운 것을 쌓을 수 있을 뿐이다. 초창기부터 예수님과 바울의 사역 속에서는 다음 사실에 대한 언급이 줄기차게 계속되어 왔다. 즉 예수님의 성취와 함께 이야기가 결정적 국면을 맞으며 연극의 새로운 막이 열린다는 것이다. 이는 마르키온의 사상(구약의 하나님과 신약의 하나님이 본질적으로 다르다고 주장한다) 같은 고압적인 사고 체계나 이와 신학적으로 유사한 몇몇 종교개혁자의 사상(율법과 복음 사이의 완전한 대조를 강조했던 루터는, 문제가 그렇게 단순하지 않음을 인식했음에도 불구하고 "모세는 그리스도에 대해 아무것도 알지 못했다"라고까지 과격하게 주장했다)과는 아주 다른 이야기이다. 앞의 예처럼 불연속성만을 극단적으로 강조하는 이해는 초기 그리스도인들의 사고의 본질을 제대로 반영하지 못한다. 왜냐하면 초기 그리스도인들은 구약까지 포함해서 성경 "전체"의 권위를, 비록 **다층적인** 방식을 통해서긴 하지만, 계속해서 인정했으며 그 권위 아래서 산다는 것에 대한 정교한 이해를 가졌기 때문이다.

몇몇 16, 17세기 사상가들의 실용적이고 경험 의존적인 결론도 부족하기는 마찬가지다. 그들은 구약의 "시민"법과 "의식"법은 폐지되었지만 "도덕"법은 여전히 유효하다고 보았는데, 이런 견해는 구약 시대 유대인들에게는 근대 서구적 구분이 무의미하고 부조리한 것임을 망각한 처사이다. 이해를 돕기 위해서 우리는 연속성과 불연속성을 잘 설명하는, 쉬운 예화를 하나 고안할 수 있을 것이다. 어떤 여행자 집단의 경우를 상상해보자. 한 무리의 여행자들이 거대한 바다를 항해하여 저 너머에 있는 해안 지역에 도달한다. 그러고는 배를 뒤에 남겨둔 채 이번에는 육지에서의 여행을 계속한다. 그들이 배를 버린 것은 그 배가 좋지 않았거나 항해하기에 적절하지 않아서가 아니라, 바로 그 배와 항해가 자신들을 목적지에 데려다주었기 때문이다. 육지에 오르면서 여행은 새로운 단계로 접어든다. 하지만 이 육지 단계에 도달한 사람들은, 아까 **그 배**를 타고 항해를 했던 **바로 그 여행자들**인 것이다. 이 비유속의 여행자들도 이 사실을 잊어서는 안 된다.

아마도 가장 좋은 설명은 초기에 쓰인 신약성경 안에서 발견될 수 있을 것이다. 우리가 살필 곳은 갈라디아서 3:22-29인데 여기서 바울은 하나님이 어떤 구체적 목적을 위해 모세의 율법을 주셨으며 그 목적이 이제 결실을 맺었다고 선언한다. 그래서 율법은 더 이상 이스라엘 공동체의 정체성을 규정하는 기능을 하지 못하고 옆으로 제쳐진 것이다. 하나님이 율법을 폐하신 것은 율법 자체가 선하지 않아서가 아니다. 율법은 선하지만 그 임무가 완수되었기 때문에 이제 사라지는 것이다. 하지만 서신서 전체가 경고하듯, 예수님과 성령을 통해 회복된 하나님의 백성은 그들이 어떤 길을 통해 현재에 도달했는지 절대 잊어서는 안 된다.

신약성경은 인간의 모든 문화와 대화를 나누는 관계에 있다

그러므로 신약성경은 초대교회 교인들에게 삶의 권위가 되었던 말씀, 그들에게 충만한 생명을 가져다준 말씀을 글로 표현한 것이었다. 처음부터 초대 그리스도인들은 이 말씀이 인간의 삶과 문화, 인간의 모든 열망과 전제들을 뚫고 들어왔으며 또 앞으로도 계속 그런 능력을 발하리라는 것을 알고 예측할 수 있었다. 글로 기록된 말씀, 살아 있는 원시복음의 말씀을 표현하고 구체화한 이 성경은 성령의 힘으로 작용하는 하나님의 대리자였으며, 유일한 창조주 하나님이 우주를 회복시키기 위해 가장 핵심으로 선택한 수단이었다. 동시에 기록된 하나님의 말씀은 참된 인간으로서 사는 방법도 제시했는데, 이는 당시 세속 세상을 지배했던 이교적 사고 방식과는 날카로운 대조를 이루는 것이었다. 새롭게 제시된 이 말씀은 이스라엘을 향한 하나님의 계획이 성취되는 방법이었으므로, 예수님이 메시아이심을 알아보지 못하는 세상의 다른 해석들은 말씀과 정면으로 대치할 수밖에 없었다. 이런 상황 속에서 당시 한창 생성 중이던 초기 기독교 문서들은 예수님의 비유가 그랬던 것처럼, 인간과 인간 세상에 있어 진정으로 중요한 문제가 무엇인지 또 참된 답변은 어떤 것인지에 대한 기존의 이해들을 거듭 인정하거나 재규정하는 역할을 했다.

의미심장하게도 위의 모든 내용을 고려할 때 우리는 문화의 어떤 부분이든, 그것이 고대 문화든 현대 문화든 간에, 자동적이거나 절대적인 방식으로 지지되거나 거부될 수 없음을 알게 된다. 초창기 기독교 세계에서 유대 문화는 많은 부분 그대로 인정되었지만, 동시에 건전한 신학적 이유에서 또 많은 부분이 배제되기도 했다. 같은 논리로 유대 바깥의 이방 문화 속에서도 초기 그리스도인들에게 유용한 요소들이 존재했다. 바울은 "모든 생각을 사로잡아 그리스도에게 복종시킨다"(고후 10:5)고 말하면서, "선"과 "악"에 대한 이교적 보편 인식과, 교회가 고수할 기준 사이에 깊은 공통점이 있음을 추정했다(롬 12:9, 17; 빌 4:8). 하지만 동시에 교회가 나서서 반대해야 한다고 믿었던 문화적 요소들도 많았다. 그것들이 아무리 지역 문화에 깊이 뿌리를 내리고 있다 하더라도, 심지어 정체성을 결정짓는 요소라 하더라도 말이다! 에베소 교회에서 달의 여신 다이아나 숭배와 관련하여 바울이 겪었던 폭동을 예로 들 수 있다. 말로 선포되고 글로 기록된 "말씀"은 항상 사람들로 하여금 세례를 통해 그리스도의 죽음과 부활에 참여하게 하고, 이 사건을 기반으로 새로운 삶을 살아가도록 투쟁하게 만든다. 예수님의 삶과 죽음을 따르는 자들은 많은 대가를 지불하며 경쟁적인 구속과 회복에 도달하고, 그로써 창조주 하나님의 형상을 자기 안에 드러낼 것을 요구받았던 것이다. 그리고 이런 단순치 않은 사명을 감당하는 초대교회에게, 당시 문화의 세속적 상황과 새로 회복된 인류로서의 삶의 방법 사이의 관계를 분별하는 데 계속해서 길잡이 역할을 했던 것이 신약성경으로 기록된 사도들의 선포였다.

그러므로 "말씀"은 자의적인 또는 "지배적인" 윤리의 선포와는 아무 관계가 없다. 다시 말해 초대교회 안에 있던 골목대장 같은 강압적인 권위자들이 억지 기준을 일방적으로 부과한 결과가 전혀 아닌 것이다. 반대로 "말씀" 안에는 인간의 회복을, 세상에서 악을 제거하고 새로운 피조물을 탄생시키려는 하나님의 궁극적인 목적이 이루어지는 시작점으로 볼 뿐 아니라, 마지막 지향점을 가리키는 표지판인 동시에 목적을 이루는 수단으로 이해하려는 생각이 반영되어 있다. 그래서 초기 그리스도인들은 하나님의 말씀이 공동체 안에서 성령을 통해 역사해서 예수님이 이룬 성취의 효력을 발생시킨다고, 그럼으로써 최종적인 하나님 나라를 진척시킨다고 믿었다. 지금까지 논의한 전체 내용을 우리는 다음과 같이 요약할 수 있다. 즉 초기 교회에 있어 신약성경은 그 자체로 새 언약의 계약서로 인식되었다. 이 새롭게 계시된 언약은 하나님 나라의 이야기를 새롭게 써나갈 수 있는 토대를 형성함으로써, 이 이야기를 통해 그리스도인들이 하나님 나라의 백성으로 형성되고 개혁되고 변화될 수 있도록 만든다. 이것이 바로 초기 그리스도인들이 우리에게 남긴 도전이며, 우리는 "성경의 권위"가 오늘날 실제적으로 무엇을 의미하는 것인가를 다시 고민하며 이 도전에 응해야 한다.

제 5 장

2세기부터 17세기까지 기독교 역사와 성경

이 장에서는 어떻게 성경이 교회와 함께 1,700년의 세월을 보냈는지에 대한 지극히 길고 복잡한 이야기를 아주 짧게, 우리의 현재 논의에 직접적으로 관련되는 부분만을 부각시켜 압축할 것이다.

성경 자체와 초기 교회 전통과 적절한 성경 주해에 의지하여 초기 이단의 도전에 응수하다

2, 3세기 기독교 세계의 중심부에 인접해 있던 생각은, 교회는 성경과 더불어 그리고 성경의 권위 아래에서 살아가는 공동체라는 인식이었다. 성경은 하나님 나라를 선포할 뿐 아니라 그 나라를 구체적인 삶으로 살아낼 수 있는 수단과 자원을 교회에 제공했다. 또한 초기 기독교가 대면한 각종 질문과 공격에 대응할 수 있는 능력도 성경으로부터 나왔다. 예를 들어 기독교 사상의 극단적 재구성(혹은 변형)을 추구한 마르키온과 영지주의자들의 도전에 대

해, 교회는 성경 자체에 호소하며 신선한 방법으로 대응했다. 그리고 이 대응 과정에서 교회는 성경에 대한 교회의 이해가 과거로부터 항상 동일했다는 입장을 확고히 했으며[그 결과로 초기 "신앙의 규범"(rule of faith)의 발전이 이루어졌다], 논란이 되는 성경 구절의 실제 의미에 대한 구체적인 논증을 제시하기도 했다(영지주의자에 반박하는 이레나이우스의 논증이 그 좋은 예다).

그리하여 교회는 교회 외부인들에게 스스로의 입장을 설명하는 데 있어서, 그리고 자신이 지닌 풍성함을 탐구하는 데 있어서 다음과 같은 특징을 가지게 되었다. 즉 무엇을 하든 간에 성경에 일차적으로 의지하고 호소하는 것을 원칙으로 삼게 되었다. 성경을 중심에 놓는 이러한 특징은, 이전의 이해("전통")에 대한 소개와 세심한 설명에 의해 뒷받침되었는데, 그 설명 과정에서 당시의 주요한 사상들이(유스티누스와 테르툴리아누스 등등의) 다양한 방법으로 접목되기도 하고 반박되기도 했다. 약간 시대착오적인 단어를 사용하자면, 교회가 "이성"의 개념을 끌어다 쓴 것이라 할 수 있지만 어쨌든 중심을 차지했던 것은 이성이 아니라 성경이었다. 실로 초기 교회의 신학과 삶의 표준에 있어서 핵심적 지위를 차지했던 것은, 성경에 기초한 설교와 성경을 성실하게 설명한 주석이었다. 그러므로 초기 기독교의 본질에 접근하고자 한다면, 초기 교회를 성경을 읽는 공동체로 규정하는 것이 최선의 연구 방법이라 할 수 있다.

이야기가 제거된 관념적 신학, 창조에 대한 부정, 반유대주의적 사상에 대항하여 성경의 이야기를 다시 단언하다

성경에 호소한다는 것은 무엇보다도, 구조적인 차원에서나 세부 사항에서, 하나님과 세상과 인류에 대한 이른바 **새롭게 혁신된 유대교**적 견해에 동의함을 의미한다. 이런 주장은 수없이 많은 세부적 논증을 통해 증명될 수 있지만 여기서는 일반적인 차원만 잠시 생각해보도록 하자. 초창기부터 그리스도인들은 스스로를 이스라엘의 이야기에 뿌리내린 사람들로 여겼다. 즉 이스라엘의 메시아의 죽음과 부활을 통해 다시 창조된 백성이자, 이 정체성에 근거해 참된 인간성을 구현하도록 부름 받은 자로 스스로를 이해한다. 그런데 이런 **창조주와 언약의 하나님을 믿는 유일신론적 주장**을 유지하기 위해서는 다음 두 가지 공격으로부터 자신을 지켜야만 했음을 기억할 필요가 있다. 첫 번째는 영지주의와 거기서 파생한 여타 사상들의 본질을 이루었던 플라톤적 이원론이고, 두 번째는 그리스-로마 세계에 편만하던 이교 사상이었다. [신학적으로 압축되어 있는 앞 주장에 대해 더 자세한 세부 내용을 원한다면 『신약성서와 하나님의 백성』(*The New Testament and the People of God*)의 제9장을 참조하라.] 여전히 대부분의 유대인들로부터 사기꾼으로 매도당하는 메시아를 따르면서도, 새롭게 혁신된 유대교의 지위를 지녔다고 주장하는 초기 교회의 이러한 아이러니는, 바울의 사상(예를 들어 롬 9-11장)과 유스티누스의 『트리포와의 대화』(*Dialogue with Trypho*) 및 이후 저작에서도 드러난다. 이러한 긴장이 존재했다는 사실로부터 우리는 과거 교회가 무엇을 중요하게 여겼는지 상기할 수 있다. 과연 교회는 무엇을 지키겠다는 의지로 "도마복음"과 같은 신학적 견해를 거부하면서 성경과 함께 동행하고자 했는가? 예를 들면 유스티누스, 테르툴리아누스, 이레나이우스 같은 신학자들의 주장과 성경적 근거의 사용, 그리고 성경에의 호소 덕분에 초기 교회는 자신의 "역사적" 성격을 뚜렷하게 내보일 수 있었다. 즉 교회는 예수님 시대로부터 자신의 당대에 이르기까지 존재하는 역사적 연속성을 강조해서 드러냈다. 이 주장에 따르면 초기 교회가 진정한 아브라함의 후손인데, 왜냐하면 메시아 예수에 의해 변화되었을 뿐 아니라, 여전히 유대교의 조상과 연결되어 세상을 바꾸는 동일한 소명에 순종하고 있기 때문이다.

최근의 저술들은 친숙하고도 새로운 비슷한 도전에 굴복하며 이러한 역사적 연속성에 대한 정당한 주장이 지닌 본질적 중요성을 깎아내리려는 경향을 보인다. 최근 연구들이 초기 기독교의 "대안적" 형태를 발견하는 데 열의를 쏟거나, 일부 외경 텍스트가 주류의 정경에서 제외된 것을 초기 기독교의 활기 넘치는 생생함을 그대로 드러내지 않으려는 기만적 시도로 보려 하는 것은, 후기 개신교 시대를 사는 사람들의 두려움, 즉 위와 같은 연속성의 강조가 명백하게 "초기 가톨릭적"이라고 보는 두려움 섞인 인식에서 유래한다고 볼 수 있다. 뿐만 아니라 그러한 두려움과 함께,

구원의 종교가 아닌 "자기 발견적" 종교에 대한 근대 후기의 열망도 부분적으로는 영향을 미친다. 이러한 견해는 근대 후기의 서구 사회, 특히 미국에서 유행한 대중적인 사상들 덕분에 힘을 얻었다. [학문적 영역과 대중적 영역 둘 다 마찬가지다. 소설 『다빈치 코드』(*The Da Vinci Code*, 문학수첩 역간)가 다분히 공상에 근거한 소설임에도 불구하고 대중에게 엄청난 영향력을 끼친 사실은, 콥트어나 시리아어로 된 어떤 문서를 보고 예수님이 "진짜로" 어떤 생각을 했는지 "발견"할 수 있다고 즐거워하는 학자들과 같은 맥락에 있다고 할 수 있다.]

그 대중적 사상의 요지는 다음과 같다. 즉 정통 기독교가 개인과 사회에 해로운 영향력을 미친다는 가설이 이제 의심할 여지없는 사실로 증명되었다는 것, 그리고 기독교의 압제적 성격이 속박하려는 정치 권력과 결탁한 채, 우리에게 익히 알려진 정경이 기록되고 특권화되는 과정을 지배했다는 것이다. 이런 주장을 하는 사람들은 심지어 정경화의 과정은 (하나님과는 아무 상관없는, 정치 권력의 실체로서의) 교회가 최종적 권위가 되었음을 나타내는 표지라고까지 말한다. 그리하여 이런 주장은 교회가 성경보다 우월함을 역설하는 가톨릭 전통주의자들에 의해 이용되기도 하고, 정경과 그 안에 포함된 모든 책들은 결국 교회의 통제권과 세상에서의 사회적 인정을 얻기 위한 세력 다툼의 결과물일 뿐이라고 보는 포스트모던 회의론자들에 의해 이용되기도 한다. 하지만 앞과 같은 논증은 우편을 통해 명령을 전달받은 군인이 우체부를 가리키며 그가 바로 사령관이라고 결론짓는 것과 유사한, 명백한 논리적 오류를 안고 있다. 메시지를 전달하고 모으고 배급하는 자들을, 그 메시지를 처음으로 쓴 자와 동일한 부류로 간주할 수는 없는 법이다.

일부에서 보내는 열렬한 지지에도 불구하고 사실, 앞과 같은 입장은 역사적인 차원에서 보아도 전혀 그럴듯하지 않다. 무엇보다도 이런 입장은 기독교 전통의 심각한 비유대화, 탈유대화를 드러낸다. 유대 성경에서나 기독교 성경에서나 동일하게, 성경의 정경화는 의심의 여지 없이 온갖 온전치 못한 인간적 동기들이 뒤얽힌 복잡한 과정이었으며, 최초로 성경이 기록된 당시에도 상황은 마찬가지였다. 그러나 정경화의 과정은 절대로 어떤 책은 빼고 어떤 책은 집어넣자는 식의 단순한 책 선별의 문제가 아니었다. 정경화는 더 큰 차원의 이야기, 즉 이야기 전개의 큰 틀을 설계하는 작업이었고, 이 틀이야말로 하나님 나라와 하나님의 백성을 이해하게 하고 그들에게 질서를 부여하는 역할을 했다.

성경 읽는 공동체로서 초기 기독교 교회의 역사를 파악할 때, 우리는 다음과 같은 중요성에 주목해야 한다. 즉 믿음 때문에 화형을 당하거나 사자 굴에 던져지거나 다른 식으로 박해와 고문과 죽임을 당한 자들 대부분이 마태복음과 마가복음, 누가복음, 요한복음, 바울 서신 및 성경의 나머지 부분을 읽었다는 사실이다. "도마복음"이나 그 비슷한 책들이 만들어내는 영성 따위에 로마 제국은 신경도 쓰지 않았다. 왜냐하면 "도마복음"과 그 아류들은 전승된 구전을 모은 비서사적 묶음에 불과했으며, 그런 책들의 저자들은 자기 모음집을 이스라엘의 이야기라는 전체를 포괄하는 틀 속에 넣기를 의도적으로 거부했기 때문이었다. 흔히 우리는 외경과는 달리 정경에 포함된 글들의 저술 목적이 초기 기독교를 사회적으로나 문화적으로 용인받는 종교로 변형시키려는 것이었다는 억지 주장을 듣곤 한다. 만약 이레나이우스가 이런 소리를 듣는다면, 농담치고는 지나치게 잔인하다고 여길 것이다. 기원후 177년, 주교와 몇몇 그리스도인이 순교당한 프랑스 리옹 땅에 새로운 주교로 부임한 이후 줄곧, "도마복음"과 그 유사 부류의 저술이 표방하는 거짓 신학의 반대자인 동시에 정경의 열렬한 지지자요 해석자로 산 이레나이우스로서는 그렇게 반응하는 것이 당연하리라. 왜냐하면 이 신학자의 글이 명료하게 보여주듯, 초기 교회가 죽음의 위협조차 무릅쓰고 자신의 사명을 힘차게 감당하도록 지탱해준 것이 바로 정경이었으며, 나아가 교회로 하여금 사방에서 교회를 주시하는 비기독교 세상이 깜짝 놀랄 만큼 철저한 거룩함을 이루는 일에 헌신하게 만든 것도 바로 정경이었기 때문이다.

성경의 내러티브적 성격과 유대교적 차원이 점차 감소한 반면, 최종 심급의 법원으로서 혹은 경건 생활을 위한 영적 독서의 교재로서의 위치는 확대되다

성경 이야기가 지닌 유대적 요소를 계속해서 붙들고 있는 것이 교회로서는 쉽지 않은 일이었다. 그리하여 향후 몇 세기 동안 교회는 자기 자신과 성경을 이해하는 데 있어서 유대교적·이스라엘적 요소를 점점 잃어버렸다. 그러면서 성경의 권위에 대한 개념도 이야기, 즉 내러티브의 맥락에서 벗어나, 우리에게 주어진 선물이며 목적인 하나님 나라의 차원과도 분리되는 결과를 가져왔다. 텔포드 워크가 보여주듯 많은 신학자들, 특히 아우구스티누스는 성경을 통해 사람들을 믿음과 거룩, 구원에 이르도록 하는 하나님의 일에 열정적으로 헌신했다. 그러나 그 이후에 나타난 전통에서는 성경을 하나님 나라가 세상 가운데 이루어지게 하는 수단으로 여기는 역동적 개념이 사라지게 된다. 앞에서 우리는 성경의 "권위"라는 개념을, 성경을 통해 하나님 나라를 일으키는 하나님의 역사, 더 구체적으로 말해 성경을 통해 새 언약 백성을 부르고 빚으며 지도자들을 선생과 설교자로 준비시킴으로써 하나님 나라를 실현하는 그분의 강력한 역사로 설명했다. 그런데 안타깝게도 초기 교회가 끝나는 시점에서 상실된 것은 바로 이러한 성경에 대한 역동적 개념이었다. 그리하여 한때 강성하고 찬란했던 개념은 결국 다음 두 가지 사항으로 축소되고 말았다. 첫 번째, 성경은 "상소 법

원"처럼 되어버려 윤리적 원칙을 도출하고 새로운 현상을 평가할 때 이용하는 참고서 혹은 지침서같이 취급되었다. 두 번째, 성경은 경건 생활을 위한 영적 독서(*Lectio Divina*) 교재로 취급되었는데, 이는 독자가 성경을 통해 개인에게 하는 하나님의 말씀을 들어서 자신의 영성과 신앙에 양분을 공급하는 방법이었다.

"알레고리적" 성경 주해의 발전은 (때로는 문제를 일으키고 악화시켰지만) 성경에 충실하려는 교회의 헌신을 표현한다.

오리게네스 이후 몇몇 신학자들은 알레고리를 성경 이해의 주된 기술로 삼았다. 기본적으로 알레고리는 텍스트를 일종의 암호로 읽어서 그 작업을 통해 숨겨진 더 깊은 의미를 찾아내는 방법이다. (오리게네스처럼 알렉산드리아에 살았던 1세기 유대 철학자이며 정치가인 필론은 이미 이 방법을 폭넓게 사용하고 있었다.) 알레고리적 방법은 이미 예수님의 몇몇 비유에서 부분적으로 예견되는 바였다. 비록 예수님이 자신의 비유에서 세부 사항을 그런 식으로 해석하도록 의도했는지는 아직 논란의 대상으로 남아 있지만 말이다. 다니엘서 외 구약의 여러 부분에 등장하는 종말론적 비전 또한 텍스트 자체가 명백하게 알레고리적인 해설을 요구하는 경우이다. 바울은 갈라디아서 4:21-32에서 구약성경에 대한 알레고리적인 해석을 제시했으며, 베드로전서 3:20-22의 경우도 마찬가지다. 하지만 성경의 알레고리적 해석의 가장 두드러진 예는 아가서일 것이다. 이 해석 방법 덕분에 우리는 육감적인 사랑의 감정을 화려하게 표현한 이 시를, 그리스도와 교회 사이의 영적 사랑을 표현한 알레고리로 설명할 수 있다. 물론 유대교적 해석도 동일하게 아가서를 여호와 하나님과 이스라엘 백성 사이의 사랑으로 이해한다.

사실상 알레고리적 해석은 근본적으로 교회가 성경과 함께 동행해야 함을 강조한다. 알레고리적 해석은 구약에 등장하는 충격적인 이야기들처럼 곤란한 해석학적 난제를 일으킬 소지가 있는 부분들까지 포함하여, 말 그대로 성경 전체와 함께 살아가는 일의 중요성을 내세우는 것이다. 바로 여기에서 권위와 해석 사이의 긴장 관계가 발생한다. 우리가 어떤 텍스트를 재해석하는 이유는 그 텍스트가 권위를 가졌기 때문인데, 그렇다면 과연 그 권위를 해치지 않는 한도 내에서 얼마만큼이나 재해석을 감행할 수 있는 것일까? 재해석을 하는 중에라도 어느 시점에 도달하면, 현재의 해석 작업 안에서 실제로 "권위를 행사하는 것"이 텍스트 자체라기보다, 텍스트의 해석 방향을 미리 결정짓는 신학이나 신앙의 체계라고 시인해야 하지 않을까? 즉 텍스트 자체가 아니라, 다른 이유로 미리 받아들였던 신학이나 신앙 체계가 이제는 본문의 권위로 작용하기 때문에, 제아무리 우리가 다양한 해석적 방법을 동원한다 해도 결국 텍스트에서 발견하는 것은 기존의 신학이나 신앙의 체계일 뿐임을 인정해야 하는 순간이 오지 않겠는가?

만약 신약 저자들이 자기 시대 이후에 나타난 알레고리적 해석자들을 만난다면 바로 이런 질문을 던지지 않을까 생각해본다. 왜 알레고리의 신봉자들은 해석의 대상이 된 성경 텍스트를 있는 그대로 받아들여서는 안 되며 감춰진 의미를 찾아 그것으로 환원시켜야 한다고 보았을까? 성경이 단순히 도덕적인 실례나 교리적 가르침을 담은 책 이상이라는 사실을 깨닫지 못했던 것은 아닐까? 성경 전체가 스스로를 이야기 형식으로 제시함을, 그리고 인간의 악함을 있는 그대로 표출하는 것은 하나님이 이스라엘을 어떻게 다루시는지 올바로 이해시키려는 의도 때문임을 몰랐던 것은 아닐까? 예를 들어 유다가 다말과의 근친상간을 깨닫고 뉘우친 사건(창 38장)은 그가 창세기 37:26에서 요셉을 노예로 팔자고 제안하며 보였던 오만한 행동과, 베냐민 대신 요셉의 노예가 되겠다던 겸손한 자청 사이를 연결하는 고리가 된다(창 44:18-34). 또 다른 예로 사사기 19장에 나오는 레위인의 첩에 대한 끔찍한 이야기는 절대 어떤 도덕적 모범으로 의도된 것이 아니다. 이 이야기는 왕의 부재가 얼마나 삶을 혼란스럽게 하는지에 대한 반복적으로 제시되는 논증의 한 부분일 뿐이다. 다윗과 밧세바의 간음 사건(삼하 11장)은 왕실의 부도덕한 기조를 결정했고, 그리하여 암논이 다말을 강간하는 사건으로 이어지게 되며(삼하 13장), 다시 이 연결 고리는 압살롬의 반역과 다윗이 당한 치욕의 원인이 된다(삼하 15장). 앞에서 열거한 구절들은 따스하거나 교훈적 이야기와 같은 부류의 "유익한 이야기"가 아니다. 그렇다면 이들

안에 담긴 강력한 신학적 메시지가 드러나도록 꼭 이 텍스트들을 알레고리적으로 읽어야 하는가? 반드시 그렇지는 않다. 알레고리적으로 읽어야만 신학적 요지가 나타나는 것은 아니기 때문이다. 또한 다음과 같은 이차적인 질문을 던져서 알레고리적 해석의 한계를 더 드러낼 수도 있을 것이다. 왜 알레고리적 해석자들은 기독교의 관점에서 바라볼 때 발생하는 구약과의 연속성과 불연속성의 문제에 대해, 신약 저자들의 섬세하고 다층적인 이해 방식을 따르지 않는가? 그건 명백한 약점이 아닐까?

따라서 알레고리적 해석 안에는 교회가 성경과 함께 성경의 권위 아래에서 살아야 한다고 고집하는 긍정적 측면도 있었지만, 다른 차원에서 보자면 성경 자체가 어떻게 작용하는지 이해하는 데 실패했음을 분명하게 드러내는 측면도 있다. 물론 나는 알레고리에도 여러 종류가 있다는 것, 그리고 알레고리적 해석을 감행해야 하는 다양한 이유들이 존재함을 인정한다(하지만 이 복잡한 주제를 다루다간 이 책의 흐름에서 너무 멀리 벗어나게 될 것이므로 자세히 다루지는 않겠다). 최소한의 내용을 지적하는 것으로 만족하자. 분명히 짚고 넘어가야 할 점은, 때로는 알레고리적 해석 방법이 예수님과 그의 첫 세대 제자들의 삶의 배경이었던 1세기 유대교로부터 우리를 한 걸음 더 멀어지게 만든다는 사실이다. 종종 주장되듯 알레고리가 "교회를 위해 성경을 위협에서 구하는" 수단이었던 것도 사실이다. 왜냐하면 당시의 다른 해석 방법들 속에는 해석자의 입맛에 맞지 않는 구약 구절들을 몽땅 다 버려버릴 위험성이 농후했기 때문이다. 또한 언제나 알레고리적 해석자들은 초기 교회의 신앙 수칙의 틀 안에서 성경 주해를 했으며, 이 틀이 해석적 착상 속에 기독교적 모양새를 갖추게 했음도 잊어서는 안 된다. 이러한 미덕이 있었음은 부정할 수 없다. 하지만 알레고리적 주해는 성경에서 내러티브적 요소를 제거하고 비유대적인 방식으로 성경을 읽도록 부추겼기 때문에, 결과적으로 더 근본적인 차원에서는 많은 것을 상실할 위험성을 항상 안고 있었다. 다시 말해 알레고리적 주해는 사실, 성경에서 내러티브의 중요성과 우선성을 인정하지 않으려는 근본적 경향의 한 증상이라고도 할 수 있다. 이렇게 해서 알레고리적 주해는 오늘날에도 흔히 목격되는 시도들, 즉 겉으로 보기에는 성경의 권위 아래에서 살고자 하는 시도 같지만, 사실상 성경 자체에 의지하기보다 교회 생활 속에서 생겨난 특정한 전통에 호소하는 시도들의 전조가 되었다.

중세의 "네 가지 의미"도 마찬가지로 초기 교회의 신학적 방법론을 제거한 채 성경의 풍성한 윤곽을 파악하려는 (불완전한) 시도다.

초기 성경 해석자들이 제시했던 알레고리적 주해는 중세 내내 계속되었고 또 상당히 정제되고 창조적인 방식으로 발전했다. 이렇게 알레고리적 주해로부터 중세 신학자들이 발전시킨 체계적 방법론이 "네 개의 의미"(Four Senses)이다. "네 개의 의미"는 성경 텍스트가 지닌 네 개의 다른 층위의 의미, 즉 문자적·알레고리적·신비적·도덕적 의미를 구분했다.

"문자적"(literal) 의미는 텍스트 본래의 의미를 말한다. 하지만 혼란스러운 점은, 텍스트의 본래 의미 자체가 알레고리를 포함할 수도 있고(갈 4장에 나오는 사라와 하갈의 이야기에 대한 바울의 해석) 또 비유를 포함할 수도 있다는("나는 선한 목자다"라고 한 예수님의 말씀) 것이다. (중세에 통용되던 "문자적"이라는 단어의 의미와 오늘날 의미가 다름에 주의해야 한다. 이 책의 제5장 128-130쪽을 참고하라.) "알레고리적"(allegorical) 의미란 특정 구절로부터 기독교 교리를 추출하는 것인데, 그 구절 본래의(literal) 의미가 추출된 교리와는 별 상관이 없어 보이는 경우가 많다. 예를 들면 아브라함이 종을 보내 아들의 신부를 찾도록 한 사건을(창 24장), 하나님이 복음 혹은 성령 혹은 전도자를 보내 아들(예수 그리스도)을 위한 신부(교회)를 찾음을 나타내는 알레고리로 해석한다. "신비적" 혹은 "영적"(anagogical) 의미는 성경 텍스트에서 내세의 영원한 삶에 대한 그림을 찾는 것이다. 아마도 가장 좋은 예는—이 예시의 정당성은 직감적으로 이해될 것인데—예루살렘으로 올라가는 내용을 담은 시편을, 그리스도인들의 목적지인 천상의 도시를 가리키는 것으로 해석하는 경우다. ["신비적"(anagogical)은 어원적으로 "위로 향하게 이끈다"란 의미이다. 골 3:1-2이 말하듯 생각과 마음을 들어 올려 위의 것을 생각하라는 뜻이다.] "도덕적"(moral) 의미는, 윤리적 가르침을 직접적으로는 언급하지 않는 텍스트를 읽으면서 그 속에 감춰진 행동 지침에 대한 교훈을 찾아내는 방법이다.

이런 식으로 복잡한 "네 가지 의미" 해석 방법을 들여다보고 그 타당성을 비평하기 전에 우리가 잊지 말아야 할 중요한 사실이 하나 있는데, 이는 오리게네스와 같은 중세 이전 저자들의 알레고리에도 적용되는 사항이다. 바로 그것은 이 해석 방법이 시도된 배후에 있는 동기의 진정성이다. 즉 알레고리나 "네 가지 의미"를 고안했던 신학자들은, 성경이 일견 파악하기 어렵고 부조리하게 느껴지는 때에도 성경에 의해 그리고 성경 아래 사는 것이 교회의 의무이고 부르심이라는 신념을 실천하려는 선한 동기를 가지고 있었다. 또한 이들은 신앙의 규범(rule of faith)의 테두리 안에서 성경을 해석하여 일관된 의미를 얻고자 시도했다. 하지만 안타까운 것은, 그들의 경우 성경의 권위를 주장하면서도 정작 성경 자체가 말하고자 하는 바에는 충분한 주의를 기울이지 못했다는 점이다.

그럼에도 불구하고 중세의 세계관을 현대에서 거론할 때 우리가 간과해서는 안 될 점이 있다. 즉 계몽주의와 뒤따르는 과학혁명에 시대적으로 더 근접해 있는 우리는, 조각조각으로 분리되고 단절된 세계라는 인식을 물려받았고, 따라서 세상 전체가 눈에 보이는 것보다 훨씬 더 긴밀히 연결되어 있다는 개념을 체득하기가 어려울 수밖에 없다. 예를 들어 우리로서는 지구 생태계를 돌보면서 우리의 행성을 통일체로 보는 관념을 가지기 힘들다. 하지만 현대인과는 반대로 중세 사상의 특징은, 인간의 영역과 하나님의 영역, 그리고 창조세계의 모든 부분이 경이롭도록 복잡한 거미줄같이 연결되어 있어서, 한 부분에서 다른 부분으로 쉽게 생각이 이동할 수도 있으며, 모든 지점에서도 전체적인 조화를 관찰할 수 있다는 점을 당연시했다. 앞에서 소개한 성경의 "네 가지 의미"도 현대 독자들에게는 자의적으로 비칠 수 있다(하지만 우리도 중세인과 비슷한 방식으로 형태만 바꾸어 재탕하고 있음을 잊지 말자. 예를 들어 현대의 편집비평은 복음서의 문자적 의미에서 벗어나 그것의 플롯, 성격 묘사, 지리학적 접근 등등에서 다층적이고 상징적 의미를 발견하려고 노력하는데, 이는 바로 "네 가지 의미"에서 어휘만을 바꾼 것이 아닐까?). 하지만 이 방법론이 실질적으로 주장하려 했던 것은, 바로 우주 만물의 상호 연결성이라는 중세적 개념에 기초하여, 성경의 어느 부분을 보든지 우리는 과거의 사건을 발견할 뿐 아니라, 현재의 풍성한 기독교 진리와 앞으로 오게 될 영광, 기독교적 도덕성의 튼튼한 기반으로 들어가는 열린 문을 발견할 거라는 점이었다. 이는 더할 나위 없이 훌륭한 목표였다. 사실 내가 이 책에서 추구하는 해석 방식을 통해 얻고자 하는 결론을 다른 방법으로 구현한 것이라고도 볼 수 있겠다.

하지만 중세의 방식도 나름의 대가를 치러야만 했다. 중세 옹호론자들이 시인해야 할 사실은, 일단 알레고리적 해석을 사용하기 시작하면 위험할 만큼 많은 것들을 성경으로부터 "증명"할 수 있게 되며, 이로 인해 공상적이고 사변적인 이론들이 다수 생긴다는 점이다. 그리하여 알레고리가 텍스트의 진정한 의미를 향하여 방향을 잡는 대신 상상의 나래를 펼치고 엉뚱한 곳으로 날아가는 경우도 생겼다. 예를 들어 12세기 신비주의 스콜라 철학자 휴고 폰 빅토르(Hugo von Victor)는 길이가 300큐빗인 노아의 방주가 십자가를 가리킨다고 주장했는데, 십자가의 모양을 가진 그리스어 문자 T가 숫자 300을 의미한다는 것이 이 가설의 근거였다(이는 노아 이야기 전체를 벧전 3:20-22의 암시와 일치하도록, 예수님의 생애에 일어난 사건들의 전조로 보려는 중세의 확고한 태도를 보여주는 예다. 노아가 만취한 에피소드조차 예수님의 사역의 전조로 해석되어 많은 위대한 그림에 영감을 주었음은 이미 널리 알려진 사실이다). 알레고리가 잘못된 방향을 잡을 때의 문제점은 그 해석학적 방황과 오류에 한계선 또는 적정선이 없다는 것이다. 성경으로 하여금 뒷발로 서서 손가락을 아래위로 흔드는 춤을 추게 만든다면, 이 성스러운 책은 훈련된 돼지 노릇은 할 수 있을지 몰라도 포효하는 사자는 될 수 없다. 엄밀한 의미에서 성경은 더 이상 "권위"를 가질 수 없게 되는 것이다. 다시 말해 성경이 이런저런 요지를 "증명"하는 근거로 인용될 수 있을지는 모르지만 주도적으로 나서서 하나님 자신의 신선한 입김으로 교회에 힘을 불어넣지는 못한다. 성경이 기존 신학의 시중을 들고 있는 것은 아닌가? 아니면 반대로 신학이 성경을 섬기고 있는가? 이는 우리가 항상 던져야 할 질문이다. 그리고 바로 이런 질문과 염려가 16세기 종교개혁을 일으키는 복잡한 상황적 요소들 중 하나로 작용했다.

"전통"의 발전

중세 교회 안에서 성경의 "네 가지 의미"가 중요해질수록, 성경과 나란히 "전통"도 평행적 권위를 가진다는 주장이 더불어 강화되었고, 따라서 전통을 발전시키고 보호하는 역할을 하는 교회의 권위도 점점 더 강조되었다. 토마스 아퀴나스에게 있어서 "전통"이란 대략적으로 "교회가 성경을 해석하며 한 말"을 의미했을 뿐이다. 하지만 16세기쯤에 이르러 정립된 한 견해에 따르면 "전통"은 성경의 필수적인 보충서로, 성경을 해석하는 해석학적인 실제적 틀로 여겨졌다. (어떤 측면에서 중세 교회 안에서의 이러한 "전통"의 발달은, 유대교 내에 있는 "기록되지 않은 모세오경"의 개념과 유사하다. 유대교에서는 이 "기록되지 않은 모세오경" 또한 하나님이 시내 산에서 모세에게 주신 것으로 가정된다). 앞의 사실이 의미하는 바는, 무엇이든 교회의 전통 속에서 굳건히 확립된 것이기만 하면, 설사 성경적 근거가 전혀 없다 하더라도 또 성경이 말하는 바와 모순되는 것처럼 보인다 하더라도, 그것은 권위를 가진 것으로 가르칠 수 있으며 공교한 알레고리적 성경 해석을 동원해 증명될 수 있다는 것이다(마리아가 영원한 동정녀라는 가톨릭의 주장이 그 좋은 예다). 성경과의 관계 안에서의 "전통"의 지위는 로마 가톨릭과 개신교 사이에서뿐만 아니라, 로마 가톨릭 자체 내에서도 오늘날까지 논란의 대상이 되는 주제다.

솔라 스크립투라와 종교개혁

"오직 성경"(*Sola Scriptura*)이라는 종교개혁자들의 슬로건은 그들이 경험한 중세의 타락에 대한 항변이었다. 그들은 외치기를, "성경으로 돌아가라 그러면 당신은 미사(Mass)가 아닌 단 한 번에 모든 것을 성취한 예수님의 죽음을 발견할 것이며, 연옥이 아닌 이신칭의를, 교황의 권세가 아닌 하나님 말씀의 능력을 발견하게 될 것"이라고 했다. 종교개혁자들은 성경이 구원에 필요한 모든 것을 담고 있다고 주장했지만(이는 종교개혁으로부터 탄생한 대부분 교회의 신앙선언문에서 아주 명확하게 드러나 있는 요지다), 이 주장은 화체설(transubstantiation) 같은 교리를 신앙의 필수 조항으로 내세우는 로마 가톨릭적 입장에 대한 항변의 일환이었을 뿐, 구원받기 위해서는 성경에 나온 모든 것을 믿어야 한다는 의미는 절대 아니었다. 오히려 이 주장은 한편으로는 한계를 설정하는 규율이었다. **성경을 넘어서는 어떤 것도** 구원을 위해 믿어야 하는 필수 항목으로 가르칠 수 없음을 표방한 것이다. 다른 한편으로 종교개혁의 이러한 주장은 길거리에 서 있는 기본적인 표지판과 같은 역할을 했다. 성경이 가르치는 위대한 진리들이 사실상 구원의 길이라는 점과, 교회에서 교사의 직분을 받은 자들은 자기 직분을 이용해 성경의 진리 외에 다른 어떤 것도 가르칠 권한이 없음을 명시했기 때문이다.

그리하여 종교개혁자들은 성경을 교회의 전통과 대립시켰다.

교회가 보유한 "네 가지 의미" 중 문자적 의미의 회복을 도모했으며, 다른 세 가지 의미, 즉 알레고리적·신비적·도덕적 의미의 무질서한 발전을 올바른 문자적 의미가 확립되는 데 해로운 요소로 간주했다. 그뿐 아니라 평범한 그리스도인에게도 성경을 스스로 읽을 수 있는 권한이 있음을 주장하면서, 라틴어를 읽을 수 있는 엘리트 집단이 독점적으로 성경을 차지하는 것이 기독교 정신과는 맞지 않다고 보았다. 종교개혁자들이 이렇게 한 것은, 교회가 옳은 길에서 벗어났으며 살아 계신 하나님이 성경 자체를 사용해 교회를 옳은 길로 돌아가게 하고 계심을 주장하기 위해서였다. 그들에게 성경은 단순히 어떤 논객의 주장을 때려눕히거나 뒷받침할 때 사용하는 도구가 아니었다. 종교개혁자들은, 예수님의 십자가와 부활이 인류 역사 전체의 전환점(이 사건은 오직 한 번만 발생했던 사건으로, 미사에서 성찬식을 할 때마다 반복될 수는 없다는 점을 강조했다)이라는 신약성경의 핵심을 쉽고도 충실하게 설명한다면, 하나님의 말씀은 다시 한 번 평범한 사람들의 마음과 삶 안에 신선한 역사를 일으킬 수 있을 것으로 믿었던 것이다. 몇몇 위대한 종교개혁자들이 성경을 번역한 것은 바로 이런 보통 사람들을 염두에 두고서였다. 독일의 마르틴 루터와 영국의 윌리엄 틴들(W. Tyndale)이 가장 유명한 예라고 할 수 있다. 두 사람은 모두 교회의 역사에서 오래도록 깊은 영향력을 미쳤으며, 기독교 사상뿐 아니라 독일어와 영어의 역사에도 지울 수 없는 발자취를 남겼다.

종교개혁 시대의 "문자적 의미"

종교개혁 시대에 통용되던 전문 용어인 "문자적"이란 단어의 의미가, 오늘날 일반적으로 사용되는 함의와는 전혀 다름에 주의해야 한다. 종교개혁자들이 성경의 "문자적" 의미를 고집했을 때 그들이 의도했던 바는, 중세의 "네 가지 의미" 중 첫째 의미를 가리키는 것이었다. 이미 살펴보았듯, 자주 "문자적" 의미는 성경 텍스트가 지닌 역사적 의미와 그 텍스트가 가리키는 정확한 역사 속 지시 대상을 뜻한다(성경이 솔로몬의 사람들이 성전을 지었다고 말할 때, 이 구절의 문자적 의미는 역사적으로 실존했던 솔로몬의 사람들이, 역시 역사 속에 실존했던 예루살렘 성전을 지었다는 뜻이다). 하지만 실제적으로 "문자적" 의미는 "글자 그 자체의 의미"를 의미한다. 만약 원저자나 편집자가 그 "글자"를 비유적으로 사용했다면, 그 비유적 의미가 곧 문자적 의미가 되는 것이다. 혼란스러운 개념처럼 느껴질지 모르겠지만, 시편 18:8이 하나님의 코에서 연기가 나온다고 말할 때, 시편 저자는 풍부한 비유를 사용해 자기 백성을 억압하는 자들에 대한 살아 계신 하나님의 역동적이고 무시무시한 분노를 표현하고 있다고 이해할 수 있다.

위와 같은 논점을 드러내기 위해 종교개혁자들이 특히 세심한 노력을 기울인 부분이 바로 최후의 만찬에 대한 해석적 논쟁이었다. 최후의 만찬에서 하신 예수님의 말씀("이것이 나의 몸이니라")을 "문자적"으로 해석한다고 종교개혁자들이 말할 때, 절대로 우리는 오늘날 통용되는 "문자적"의 의미를 생각해서는 안 된다. 현대적 의미를 적용한다면 예수님의 이 말씀을 "문자 그대로의 의미로" 받아들인다는 말이 되고, 이렇게 해석하면 만찬의 떡을 문자 그대로 예수님의 몸으로 받아들여 결과적으로 가톨릭의 화체설이라는 투박한 이론을 뒷받침하는 결과를 낳기 때문이다. 하지만 종교개혁자들에게 있어서 "문자적" 의미란 "텍스트의 원저자가 의도했던 뜻"이었으며, 그럴 경우 마지막 만찬의 말씀에서 원저자가 의도한 뜻이란 일종의 비유적 의미라고 할 수 있다. 구체적인 논증의 세부 사항은 차치하고서라도 우리는 다음 사실에 세심한 주의를 기울여야 한다.

만약 누군가가 "성경의 문자적 의미"를 내세우며 종교개혁자들의 어구를 동원하여 어떤 논점을 증명하려 한다면, 우리는 다음과 같은 점을 확실히 주장해야 한다. 즉 종교개혁자들의 논증에서 사용되던 "문자적"이라는 단어는 "비유적"에 대립하는 "문자적"이 아니라, 중세적 "네 가지 의미" 중 다른 세 가지 의미(알레고리적·신비적·도덕적)와 대조되는 "문자적" 의미라는 점이다(그러므로 만약 원저자의 의도가 비유를 사용하는 것이었다면 이 비유적 의미가 문자적 의미 안에 포함될 수 있다). 만약 이 사실을 충분히 고려하지 않은 성경 해석이 있다면, 이런 해석은 결코 정당성을 확보할 수 없다. 바로 이 점이 종교개혁의 권위와 수사법에 의지하여 무엇인가를 관철시키려는 후대 사람들의 주장을 대할 때 세심하게 살펴야 할 지점인 것이다. 오늘날 사람들은 종종 "문자적 해석주의자"

(literalist)라는 단어를 사용해 "근본주의자"(fundamentalist)를 가리킨다. 그러나 실제에 있어 종교개혁자들이 강조한 "문자적" 의미는, 오늘날 이 단어가 일반적으로 암시하는 그런 종류의 견해를 전혀 지지하지 않는다. 이 주제에 대해서는 다음에 다시 다루기로 하자.

종교개혁자들과 "전통"

비록 종교개혁자들이 비성경적 전통을 또 하나의 권위로 인정하기를 거부한 것은 사실이지만(막 7:8 같은 구절이 즐겨 인용되었는데, 여기서 예수님은 서기관과 바리새인들이 인간의 전통을 하나님의 명령보다 우위에 둔다고 꾸짖으셨다), 동시에 초기 기독교 교부들의 권위에 호소함으로써 자신들의 입장이 중세 이전의 권위 있는 성경해석과 연속선상에 있음도 증명하려 했다. 아마도 종교개혁의 주장이 역사적 근거나 뿌리도 없는 유치한 개혁일 뿐이라는 비판을 염려했기 때문일 것이다. 또한 1,500년 동안 가톨릭 교회가 존재하면서 적들을 가려내는 동안 종교개혁자들 자신은 어디서 무엇을 하고 있었나 하는 질문에도 답해야 했을 것이다. 이런 도전에 응하기 위해 종교개혁자들이 선택한 길은, 이레나이우스가 영지주의자들에 대해 썼던 것과 동일한, 어휘 조사에 기반을 둔 역사적 주해의 방법을 되풀이해 사용하는 것이었다. (많은 종교개혁자들, 특히 칼뱅은 뛰어난 성경 주석가였다.) 역설적이게도 이 방법론은 종교개혁의 적이 되는 세계관, 특히 중세적 세계관 속에서 탄생했지만, 일단 태어나서 존재하게 된 이후에는 오히려 자기 모태이자 지지대 역할을 하는 공상적 중세적 성경 해석과 맞서 싸우는 도구로서의 구실을 했다. 물론 우리는 종교개혁이 가져온 긍정적 결과를 십분 인정해야 하지만, 그럼에도 불구하고 다음과 같은 불리한 지점 역시 지적해야만 한다. 즉 종교개혁자들 자신도 성경과 전통의 양극화가 초래한 곤경으로부터 절대 멀리는 벗어나지 못했다는 점이다. 그들이 강조했던 내용은, 고작 이전에 존재하던 것 중 최선의 것(초기 교회의 교부들의 사상)과 자신들의 생각이 일치한다는 것이었다. 하지만 어떻게 성경 자체와, 교회가 성경을 읽으면서 말해왔던 모든 내용(전통)이 조화롭게 통합될 수 있을지에 대해서는 만족할 만한 대답을 내놓지 못했다.

반종교개혁에서 성경과 전통

종교개혁자들의 비판과 제안 사항에 대응하고자 로마가 소집했던 트리엔트 공의회(The Council of Trent)는 성경과 전통의 문제를 해결하려 했고, 그 공회에서 만들어진 신조는 오늘날까지도 로마 가톨릭 교리와 교리 교육의 중요 부분으로 남아 있다. 1546년 4월 8일에 열린 4.8 회기 트리엔트 회의는 성경과 전통을 동일한 권위를 가진 것으로 받아들여야 한다고 천명했다. 400년 후에 열린 제2차 바티칸 공의회 역시, 성경과 전통은 "동일한 신적인 샘물에서 흘러나와 하나로 합류되고 동일한 목적을 향해 나아간다"고 선언한다. 어떤 전통이 진정하고 옳은 성경 해석이며 또 어떤 것이 왜곡되고 타락한 성경 해석인지를 가늠하는 기준이 오직 성경뿐이라는 견해는, 개신교가 언제나 취해왔던 입장이었던 것이다. (실질적으로 거의 모든 교회는 니케아 신조가 진정하고 옳은 성경 해석이라고 믿는다.) 성경과 전통의 지위에 대한 논란은 아직도 계속되고 있다.

현재 우리의 목적, 즉 어떻게 성경이 권위를 가지는가를 설명하고자 하는 목적과 관련해서는 다음 사실에 주목하자. "성경과 전통"을 "권위의 두 가지 근원"으로 말하기 시작하는 순간부터, 사실상 우리는 "권위"라는 단어 자체를 미묘하게 다른 방식으로 사용하고 있다는 점이다. 만약 어떤 사람이 두 여자를 가리켜 "나의 두 아내"라고 말하면서 자신이 두 사람 모두와 동시에 결혼한 상태임을 암시한다면, 이미 "아내"라는 단어는 그 의미가 바뀌어버린 것이다. "권위"라는 단어도 마찬가지다. "권위"를 두 개의 평행한 물줄기로 보는 개념은 우리가 이 책에서 풀어가고자 시도하는 역동적인 개념과는 전혀 관계가 없다. 이러한 개념 이해는 종교개혁자들이나 그 반대자들 모두, "권위"를 일차적으로 "권위적인 판결을 받기 위해 가는 장소"라는 개념으로 이해했음을 보여준다. 당시 "권위"라는 단어는 이런 의미로 자주 사용되었으므로, 앞과 같은 결론에 이른 것은 자연스럽다고도 볼 수 있다. 그럼에도 불구하고 이런 개념 변경 내지 축소는 이 책에서 우리가 던지는 질문, 즉 어떻게 성경이 하나님의 역동적 구원의 능력을 지니는가 하는 물음에 답하는 데 효과적인 도움을 주지 못한다.

종교개혁자들과 하나님의 이야기

오늘날에 와서 종교개혁자들의 글을 읽다 보면 그 속에 중요한 한 가지가 빠져 있음을 깨닫게 된다. 그것은 성경 자체를 두고 보면 극히 중요한 것인데도 세부 사항에 너무 주의를 기울인 나머지 신경 써서 강조하지 못했던 것으로, 바로 성경이 하나님, 이스라엘, 예수, 세상에 관한 거대 담론적 "내러티브"라는 사실, 오늘날까지 그 진행을 멈추지 않고 계속되고 있으며, 미래에 있을 궁극적 회복을 기다리는 "이야기"라는 사실이다. 물론 예수님의 죽음을 단번에 드려진 제사라고 보는 종교개혁자들의 강조가, 오늘날 우리가 "종말론"이라고 부르는 것에 뿌리가 닿아 있음은 확실하다. 다시 말해 하나님과 세상에 관한 거대 담론적 이야기는 예수님의 죽음에서 극적인 전환을 맞았으며, 바로 그런 이유에서 이 사건은 마치 "극적 전환을 맞았다"는 앞의 주장이 거짓인 양 다시 반복될 수는 없는 것이었다. (만약 당신이 계약서에 다시 한 번 서명해달라는 요청을 받는다면, 앞서 한 계약에 문제가 있었다고 생각할 것이 아닌가.) 안타까운 것은 종교개혁자들 스스로도 진정한 통찰을 더 발전시켜, 성경이 계속해서 진행되는 하나님의 이야기, 곧 그 후반부에는 우리 자신도 합류하게 되는 이야기라는 강력한 개념—지금 우리가 이 책에서 논의하려는 바로 그 개념!—에 도달하는 데에는 그다지 많은 노력을 기울이지 않았다는 사실이다.

따라서 종교개혁자들의 복음서 해석을 예로 들면, 그들은 복음서를 주님의 가르침을 모아놓은 저장 창고로만 여길 뿐 그 외 다른 것으로는 보지 않았으며, 그 가르침이 성 금요일과 부활절의 구원의 사건으로 마무리되긴 하지만, 이 사건들은 앞서 있었던 예수님의 하나님 나라 선포와는 통합되지 않는다. 물론 이런 약점은 이해할 수 있다. 자신들이 속해 있던 시대와 결별한 채 천 년 전 중세 이전으로 돌아가고자 시도한 종교개혁자들로서는, 교회사 전체를 관통하여 존재하는 역사적 연속성에 관심을 할애하고픈 마음이 들지 않았을 것이다.

어쨌거나 우리는 16세기에 대하여 다음과 같은 핵심 사항을 유념해야 한다. 종교개혁자들은 성경의 권위를 강조하며 중요한 지적들을 했지만, 많은 부분에서 여전히 논의의 여지를 남겼다는 사실이다. 한 가지 점만은 절대적으로 확실하다. 만약 종교개혁자들이 오늘날 우리 시대로 돌아온다면 절대로 "우리 생각과 해석이 모두 맞다. 그러니 당신들은 반드시 우리 주해와 신학을 따라야 하며 정확히 그 결과물 그대로 실행해야 한다"는 식으로 말하지는 않을 것이라는 점이다. 아마도 그들은 이렇게 말하리라. "여러분은 우리의 '방법'을 따라야 한다. 할 수 있는 한 열심히 성경을 읽고 연구하라. 그리하여 성경이 세상 속에서, 여러분과 여러분의 교회를 통하여 자신의 일을 펼치도록 하라." 만약 우리가 종교개혁자들의 말을 따르다가 어느 지점에 도달해서는 조금 다른 뉘앙스를 가진 신학적이고 실제적인 제안을 들고 나타난다 해도 그들은 놀라지 않을 것이다. 오히려 그들은 우리가 가진 모든 도구를 동원해 성경이 인도하는 대로 따라가라고 독려할 것이고, 성경 자체가 장려하는 한 종교개혁 전통을 포함한 모든 전통들에 이의를 제기할 준비도 하라고 충고하리라.

16세기 신학에서 "이성"의 지위

논의의 배경을 현대에서 16세기로 옮길 때 "문자적"이라는 말의 의미에 신중해야 하는 것과 마찬가지로, "이성"(reason)이라는 단어와, 역시 동일 어원을 가진 "이성주의"(rationalism, 합리주의) 같은 말에도 조심해야 한다. 아니 "이성"의 경우는 "문자적"보다 훨씬 더 큰 신중함을 요구할지도 모른다. 물론 이런 단어들은 자신만의 복잡한 언어학적 역사를 가지지만, 그 내용을 지금 여기서 다 다룰 수는 없다. 다만 이들에 대한 논쟁이 16세기에 다시 수면에 떠올랐으며 이후 계속해서 요란하게 진행되었다는 점, 그리고 "이성"의 개념을 둘러싼 논의는 오늘날 사람들이 권위를 이해하는 방식에도 영향을 미쳤다는 점을 언급하고 넘어가겠다.

2세기 말 테르툴리아누스는 다음과 같은 유명한 질문을 던졌다. "아테네가 예루살렘과 무슨 상관이란 말인가?" 환언하면, 아무런 계시의 도움도 받지 않는 철학적 이성은 예수 그리스도 안에서 드러난 하나님의 계시와 전혀 상관이 없다는 지적이다. 하지만 이렇게 말한 테르툴리아누스 자신도 그리스 인문학 전통과 예리한 철학적 수사학에 능통한 사람이었다. 그리고 이런 사실로부터 다음과 같은 질문이 생겨난다. 즉 인간의 이성과 사고와 담론의 명쾌함은 어떻게 어느 수준까지 기독교적 이해에 도움을 줄 수 있는가? 토마스 아퀴나스는 중세 중기 신학을 통합하는 거대 체계를 세운 신학자였다. 특히 이 신학자는 성경과 전통을 통한 특별 계시(물론 특별 계시도 아퀴나스에게 엄청나게 소중했던 주제이긴 했지만)의 도움 없이도 인간의 "이성"만으로 인식할 수 있는 것들이—하나님이 존재한다는 사실을 포함해서—어느 정도 있다고 믿었던 것 같다. 하지만 아퀴나스가 이성의 일반적 계시 영역을 어느 정도까지 넓혀서 보았는지에 대해서는 아직도 논쟁이 분분하다.

특별 계시 없이 인간이 어디까지 인식할 수 있는가 하는 질문은 종교개혁 초기, 루터와 에라스무스 사이에서 다시 터져 나왔다. 루터는, 인간이 스스로의 의지와 이해력을 통해 어느 정도 복음을 이해할 수 있지 않을까 하는 에라스무스의 인본주의적 견해에 대해 분개하며 맞섰다. 어떻게 인간의 타락한 이성이 하늘의 복음을 이해할 수 있는가? 원죄로 어두워진 정신력을 가진 인간은 약간의 통찰력이 남아 있음에도 불구하고 노예 된 상태로 자기 조절 능력을 상실한 채, 은혜와 계시의 도움을 절대적으로 필요로 하는 존재가 아닌가? (행위가 아니라 오직 믿음을 통해서만 의롭게 된다는 이신칭의라는 종교개혁 교리는, 순전한 인간의 능력이 아닌 오직 특별 계시를 통해서만 하나님을 알 수 있다는 주장과 나란히 대구를 이루고 있다. 이런 개념은 여러 층위에서 지속적인 중요성을 가질 것이다.) 이와 같은 이성에 대한 논쟁적 질문은 종교개혁 첫 세대에서는 절대 만족스럽게 해결될 수 없었다. 그것은 아마도 종교개혁자들 스스로가 중세적 주해의 복잡성에 대항해 "말씀의 명료한 의미"에 호소하긴 했지만, 어떤 것이 "명료한 의미"인가 하는 질문 자체는 이성적 판단을 요구했기 때문인 것 같다.

앞에서 소개한 논의는 성경이 지닌 "의미들"에 관한 문제를 한층 더 복잡하게 만든다. 왜냐하면 그 기원에 있어 "명료한 의미"라는 것은, 역설적이게도 명료성 자체를 목적으로 한다기보다 논쟁에서 이기기 위해 고안된 수사학적 개념으로서, 앞서 우리가 살펴본 "문자적 의미"(제5장 128-130쪽)와는 질적으로 다르기 때문이다. 만약 텍스트 자체가 복잡하게 뒤얽혀 있다면, 사실 "문자적 의미"는 전혀 명료하지 않을 수도 있다. 불가피하게 "명료"라는 단어는 주관적인 요소와 연결되어 있다. "누구에게 명료한가?"라는 반문이 반드시 따라오는 것이다. 바로 이런 논의가 이제 곧 다가올 근대의 "이성" 논쟁이 탄생하는 전조가 된다.

특히 16세기 후반 영국에서는 "이성" 개념에 대한 논쟁이 극점에 이르렀다. 스코틀랜드에 칼뱅주의를 가져왔던 청교도 운동은 잉글랜드에도 같은 일이 일어나기를 소망하며 다음과 같은 주장을 펼쳤다. 즉 권위를 가진 것은 오직 성경이기 때문에 성경 자체가 분명하게 지시하는 관습과 예식들만 교회 생활 가운데 허용될 수 있다는 주장이었다. 리처드 후커(1554-1600)는 이런 청교도주의에 반대하는 이론을 제시했는데, 여기서 그는 이신칭의와 같은 기본적인 종교개혁의 교리를 다시 강조하면서도 아퀴나스와 중세의 통전적 세계관을 새로운 방식으로 활용하고자 했다. 후커에 따르면 현실 세계를 지배하는 자연법칙은 그 자체로 가장 이성적이다. 왜냐하면 그 법칙은 하나님 자신이 지닌 지고의 "이성"으로부터 나왔으며, 또한 그분의 이성을 표현한 것이기 때문이다. 그는 청교도들이 받아들일 수 없을 만큼 단순화된 프로그램을 따르고 있다고 보았다. 후커는 지적하기를 교회도 어떤 차원에서는 인간 사회이며, 그렇기 때문에 인간 사회가 변하고 발전하듯 정적이기보다 유기적인 삶을 살면서 그에 맞게 성장하고 변해야 한다고 했다. 그리고 그렇게 성장하는 과정에서 교회는 불가피하게 성경이 분명히 가르치는 내용을 넘어서게 된다는 것이다. 예를 들어 교회의 역사에 등장하는 위대한 신조들은 앞의 주장에 대한 부인할 수 없는 증거다. 후커 당시의 뜨거운 쟁점 중 하나였던 교회 운영 방법 또한 변하고 발전하는 것이 불가피하다고 보았다. 하지만 이와 같이 "이성"을 강조하는 후커의 주장은 성경의 가치를 감소시키려는 시도라기보다, 오히려 성경에 뿌리내린 공동체로서 올바르고 건강한 삶과 성장을 이루려는 노력이었다. 어둠 속을 걷는 것처럼 크게 넘어지는 일 없이, 성경 지식에 힘입은 이성이 비추는 빛 가운데로, 애초에 창조주 하나님으로부터 생겨난 자연법칙과 조화를 이루며 교회가 앞으로 나아가기 위한 진지한 시도였던 것이다. 여전히 중심적 역할을 감당하는 것은 성경이었다. 하지만 하나님으로부터 왔을 뿐 아니라 성경의 지식도 겸비한 이성 또한, 비록 성경 언어들이 그려내는 그림과 정확히 일치하지는 않더라도, 그 책의 가르침에 부합하는 바른 방향으로 교회가 발전하도록 도울 수 있다고 보았다.

여기서 잠시 후커가 말한 "이성"이 과연 어떤 의미였는지 생각해본다면 상당히 유익할 것이다. 후커가 이해한 "이성"은 그 이후 논쟁의 역사에서 나타날 이 단어의 의미들과는 확연히 구분된다. 종교개혁이 내포한 역설 중 하나는, 바로 개인이 성경을 해석할 권리가 있음을 강조한 청교도적 주장이 (일단 경건한 신앙과 고압적인 교회 당국이라는 두 요소가 나란히 사라진 후에는) 18세기 이후부터 전개되는 이성주의의 기틀로 이용되었다는 점이다. 텍스트의 권위에 대한 개인의 권리를 주장했을 뿐인 저 경건한 주장이, 개인의 지위를 절대적으로 상승시킨 무신론적 이성주의의 발판이 된 것은 아무리 보아도 역사의 아이러니다. 이 이성주의 안에서 개인은 자기 운명의 주인이며 자기 영혼의 지휘자로 절대적 권좌에 오른다. 자유로운 개인은 오로지 이성의 인도만을 따르기 위해 성경과 교회의 가르침으로부터 해방되어야 한다. 만약 후커가 이런 후대의 가르침을 들었다면 큰 충격을 받았으리라. 사실 그에게 있어 "이성"은 전체 자연 질서의 한 부분으로서 참된 유일신 하나님께로 인간을 인도하는, 그리고 예수 그리스도 안에서 충만한 분량으로 궁극적으로 계시된 그 하나님께 인간 정신을 인도하는 역할을 했기 때문이다. 그가 주장했던 "이성"을 완전히 분리되고 독립적인 지식의 근원으로 여기며 성경이나 전통과 대립시켜 "싸움을 붙이는" 것은, 후커의 사고 체계 전체를 왜곡해서 부당하게 자신의 이성주의적 입장을 정당화하는 일이다. 중세적 사고가 지닌 풍성함을 종교개혁의 틀 속에서 다시 누릴 수 있게 해준 것이 후커가 남긴 유산인데, 그 유산 중 가장 두드러진 것이 바로 그의 통전적 세계관이었다. 그런데 이 세계관 속에서 "이성"은 절대적 기준이 되어 성경을 판단하거나 성경의 부족함을 지적하는 역할을 떠맡지 않는다. 성경을 자의적으로 읽고 해석해서는 안 되며 명쾌한 생각과 충분한 역사적 지식에 근거한 판단을 내려야 한다고 강조한 것이 후커의 통전적 세계관의 특징이었기 때문이다.

물론 위와 같은 이해가 논점을 교묘히 회피하는 것처럼 보일 수도 있다. 종교개혁자들이 "명료한 의미"라는 개념을 사용해서 그랬던 것같이 말이다. 명료한 사고라면 도대체 누구의 명료한 생각을 가리키며, 역사적 지식이라면 누가 내린 판단을 옳다고 할 것인가? 하지만 여기서는 이와 같은 질문을 일단 내려두자. 다음 장에서 우리가 살펴볼 시대는 이성의 주관성에 대한 질문에는 침묵하는 시대이기 때문이다. 앞으로 우리가 고찰할 시대 속에서 “이성”은 당연히 중립적인 것으로 간주되며, 심판자가 되어 성경 자체를 저울질하며 부족한 부분에 대해 가차 없는 판단을 내리게 될 것이다.

제 6 장

계몽주의의 도전

우리 모두는 계몽주의의 자녀거나 손자, 그것도 아니면 최소한 양자녀이다. 그러므로 계몽주의의 결과로 얻은 특권들에 대해서 감사해야 하지만 동시에 이 "빛의 세기"로 인해 발생한 몇몇 문제들에 대해 염려해야 할 이유도 있다. (기본적으로 계몽주의는 유럽과 북미에서 일어난 현상이지만, 현 시점에서는 이러한 구분이 무의미하다. 무역, 금융, 텔레비전, 관광의 활기찬 세계화를 통해 원래 계몽주의의 영향권 밖에 있었던 지역들도 이제는 그 안으로 들어왔기 때문이다.) 계몽주의적 전제와 활동에 대해 이의를 제기하는 것이 유행처럼 되어버린 현 시점에서는, 오히려 이 사상 운동이 세상에 가져다준 축복에 대해서 먼저 말하는 것이 나을지도 모르겠다. 과학과 기술은 악명 높은 대참사(가스 처형실과 원자 폭탄은 300년 전에는 기술적으로 불가능했다)뿐만 아니라 유익한 기적(근대 이전에는 치과 기술이 얼마나 끔찍했던지 아무도 치과 의사에게 치료받기를 원치 않았다)도 이루어냈다. 특히 역사적 연구에 대한 계몽주의의 강조는, 기독교 사상에서 중대한 의미를 갖는 많은 영역에 아주 밝은 빛을 비추었다. 비록 이런 계몽주의적 강조가 지닌 부정적 측면이 종종 이성적 회의주의로 변하여 기독교의 근간을 조금씩 깎아먹기는 했지만 말이다.

역사적 접근을 강조한 계몽주의적 이성주의가 결과적으로 정통 기독교의 기초를 약화시키다

사실 계몽주의는 그 주요 지점에서 명백히 반기독교적인 사상 운동이었다(대표적 사상가로는 흄, 볼테르, 토마스 제퍼슨, 칸트 등이 있다). 그리스도인으로서 "근대"적 세상(일반적으로 근대는 계몽주의 이후를 가리킨다)을 살아간다는 것이 애매모호하게 여겨지는 이유는, 계몽주의의 주장 중 과연 어떤 것들을 정중하게 거절해야 하는지 또 그 사상이 주는 도전 중 어떤 것들에 대해 어떤 식으로 대응해야 하는지, 그리고 계몽주의가 이룬 업적 중 무엇을 환영하고 무엇을 개선해야 하는지에 대해 옳게 결정하고 실천하는 일이 극히 어렵기 때문이다. 비록 포스트모더니즘의 전면적 공격을 받기는 했지만, 여전히 계몽주의적 세계관과 그것을 구성하는 몇몇 요소는 대다수 서구인들에게 세상을 바라보고 인식하는 유일한 방식으로 대접받고 있다. 그렇기 때문에 더더욱 우리에게 요청되는 반성과 결정과 실천의 과정이 불가피하게 복잡해지는 것이다.

특히 계몽주의는 "이성"을 인간으로 하여금 옳게 생각하고 행동하게 하는, 인간 능력 중 가장 중심적이고 본질적인 부분으로 이해했다. 말하자면 계몽주의는 본질적으로 인간을 이성적이고 선한 존재로 여긴 것이다. 이런 배경 속에서 이성은 종교적이고 신학적인 주장이 타당한지 아닌지를 결정하는 최종 심판자의 역할을 떠맡게 되었다. [칸트의 유명한 저작 『이성의 한계 안에서의 종교』(*Religion within the Limits of Reason Alone*)를 참조하라.] 결과적으로 계몽주의 사상가들 대부분이 무신론으로 흐르는 경향을 띠었으며, 신적 존재에 대한 믿음을 어느 정도 간직한 자들도 정통 기독교 신앙보다는 추상적이고 비삼위일체적 신론이나 단순 이신론(세상에 거리를 두며 간섭하지 않는, 먼 곳에 존재하는 신을 인정하는)에 경도되었다. 이런 상황은 오늘날 우리가 성경을 읽고 성경의 권위에 대해 사고하는 방식에 깊은 영향을 미쳤다. 지난 200년간 성경에 대해 쓰인 책 중 대다수는 계몽주의적 프로그램을 계속해서 진행한 것이든지 아니면 계몽주의에 대한 반발이든지, 그도 아니면 양자 입장 사이에 일종의 중간 지점을 협상한 결과물이었다.

계몽주의 세상 속에서 성경 읽기

계몽주의의 영향력 아래서 역사주의적 성서학이 특별한 주목을 받기 시작했는데, 이 현상에는 이중적 의미가 내포되어 있다. 첫째, 계몽주의는 200년 전 종교개혁자들이 했던 것과 비슷한 유익한 도전을 교회에 했다. 즉 성경을 역사적 관점에서 읽어 성경이 본래 의도한 의미를 추구해야지, 마치 후대에 생겨난 교회가 주장한 내용을 그대로, 아니면 더 단순한 형태로 되풀이하는 앵무새로 성경을 취급해서는 안 된다고 주장한 것이다. 계몽주의가 비판한 이런 식의 잘못된 성경 이해 방식은 오늘날에도 찾아볼 수 있다. 예를 들어 신약성경에 자주 등장하는 "하나님의 아들"이라는 표현이 자동적으로 "삼위일체의 두 번째 인격"을 의미하지는 않는다는 사실이 널리 인정된 것은 아주 최근의 일이었다. "하나님의 아들"이라는 표현은 1세기 유대인들에 있어서는 왕의 직위를 가리키는 말로서, "하나님"의 신성에 관계된 울림보다는 메시아, 즉 기름부음 받은 왕이라는 뉘앙스를 더 강하게 띠고 있다[신약성경이 고(高) 그리스도론을 표방함은 의심할 여지가 없는 사실이지만, 이 또한 앞과 같은 전체 틀 속에서 이해되어야 한다].

둘째, 18세기 이래 지속되고 있는 한 현상에도 주목할 필요가 있다. 즉 계몽주의의 틀 안에서 연구하던 몇몇 역사가들이, 역사적으로 충실한 성경 해석은 필연적으로 기독교의 핵심 주장을 근본적으로 약화시킬 수밖에 없음을 증명하려고 시도한 현상이다. 이 역사가들은 다음 세 가지 영역에서 성경이 많은 문제를 포함함을 증명할 수 있다고 확신했다. 즉 역사적 영역에서(성경은 어떤 사건이 발생했다고 말하지만 사실은 발생하지 않았다), 과학적 영역에서(성경은 하나님이 세상을 7일 동안 창조하셨다고 말하지만 이제 우리는 지구가 훨씬 오랜 기간의 진화의 결과임을 알고 있다), 그리고 도덕적 영역에서(성경의 하나님은 가나안 족속과 아말렉 족속을 학살하라는 잔인한 명령을 내리는 분이다) 성경은 오류와 결함투성이라는 것이다. 이런 비판들이 모더니즘 전반으로부터 기독교 진영에 퍼부어지는 낯익은 공격의 공통적 요소들이라고 할 수 있다.

성경의 권위에 대한 모더니즘의 공격은 오늘날에도 끝나지 않았다. 예를 들면 "역사가로서" 접근하여 글을 썼으며 "중립적" 관점에서 기독교 신앙의 기원을 조사해보니 기준에 미달하는 결과를 얻었다고 증언하는 저자의 새 책이 매번 등장한다. 언론인과 마찬가지로 출판인들도 여전히 계몽주의라는 악기를 연주하기를 좋아한다. 최근 몇십 년 사이, 진지한 사상가라면 누구나 절대적으로 중립적인 관점이란 존재하지 않음을 깨달았는데도 불구하고, 여전히 성경에 대한 "역사적 관점"은 중립적 견해인 양 말하는 것이다. 두 세기 동안이나 성서학 연구의 상당히 많은 부분이, 역사적 조사라는 필수적이고 흥미진진한 긍정적 작업과, 이성주의적 역사 서술을 교회의 주장에 대항하는 논쟁의 무기로 사용하는 부정적 작업, 이 둘 사이에서 갈팡질팡했다. 물론 모든 역사가와 사상가가 그랬던 것은 아니다. 종종 계몽주의의 오류의 사슬에서 풀려나온 자들이 다음과 같이 선언하는 일이 생기기도 했다. 즉 계몽주의에는 너무도 많은 오류가 포함되어 있으므로 우리는 역사적 주해라는 것 자체를 포기해야 하며, 차라리 교회가 오랜 세월 설교해왔던 성경의 의미로 돌아가 거기에 의존하는 편이 낫다는 주장이 바로 그것이다. 종교개혁자들, 특히 칼뱅이 이 소리를 들었다면 무슨 말을 할지 귀에 들리는 듯하다.

역사주의적 성서학자들은 앞에서 언급한 두 가지 목표—엄밀한 역사적 조사와 교회에 대항하는 무기로서의 이성주의적 역사서술—에 매달리면서도, 자신들이 종교개혁의 지향점과 연속선상에 있다는 명분을 포기하지 않았다. 그리고 바로 이런 이유 때문에 개신교 중심부를 차지하는 성서학자들조차 다음의 두 가지, 즉 인정해야 할 첫 번째와 결코 인정해서는 안 될 두 번째를 구분하는 데 어려움을 겪었다.

첫 번째는 역사학의 필수불가결성을 인정하는 일이다. 텍스트의 해석이 "권위"를 가지기 위해서는 먼저 그 텍스트가 본래적으로 의미하는 바의 정당성이 확보되어야 하기 때문이다.

두 번째는 첫 번째 사항과는 완전히 다른 내용으로, "이성"의 독립성을 인정하는 일이다. 자립적인 "근원"으로서 존재하는 이성에 대한 암시는 계몽주의 안에서 자주 발견되는 개념이다. 이성을 상당한 정도로 절대화하는 이러한 계몽주의적 견해는, 성경 주해가 하나님과 보편적 세계에 대한 총체적 견해에 비추어 보았을 때 뜻이 통해야 함을 주장한 다른 온건한 견해와는 대조된다(후커가 후자의 입장을 보여준다). 독립적 이성의 추구는 오늘날 "이성주의"라고 불리는 사조를 낳았으며, 이 사조는 또다시 가지각색의 환원주의적이고 회의론적 해석학적 입장을 잉태했다. 이런 입장 덕분에 기독교의 핵심적 신조라고 믿어왔던 내용들이 "시대에 뒤떨어졌다"거나 "전근대적인 것"으로 치부되어 경멸당했다. 이런 멸시의 태도는 계몽주의 전반에 대한 반성과 비판이 거세지고 있는 현재의 추세에도 불구하고, 끈질기게 대중 가운데 그리고 일부 학계에 남아 있다. 이러한 비극적인 상황 속에서 "성경의 권위"의 실체는 대부분 사라지고, 남아 있는 개념이라고는 고작해야 성경이 그 책을 읽는 우리로 하여금 특수하며 모델로 삼아도 좋을 종교적인 체험을 하게 한다는 생각인 것이다. 하지만 성경이란 책의 참된 위대성을 생각할 때 이 정도의 기대는 실망스럽고 불충분하다. 마치 생생한 피가 돌며 살아 움직이는 멋진 존재 대신, 밋밋하고 뻣뻣하며 실망스러운 죽은 모조품을 선물받는 것처럼 말이다. 실제적인 측면에 있어서도 앞의 태도는 안전하지도 건전하지도 않은 대안이라고 할 수 있다. 왜냐하면 신약성경이 온갖 종류의 "종교적 체험"에 대해 증언하는 것은 사실이지만(하지만 이것이 책의 주된 목적은 아니다), 그런 체험 중에는 성경 저자들이 분명히 부정하는 것도 있기 때문이다. 최근 자주 발생하는 실례에서 드러나듯 앞과 같은 접근 태도를 옹호하는 학자들은 결과적으로, 초기 그리스도인들의 모든 종교적 체험을 정당화하기에 이른다. 하지만 이는 신약 저자들도 금지하고자 한 종교 체험조차 인정해버리는 행위다. 그리하여 이들은 자기 이론에 내포된 치명적 결점에 봉착하게 된다. 즉 자신의 주장 속에서 "성경의 권위"라는 개념이 해체되어 희미하게 사라져버리는 것이다.

역사의 절정에 대한 계몽주의의 대안적 입장

계몽주의를 이해하기 위해서는 이 사상의 노골적인 역사적 회의주의 배후에 숨어 있는 더 깊은 동기를 들여다보아야 한다. 심정 깊은 곳에서 계몽주의 사상가들은, 점진적 발전의 상승 곡선을 그리던 인류의 역사가 자기들이 등장한 시점에 와서 마침내 성숙한 단계에 도달했다고 믿었으며, 이 점을 동시대인들에게 납득시키고자 노력했다. 그리하여 볼테르는 모든 지나간 역사가 바로 이 새로운 이성 중심의 문화를 향한 진보의 몸부림이었노라고 선언했다. 참으로 "진보"라는 개념은 계몽주의가 남긴 가장 오래 지속된 유산 중 하나다. 흔히 우리는 "오늘날 현 시대는…" 혹은 "이제 우리는 21세기에 살고 있기 때문에" 하는 식의 말을 듣는데, 이런 언어 구사를 통해 호소되는 암묵적인 생각이 바로 역사의 "진보"라는 개념이다. 즉 18세기 이래로 세계는 도덕적·사회적·문화적 합리화(rationalization)라는 냉혹한 과정을 거치면서—이 과정 속에서 예전의 규율과 믿음은 뒤로 버려지거나, 유지된다 하더라도 합리적 이성에 일치하는 방향으로 길든다—자신을 재정비하고 변형시켜왔다는 착상이다. 그리하여 자신의 시대가 인류 역사의 절정이라는 환상에 압도된 철학자들은 이제 환희에 차서 다음과 같이 선언했다. 이제 세상은 새 시대로 접어들었고 그래서 모든 것이 영원히 달라졌다고 말이다.

이러한 계몽주의적 흐름 이면에는 이 야심찬 사상이 기존의 다른 입장들과 경쟁하고자 제시하고 있는 자신만의 종말론이 깔려 있다. 즉 예수님에 의해 시작된 하나님 나라라는 성경적 그림의 세속적 버전인 것이다. 기독교는 하나님 나라가 예수님에 의해 특히 그의 죽음과 부활을 통해 결정적으로 시작되었다고 선포했다. 하지만 1세기 초에 발생했던 단 한 번의 사건에 대한 역사적 인식, 즉 예수님의 십자가 죽음과 부활이 단 한 번에 모든 것을 성취했다는 개념은 시간이 갈수록 기독교 신학 전반에서 약화되었다. 그리고 기독교적 급진적 종말론이 있었던 자리에, 구원을 위한 시스템화된 과정과 윤리학이 대신 들어섰다.

이런 상황 속에서 계몽주의는 마치 남의 둥지에 몰래 숨어든 뻐꾸기 새끼처럼, 너무도 쉽게 기독교라는 둥지를 빼앗아 차지할 수 있었다. 게다가 둥지를 강탈당한 이런 상황이 거의 이해되거나 지적되지도 않은 채 조용히 넘어갔다. 이런 식으로 기독교적 종말론이 공개 매입을 통해 계몽주의로 넘어가버리자, 계몽주의 사상가들은 다가올 나라에 대한 성경적 그림에 경멸을 쏟아붓기 시작했다. 계몽주의자들의 기독교 비난은 오늘날 당연시되는 다음 두 단계를 통해 진행되었다. 먼저, 기독교 종말론을 왜곡해서 묘사한다("모든 초기 그리스도인들은 세상이 금방 끝나버릴 것으로 기대했다"). 그 다음에는 쓰레기 취급하는 단계이다("그들은 정신 나간 광신자일 뿐이고, 그들이 틀렸음은 이미 증명됐다").

현재의 우리가 과거의 사람들에 비해 더 많은 것을 더 정확하게 안다는 식의 태도는 계몽주의를 계승한 여러 사상의 갈래에서 특징적으로 나타났으며, 이제 현대 서구인 대다수의 정신과 정서적 틀의 일부가 되기에 이르렀다. 하지만 동시에 이 자신만만한 태도는 그 밑에 자기 자신, 즉 계몽주의적 대안조차 사실은 그들의 적과 똑같이 정신 나간 광신적 시도라는 것을 감추고 있다. 이 계몽주의적 대안이란 무엇이었던가? 암흑과 미신 속에 파묻혀 있던 세계 역사가 과학과 기술의 도움으로 결정적인 전환점을 돌아—18세기 유럽과 북미에서(!)—드디어 빛 가운데로 들어섰다는 독선적인 믿음이었다.

악에 대한 계몽주의의 새로운 견해

계몽주의는 나름대로 **악의 문제에 대한 새로운 분석과 해결책**을 세상에 제시했다. 그런데 이는 유대교와 기독교가 제시한 내용과는 팽팽한 긴장을 이루는 것이었다. 계몽주의의 분석과 해법을 요약하자면 다음과 같다. 진정한 악의 문제는 사람들이 이성적으로 생각하고 행동하지 않는다는 사실 안에 존재하며, 따라서 이성적 사고와 행동이 가능한 사회적·정치적 상황에 이르면 악의 문제는 자연히 해결된다는 것이다. 그리고 이런 이상적 조건이 사회 안에 이루어지도록 계몽주의적 이성주의 스스로가 인류를 교육하겠다고 약속했다. 문제는 계몽주의적 세계관 속에서 자라난 성서학이 이러한 인본주의적 해결책을 따랐다는 사실이었다. 그리하여 오도된 성서학은 예수님 안에 나타난 하나님의 역사를 단순한 도덕적 가르침과 본보기로 축소시켜버렸다. (오늘날 얼마나 자주 "예수는 그저 위대한 도덕 선생일 뿐이었다" 같은 소리가 들리는지, 또 이런 소리가 마치 새로운 통찰인 양 여겨지는지 놀라울 따름이다. 사실 이런 주장은 200년 전부터 존재해왔으며, 당시에 이미 뻔뻔스러울 정도로 환원주의적이었고, 이후로도 전혀 지지받지 못했는데 말이다.) 그들이 주장하는 바의 요지는 다음과 같다. 계몽주의적 진보가 악의 문제를 해결한다고 가정할 때, 예수님이 할 일이라곤 단지 길을 가리키는 것, 즉 사랑과 연민을 베푸는 것이 무엇인지 보여주는 일뿐이다. 그것을 본 사람들은 이성적이기 때문에 예수님의 교육적 본보기를 따를 것이다. 만약 그러지 않더라도, 이성을 통한 가르침을 더 충분히 제공하여 그들을 준비시키면 된다는 것이다.

지난 200년 동안 있었던 수많은 자칭 기독교 사상들은(자칭 "성경적" 기독교 사상을 포함해서) 암묵적으로 이 계몽주의의 주장을 승인하여 "하나님 나라"를 "사후 천국에 대한 소망"으로 바꾸고, 예수님의 죽음을 기껏해야 죄인들이 용서받아 내세에 대한 소망을 가지도록 하는 원리 정도로 축소해버렸다. 나중에 밝혀지겠지만, 그럼으로써 세계의 운영권은 계몽주의의 세례를 받은 정치가들과 경제학자들의 수중에 넘어가게 되었다. [부언하면 이 정치적 헤게모니의 장악은 계몽주의 프로젝트의 극히 중요한 부분이었다. "'하나님'을 위층 하늘로 올려보내고 종교를 사적인 경건의 문제로 만들어버려라. 그러면 너는 네게 유리한 쪽으로 마음대로 세상을 정비할 수 있으리라." 바로 이것이 이후부터 서구 세계 전체에 반복해서 울려 퍼지게 될 음악의 주도 악상(*leitmotif*)이 된다. 이런 주제 동기로부터 발전한 새로운 철학은 지금까지 서너 개의 거대 제국을 세우고, 끔찍한 재앙을 몰고 온 거창한 전체주의적 계획을 착수시켰으며, 결과적으로 세상을 심각한 혼란에 빠뜨렸다. 자세한 모든 내용은 다음 기회에 다룰 수밖에 없겠다.]

그러는 동안 성경은 다음의 양 진영에 의해 입막음을 당한다. 먼저는 "세속주의자"(secularist)들이 성경을 짓눌러 입을 다물게 한다. 세속주의자들은 성경을 우리와 아무 상관도 없고 역사적으로도 부정확한 책으로 치부하는데, 왜냐하면 그렇게 매도하지 않으면 성경이 그들의 제국주의적 꿈에 도전을 감행할 위험이 있기 때문이다. 이런 세속주의 진영에서의 반격만큼이나, 아니 그보다 더 염려되는 현상은, 독실한 그리스도인들조차도 성경을 억압하고 핍박한다는 사실이다. 이들은 전 우주적이고 전 세계적인 메시지를 담고 있으며 진정한 정의에 대해 말하고 있는 이 성스러운 책을 다만 개인적 경건의 도구로나 영원한 구원에 대한 참된 교리의 교과서로만 취급한다. 그리하여 세속주의적 해석과 영적 환원주의적 해석, 이 둘 사이에 낀 학자들은 공모하여 얄팍한 성경 해석을 만들어냈고, 바로 이런 빈약한 해석이—이 책의 첫 장에서 논의되었던—우리 모두가 당면한 문제들인 것이다.

현대 성서학은 양날의 검으로, 진흙 수렁 같은 논쟁을 양산하거나 아니면 상대주의적 문화 운동과의 상호 작용에 연루된다

따라서 지난 200년간 성서학은 스스로 반복하는 주장에도 불구하고 전혀 "중립적"이거나 "객관적"이지 못했다. 오히려 이 학문은 동시대 학문들과 끊임없이 대화해야 하는 복잡한 관계 속에 놓여 있었다고, 혹은 그 고통스러운 관계를 감내하고 있었다고 보아야 한다. 특히 성서학은 당시 유럽의 여러 가지 정치적 영향들과 엮이게 되었다. 특히 나치 운동과 이 반유대주의적 사상[게르하르트 키텔(Gerhard Kittel) 같은 유능한 학자들을 떠올릴 수 있다. 그는 세계적으로 잘 알려진 『신약성서 신학사전』(*Theological Dictionary of the New Testament*)을 편집했으며 당대의 반유대주의적 정서에 깊이 관여했다]에 대한 반작용 때문에 초기 기독교를 "유대교적"으로 이해하려 하는 경향이[데이비스(W. D. Davies) 같은 학자들의] 성서학에 강한 영향을 미쳤다. 아이러니는, "객관성"을 주장하는 역사학자들 자신이 종종 자기 저술을 둘러싼 이러한 상황적 요인들을 강조하지 않았다는 사실이다. 과거 신학교와 신학대학원에서 가르친 내용처럼 "근대적 성서 연구"가 고정되고 변할 수 없는 결론을 도출할 수 있다는 믿음은 오늘에 와서는 근거 없는 것으로 밝혀졌다. 이는 참으로 중요한 지적이다. 왜냐하면 현재 교회 생활과 관련하여 논쟁을 벌이는 사람들 대부분이 바로 이런 잘못된 교육을 받았고, 그 결과 그들이 성경을 해석하고 사용하는 방식은 아무리 좋게 표현해도 비뚤어져 있다고밖에 할 수 없기 때문이다.

최근에 형성 중인 학문 경향이 보여주듯 우리에게 필요한 것은, 다만 어떤 한 사람이 먼저 나서서 새로운 각도로 기존의 증거를 조명해주는 일인지도 모른다[예를 들어 샌더스(E. P. Sanders)의 『예수와 유대교』(*Jesus and Judaism*, 크리스찬다이제스트 역간) 같은 예수님에 대한 새로운 저술처럼 말이다]. 만약 누군가가 그렇게만 한다면 지금까지 비역사적이라고 여겨졌던 성경의 요소들이 갑자기 무대 중심을 차지하고 역사적으로 받아들일 만하다는 평가를 듣게 될 것이다. 아니 받아들일 만한 정도를 넘어서 역사적으로 거부할 수 없는 진실로 판명되는 것도 가능하다. 이런 말을 한다고 해서 지금 내가 역사학에 있어서 어떤 확실한 진보도 이루어질 수 없다는 회의주의를 설파하는 것은 아니다. 내가 말하고자 하는 것은, 샌더스와 그 진영 학자들의 저술이 앞으로 나아갈 매우 중요하고 중심적인 길을 제시했다는 점이다(물론 그들에게도 여전히 교정과 발전이 필요하지만 말이다). 다행히 오늘날 대부분의 성서학자들은 자신과 자신의 논쟁 대상 모두가, 각자가 처해 있는 상황적 요소들과 끊임없이 상호 작용하며 글을 쓴다는 사실을 의식하고 있다. 그렇기 때문에 이러한 상호 작용의 요소를 고려해 자신들의 저술이 평가되어야 함도 잘 알고 있다.

이 모든 배경을 고려할 때 "성경의 권위"에 호소한다는 것은 무엇을 의미하는가? 종종 "성경의 권위"라는 말이 "당신의 모든 학문에 저주가 있을지어다. 학문이 무슨 소용인가? 우리는 그저 성경을 믿을 뿐이다"라는 식의 메시지를 전달하는 데 이용되지만, 이런 입장은 전혀 지지할 수 없다. 과거 학자들이 그리스어 사전을 편찬하고 거기 근거해 성경 번역본을 만들지 않았다면 오늘날 누가 모국어로 신약성경을 읽을 수 있겠는가? 1세기 당시의 세상을 설명하는 연구 조사가 없었다면 현대인 중 누가 신약을 이해할 것인가? (성서학자들의 도움 없이 성경을 설명해보라. 아니 크게 읽어보려고만 해보라. 그러면 내가 말하고자 하는 요지를 뼈저리게 느낄 수 있을 것이다.)

종류를 불문하고 모든 학문은 우리 활동 전반에 기본적인 전제로서 깔려 있다. 안타까운 것은, 학문에 반대하는 자들조차 사실은 자신들이 이전에 받았던 교육 과정에 내포되어 있던 바로 그 학풍을 선호하여 그렇게 함을 의식하지 못한다는 점이다. 그들은 자신이 배운 학풍을 너무 당연시한 나머지 상식처럼 여기게 되었고, 그래서 정신적으로 깨어나 새로운 사고를 감행하려 시도하지 않는다. 하지만 언제나 옛 학풍, 옛 전통의 해석 방식에는 결함이 있거나 보충을 필요로 하는 부분이 있는 것으로 드러난다. 물론 이런 부족함의 발견은 지금뿐 아니라 미래에도 계속될 것이다. 그렇다고 해서 더 잘하려는 노력을 지속적으로 기울이지 않아도 된다는 뜻은 아니다. 성경을 더 온전하게 이해하고자 끊임없이 시도해야 하는 우리의 의무는 결코 사라지지 않는다. 내 경험에 의하면 더 발전하려는 노력은 규칙적으로 진정한 진보를 이루게 하며(특히 텍스트가 담고 있는 심오하고 다면적인 의미를 발견하는 측면에서), 그렇게 노력을 기울이는 과정 속에는 거의 언제나 목회적이고 설교학적인 통찰을 얻을 수 있는 기회가 숨어 있기 마련이다. "성경의 권위"를 인정한다면 절대 "우리는 성경의 의미를 알고 있다. 그래서 더 이상 질문을 던질 필요가 없다"라고 말할 수 없을 것이다. 각 세대의 교회는 새로운 힘을 가지고 새로운 노력을 기울여서 성경을 더 충만한 분량에까지 이해하고자, 또한 성경에 의해 더 철저하게 살고자 노력해야 한다. 이를 위해서라면 그동안 소중히 간직한 전통을 거스르는 것도 마다하지 않아야 한다.

이런 원칙은 특히 전통이 자신을 "성경적"이라고 주장하는 경우에 더 철저하게 지켜야 한다. 새로운 해석을 들었을 때 정말 그러한지 알고자 성경을 탐구할 준비가 된 사람들이 항상 존재한다(행 17:11). 하지만 이들과는 대조적으로 새로운 해석을 들을 때마다 다음과 같이 반응하는 사람들도 있다. 즉 이런저런 성경 구절의 의미가 무엇인지는 과거의 위대한 설교자들과 신학자들이 이미 정해놓았기 때문에 더 이상 아무것도 덧붙여질 게 없다고, 심지어 새로운 것을 말하려는 시도 자체가 불경건하고 오만하다고까지 여기는 자들도 있는 것이다. 다시 한 번 말하지만, 이런 소리를 듣는다면 마르틴 루터가 무슨 말을 할지는 불 보듯 뻔하다.

성경을 새롭게 바라보려는 시도 자체를 거부하는 사람들은, 자신을 특정한 종류의 후기 계몽주의적 서구 세계관에 가두어버린 자들이라고 볼 수 있다. 스스로를 "성경적"이라고 내세우지만 실제로 이들은 복음서와 바울 서신의 핵심적 내용들을 다 걸러내는 "근본주의자"인 것이다. 걸러지는 것 중에는 신약성경에 보이듯, 불가피하게 제거해야 할 정치적인 요소들도 있고, 이것과 연관해서 예수님의 메시아적 직위에 관한 것도 있다. (보통 근본주의자들은 "그리스도"라는 단어를 이해할 때 "메시아"라는 단어가 1세기에 가졌던 의미를 거치지 않고, 바로 그분의 신성으로 가버린다. 하지만 신약 저자들은 다른 근거를 들어 예수님의 신성을 증명한다.) 근본주의자들이 나타내는 이러한 반응은 소위 모더니즘적 성서학이 표방하는 "자유주의"(종교의 모양을 가졌으되 종교의 능력은 부인하는)에 대한 항의라고 할 수 있는데, 결과적으로 이런 근본주의 대 자유주의의 다툼은 겉모양이 어떻든 간에 두 형태의 계몽주의가 벌이는 싸움에 불과하다. 이런 슬픈 양극화 현상을 바라보며 건질 수 있는 유일하게 긍정적인 측면이 있다면, 그것은 "자유주의" 입장을 견지하는 자들에게서 감지할 수 있는 극도의 편협함을 보며 내가 느끼는 일종의 씁쓸한 재미다. 30년이나 40년 전에 유행한 "자유주의"에 노출된 이후 계속해서 그 견해를 마치 주문처럼 외우고 반복하면서도, 자신들이 왕년과 같이 "자유주의적"이고 "현대적"인 줄로 착각하는 그들을 보며 누리는 묘하게 일그러진 즐거움 말이다.

"문자적", "비문자적"

근본주의자 대 자유주의자의 대치 상태는 때때로 "문자주의적"(literalist) 해석과 "비문자주의적"(non-literalist) 해석 간의 양극화 현상으로 나타난다. 앞에서 이미 살펴보았듯 "문자적"이란 단어가 현재에 사용되는 방식은 16세기 논쟁 속에서 볼 수 있는 방식과는 매우 다르다. 그러므로 근대적 층위에서 자신을 "문자주의적 해석자"라고 소개하는 자들은 그렇게 함으로써 종교개혁자들의 지지를 등에 업을 수 있다고 기대해서는 안 된다. 사실 "문자적"과 "비문자적", 이 두 명칭은 단순히 서로 다른 해석학적 입장을 명시하는 역할에서 벗어나, 특히 미국에서는 세계관 전체를 지칭하는 단어가 되어버렸다. 이런 의미의 확대 현상은 논란의 대상이 되는 텍스트에 대한 진지한 논의를 거의 불가능하게 만들었는데, 왜냐하면 서로가 상대의 논의를 대할 때마다 성서해석학의 기술적 측면에 머무르는 대신, 적이 한 언급의 배후에 있을 것으로 추정되는 세계관과 연결지어 암묵적인 비판을 퍼붓기 때문이다("너는 정말 문자주의적 해석을 주장하는 근본주의자야" 또는 "정말로 너는 믿음 없는 자유주의자야").

이러한 거짓된 양자택일 구도는 심각한 오해를 낳는다. 전체 윤곽뿐 아니라 세부 사항에 이르기까지 성경을 따르려고 하는 자들이라고 모두 근본주의자는 아니다. 그리고 이런 근본주의자들이 전부 북미 보수주의자들 속에서 발견되는 것도 아니며, 북미 자유주의자가 주장하는 바 그런 문화적·지적·도덕적 결점들을 모두 똑같이 공유하고 있는 것도 아니다. 자유주의자들의 입장에 대한 오해도 마찬가지다. 신약의 몇몇 가르침에 대해서 또는 신약이 오늘날에도 그대로 적용 가능한지 여부에 대해서 이의를 제기하는 사람이라고 모두, 북미 보수파나 전통주의자들이 경멸을 담아 부르듯 "자유주의자"는 아닌 것이다.

토론의 상황 속에서 염두에 두어야 할 또 한 가지 사실이 있다. 오늘날 북미의 지역화된 정치적·사회적·문화적 상황에서는, 근본주의건 자유주의건 양측 모두 놀랄 정도로 혹은 섬뜩하리만큼 과도하고 폭력적인 행동으로 자신을 표출한다는 점이다. 동시에 다음과 같은 기이한 현상도 고려해야 한다. 즉 어떤 이슈에 대해서는 "보수적인" 기독교 입장을 열심히 추구하는 자들이, 종종 원수를 사랑하라는 성경의 명령이나 경제 정의에 관한 가르침은 무시해버리는 현상이다. 또한 그런 사람들은 기독교 초기에 활동했던 가장 뛰어난 성경 해석자들(교회 교부들) 중 대다수가 사형 제도에 강력하게 반대했다는 사실도 망각해버린다. 만약 정말로 문자적 해석이 무엇인지에 대해 관심이 있다면, 위와 같은 주제를 다루는 텍스트를 진지하게 받아들이도록 하자. 우리 시대의 정치적·사회적·문화적 영역에서 퍼져나오는 공명이, 우리가 다루는 주제들의 의미나 적합성 여부를 결정하도록 내버려두어서는 안 된다. 베드로후서 3:16이 천명하듯 성경의 오용은 기독교 역사의 시초부터 지금까지 쭉 있어왔던 현상이다. 하지만 이런 현상이 지속되었다고 해서 성경이 쓸모없다든지, 성경을 적합하게 사용하는 방법을 되찾기가 불가능하다고 여길 수는 없다(이에 대해서는 제7장을 참조하라).

역사적 주해는 기초 토대로 남아 있지만, 그렇다고 모더니즘이 주장하는 "확실한 결과"를 전적으로 가져다주지는 않는다

따라서 "모더니즘적" 성서학을 교회 내에서 어떻게 활용해야 하는지의 문제는, 북미의 지역적 문화 전쟁으로 인해 더욱 악화되었다. 공교롭게도 성서학의 중심지가 독일에서 북미로 이동한 것도 북미 상황이 보다 중요해진 한 요인이 되었다. (아직 널리 주목받지 못하는 것이 사실이지만) 앞에서 언급한 문제는 다른 새로운 시각에서 고찰되어야 한다. 지난 반세기 동안 발표된 바 있는, 기독교 내에 나란히 존재하는 두 요소, 즉 유대의 역사적·문화적인 상황과 그리스 로마의 상황을 탐구하고 조명한, 정밀하고 세심한 저작들의 연구 결과에 비추어 이 문제를 새롭게 바라보아야 하는 것이다. 과거에 우리는 여러 성경적 논의에 대해 성급하게 입장을 일치시킨 오류를 범한 적이 있다(예를 들어 바울이 에베소서와 골로새서를 쓸 수 없었다는 가정이나, "유대적" 특징을 드러내는 복음 전통은 틀림없이 그에 상응하는 헬레니즘적 복음 전통 이후에 발전했을 것이라는 가정을 성급하게 인정했다). 하지만 이것은 계몽주의적·이성주의적 개신교에서 직접 생겨난 결과이다. 왜냐하면 이 이성주의적 개신교는 신약에서 유대적인 요소들과 "초기 가톨릭"의 낌새가 보이는 것들을 모두 걸러내버렸다. 그러므로 오늘날 학문의 현주소는 다음과 같이 요약된다. 즉 학문적 결과물이 교회에 적용 가능한지 여부를 떠나서, 우리는 기존 학문의 모든 요소를 새롭게 바라보아야 하는 시점에 서 있다. 그리고 역사적 예수의 연구야말로 이런 총체적 반성의 가장 분명한 예로서, 지난 30년간 가장 급격한 변화를 겪은 분야라 할 수 있다.

비록 "문자적/비문자적" 양극화를 비판하긴 했지만 그렇다고 해서 내가 복음서에 묘사된 사건들이 실제로 발생했는지의 여부에 대해 무관심한 것은 아니다. 사실은 정반대다. 내가 지적하고 싶었던 것은 문제와 무관한 슬로건을 마구 반복함으로써 문제 자체가 해결됐다고 착각해서는 안 된다는 점이다. 성경이 "진짜"임을 보이고자 성경에 적힌 모든 것의 역사성을 증명하려는 사람과, 성경의 권위에 따라 살기로 헌신했기 때문에 실제로 성경 자체가 무엇을 가르치고 강조하는지 하는 문제에 열려 있는 사람 사이에는 엄청난 질적 차이가 존재한다. 다음 중 더 중요한 것은 무엇인가? "성경이 옳음을 증명하는" 것인가(이런 증명이 낳는 효과는 "자, 이제 그럼 우리가 항상 생각하던 대로 계속하면 되겠지" 같은 반응이다), 아니면 성경 자체를 진지하게 여기면서 성경이 과거에는 결코 들어보지 못했던 내용이나 별로 듣기를 원치 않는 내용조차도 우리에게 말하도록 허락하는 일인가?

문제를 새롭게 바라보자는 제안 안에는 전근대적 해석으로 돌아가자는 입장에 대한 반대가 내포되어 있다. 물론 계몽주의적 모더니즘을 영속시키고자 하는 자들도 동일한 말을 하겠지만 내 입장은 그들과는 다르다. 내 제안의 핵심은, 진지한 역사적 연구를 위해서는 모더니즘의 한계를 벗어나 더 멀리 나아가야 한다는 것이다. 이렇게 할 때 우리는 모더니즘적 비판으로 무장한 작품들이 발견했다고 떠드는 성경의 "모순점"이나 문제의 많은 부분이, 실은 해석자들이 자신의 이질적인 세계관을 텍스트에 투사함으로써 초래된 결과임을 깨닫게 될 것이다. 오늘날 우리는 과거 모더니스트들보다 더 나은 사전들과 고대 문헌의 새로운 판본을 더 풍부하게 보유하고 있고, 감당하기 힘들 정도로 많은 고고학적 발견 자료들을 이용할 수 있다. 이 모든 역사적 자료들을 감사하는 마음으로 활용해야 한다. 내가 이미 다른 지면에서 주장했듯 그렇게 할 때만 과거에 합의된 것처럼 보였던 "모더니즘적" 앎과 인식들이, 바로 자신의 주장의 근거로 삼았던 영역 속에서 도전을 받게 될 것이다. 그리하여 자신들이 주장하는 바도 절대적 진리가 아닌 역사적 구성임이 드러날 것이다. 최근에 한 저술가가 지적했듯 "계몽주의를 비평하는 자들에게는 계몽주의가 가진 무기를 그대로 사용해 계몽주의에 들이대는 것 외에는 계몽주의에 경의를 표할 더 좋은 방법은 없다" [인우드(M. J. Inwood), *The Oxford Companion to Philosophy*, ed. T. Honderich, OUP, 1995, p. 237].

계몽주의는 역사에 호소한다. 그렇다고 그리스도인들이 두려움에 떨 이유는 없다. 살아 계신 하나님이 1세기 팔레스타인에서 사람으로 태어났고 죽었고 부활한 것이 사실이라면, 이 사건은 우리로 하여금 정밀하게 조사하고 연구해보라고 주어진 것이다. 복음서 이야기에서 부활하신 예수가 믿지 못하는 도마에게 확인해보라고 자기 몸을 내보였던 것처럼 말이다(요 20:24-29). 예수님의 말처럼 보지 않고 믿는 편이 더 나을지도 모른다. 하지만 의심의 질문을 던지는 자들을 위해서도 기독교는 대답할 준비가 되어 있어야 한다. 정확히 역사 안에서 무슨 일이 발생했는지, 또한 역사학이라는 학문적 테두리 안에서 어떤 근거로 우리가 그 사건을 안다고 주장할 수 있는지에 대해 대답할 수 있어야 하며, 나아가서 역사적 연구에 적합한 동시에 역사적 연구로부터 추출된 "지식"을 동원해서 자기 주장을 뒷받침할 줄도 알아야 한다. 나는 여기서 한 걸음 더 나아가겠다. 역사적 문제를 다루면서, 우리는 성경이 말하고 있는데도 불구하고 전통이 편의를 위해 걸러내버린 많은 것들을 재발견하게 될 것이다. 우리는 기독교를 경멸하는 지식인들의 압박이 있어야만, 절대 그만두지 말았어야 했던 작업에 다시 착수하게 되는 것 같다. 즉 우리의 근본을 이루는 성경을 선조들보다 더 낫게 이해하고자 하는, 그래서 더 철저하게 성경을 따라 살고자 끊임없이 노력하는 작업이 바로 그것이다. 다시 한 번 반복하지만 이런 태도야말로 성경의 권위 아래에서 삶을 실천할 때 나타날 수 있는 모습이다.

모더니즘에 대한 포스트모더니즘의 적절한 도전은 필수적 교정과 허무주의적 해체다

이미 시사했던 바와 같이 모더니즘과 모더니즘적 해석들은 다른 종류의 공격에도 동시에 노출되었는데, 이것이 바로 포스트모더니즘 운동이다. 특히 지난 200년 동안 포스트모더니즘은 다양한 저술과 사상 운동에 내재된 권력 추구적 요소들을 폭로했으며, 그렇게 함으로써 고대와 근대의 저술뿐 아니라 모더니즘 자체에 대해서도 지속적으로 이데올로기적 도전을 감행했다. 특히 포스트모더니즘이 자신의 비판적 역량을 집중시켰던 대상은 현대 서구 세계의 경제적·문화적 헤게모니였고, 더 근본적으로는 이 헤게모니의 기반인 계몽주의의 성공적 성취였다. 다시 말해 이 사상 운동의 궁극적 목표는 계몽주의 자체의 해체였던 것이다. 이런 사상적 경향에 따라 성경 텍스트에 대해서도 온갖 종류의 참신한 해석들이 등장했다. 페미니즘 해석, 유대인대학살-이후(post-Holocaust) 해석, 민족주의적 해석, 탈식민주의 해석 등이 바로 그런 새로운 비평 양식들인데, 이들은 모두 성경 안에서 "공포의 텍스트"(text of terror), 즉 억압을 위한 무기로나 그보다 더 나쁜 용도로 이용되었던 성경 구절들을 찾아내어 고발하는 역할을 했다. 나아가서 애초에 성경 자체가 기록되는 과정에서 근본적으로 악한 의도가 있었다는 혐의를 풍기는 텍스트도 발견하기에 이르렀다.

그 명확한 예는 마태복음 27:25이 외치고 있는 "그 피를 우리와 우리 자손에게 돌릴지어다"라는 구절이다. 이 텍스트는 멜 깁슨의 영화 "패션 오브 크라이스트"(*The Passion of the Christ*)의 제작 과정과 토론에서 폭풍의 눈으로 작용했다. 해체주의적 해석의 또 다른 유명한 예는 마가의 헤롯 안티파스 묘사(막 6:17-29)에 대한 페미니즘적 분석이다. 이 분석에 따르면 텍스트가 보여주는 이야기는 전형적으로 "남성 우월적" 관점을 드러낸다. 왜냐하면 이야기 속 헤롯은 세례 요한의 죽음에 대해 미미한 책임만을 가지는 자로, 오히려 유혹하는 의붓딸과 교활한 아내의 무기력한 피해자로 묘사되기 때문이다. 이런 식의 묘사는 악행과 비극의 책임을 행위의 명백한 주체인 남성에게 묻지 않고, 오히려 그 책임을 사악하고 위험한 여성 인물에게 전가하도록 조종하는 남성 편의적 시선인 것이다. 마찬가지로 현재 터지고 있는 정치적 사건들도 성경 텍스트에 환영받지 못할 새로운 의미를 추가한다. 팔레스타인의 그리스도인들로서는 이스라엘이 이웃 대적들에 대해 군사적 승리를 거둔다고 말하는 시편들을 부르기가 도저히 힘든데, 이는 충격적이지만 어쩔 수 없는 현실이다.

많은 사람들은 이러한 해체주의적 해석들이, 텍스트가 해석될 수 있는 다양한 방법들을 제시했으며—텍스트 본래의 의도와 그 해석이 일치하든 아니든 간에—결론적으로 우리에게 유익을 주었다고 평가할지 모른다. 하지만 해체주의적 해석으로 인해 모두가 암묵적으로 인정해왔던 정경 내에서 일부 텍스트가 제거되었음은 부정할 수 없는 사실이다. (이런 측면에서 해체주의자들은 모더니즘적 이성주의에 힘을 실어주는 역할을 했다.) 때때로 해체주의자들은 자신들이 제거한 성경 텍스트를 대신해 포함시킬 후보 텍스트들을 제시하기도 했다. 또 어떤 경우에는 성경 전체를 무익한 것으로 만들어버리기도 했는데, 왜냐하면 포스트모던 서구 세계의 새롭고도 독선적인 판단의 잣대를 들이댔을 때, 이 성경이라는 텍스트는 도저히 용서할 수 없는 이데올로기적 범죄를 지은 것으로 밝혀지기 때문이었다. 물론 텍스트를 해석하는 표준적 방법들에 대한 해체가 언제나 부정적이고 파괴적인 결과만 가져오는 것은 아니다. 너무나 자명한 것으로 믿어졌던 지표와 기준의 해체는 우리에게 충격을 주고 우리가 안주하고 있는 불완전한 진리로부터 빠져나오는 기회를 마련해서, 텍스트가 진정으로 담고 있으나 지금까지 관심을 받지 못했던 측면을 볼 수 있게 하기도 한다. 하지만 해체주의적 작업은 빈번히 남용되고 있다. 텍스트 전체의 타당성을 부정하는 경고문("위험! 접근 금지! 여기 이데올로기적 편견들이 묻혀 있음!")을 세우는 용도로 공공연하게 이용된다.

따라서 포스트모더니즘이 오늘날 서구의 성경 해석에 끼친 영향은, 포스트모더니즘 운동을 구성하는 다른 요소들과 마찬가지로 기본적으로는 부정적이다. 포스트모더니즘은 모더니즘처럼, 기독교의 종말론적 주장과 악의 문제에 대한 기독교적 해답을 멸시하면서도 대안을 제시하지는 못한다. 만약 포스트모더니즘이 성경 해석을 관할하게 된다면 성경을 가지고 할 수 있는 일이란 고작해야 지적 즐거움을 주는 구절들을 가지고 해석학적 장난을

치는 것이거나, 아니면 우리의 동정심(정의롭지도 못하고 편파적이며 선택적이기만 한)을 자극하는 자들을 편들고, 그들의 박해자를 위협하기 위해 적당히 고른 성경 구절을 들이대는 일뿐이리라. **이것이 바로 상당 부분 서구 교회의 현주소다.** 이런 교회의 태도는 명확하고 구체적으로 설명되지 않기 때문에 더욱 공고해지는 경향을 보인다. 왜냐하면 포스트모더니즘은 현재 서구 문화 안에서 "옳은 것으로 느껴지고" 있으며, 열린 공간으로 나와 도전을 받게끔 자기를 열어보이지 않기 때문이다. 실제로 포스트모더니즘에 대한 도전은 모더니즘이나 심지어 모더니즘 이전으로 회귀하려는 시대착오적 시도 정도로 으레 치부되어버린다. 이는 고도의 아이러니다. 모든 이데올로기를 권력 대결의 무기이자 결과로 매도하는 바로 그 권력 해체적 이데올로기가, 정작 자신의 위치를 고수하고자 타자의 모든 도전을 사전에 다 배제해버리고 있기 때문이다. 모더니즘과 포스트모더니즘이 가한 수많은 비판으로 인해 교회는 오히려 성경 이해와 사용의 면에서 후퇴한 것 같다. 수년 동안 상당한 재정 지원을 받은 연구들이 신학대학에서 이루어졌음에도 불구하고, 우리의 수준은 예수님과 초대 그리스도인들이 기대했던 것에는 전혀 미치지 못한다. 바로 이것이 북대서양을 사이에 두고 양편에 위치한 북미와 유럽에 있는 이른바 "주류" 교회들의 중심에 성경적 진공 상태가 존재하는 이유다. 또한 우리가 성경의 권위를 논할 때마다 아무 실속 없이 큰 소리만 지르다가 끝나버리는 이유이기도 하다. 하지만 더 나은 방법이 어딘가에 있지 않을까?

포스트모더니즘의 무능력의 증거: 제국에 항거할 수는 있지만, 제국에 대해 항거하도록 도와주는 성경의 능력을 가져오지는 못한다

우리는 근본주의자들처럼 상황을 살피지도 않고 무조건 선험적인 것에 호소하여("성경이 말하기를…" 하는 어구를 들이대며) 포스트모더니즘의 문제를 회피할 수는 없다. 이 문제를 문화 운동의 차원에서 바라보면서 우리는 다음 두 가지 사항에 주의를 기울여야 한다. 하나는 모더니즘에 내포된 문화적 제국주의에 대한 것이다. 포스트모더니즘은 문화적 제국주의를 폭로하는 역할도 했지만 다른 한편으로는 자신만이 사태를 옳게 파악하고 있다는 독선적 태도를 암묵적으로 흘림으로써, 오히려 제국주의 자체를 영속화하기도 했다. 다른 하나는 포스트모던적 비판이 실질적으로 할 수 있었던 것은 아무것도 없다는 결론, 즉 포스트모던 비판의 실패에 관한 것이다. 니콜라스 보일(Nicholas Boyle)의 지적대로[『여기 있는 우리는 누구인가?』(*Who Are We Now?*, University of Notre Dame Press, 1998)], 해체가 이룩한 전부라곤 고작 허무주의다. 허무주의 속에서 얻을 수 있는 유일한 이점은 일종의 해석학적 자아도취로, 텍스트로부터 스스로가 원하는 즐거움만을 취한 채 세상에서 일어나는 나머지 일에 대해서는 신경을 끄는 것이다. 이런 자기중심적 태도로는 악의 진정한 실체에 대해 성공적으로 도전할 수 없다. 왜냐하면 허무주의적 입장에서 해석하면 어떠한 진지한 도전도 결국 도전자가 감추고 있는 부끄러운 동기들, 정당하지 않고 권력을 추구하는 숨은 동기들로 인하여 해체되어버리기 때문이다. 그리하여 성경 자체도 근본적 악을 묵인하도록 입막음을 당하게 된다.

다시 앞에서 제시했던 페미니즘적 분석의 예로 돌아가보자. 마가의 이야기 속에 숨어 있는 "남성 우월적" 편견을 지적하고, 그 결과 마가의 프로젝트 전체를 도덕적으로 비방해버리면, 다음과 같은 파괴적인 결과를 초래할 수 있다. 바로 하나님 나라가 예수님의 죽음과 부활을 통해 세상 속으로 침범해 들어왔음을 선언하는 마가의 이야기가, 세상의 지배자며 군사력을 동원해 유대인 메시아를 죽인 이방 제국(막 10:42-45)을 향해 심오한 정치적·신학적 비판을 가하고 있음을 보지 못하게 되는 것이다. 다른 예도 있다. 에베소서와 골로새서에 나오는 명백한 "가부장적" 규율 때문에 이 텍스트의 현재적 유용성을 부정해버리면, 여기에 드러나는 교회에 대한 비전, 즉 교회야말로 새롭게 하나로 통합된 하나님의 백성이며 그들의 존재 자체가 이방 종교와 이방 제국에 대해 강력하고도 반박할 수 없는 도전을 준다는 메시지를 듣지 못하게 된다[브라이언 왈쉬와 실비아 키이즈마트(Sylvia Keesmaat)의 『제국과 천국』(*Colossians Remixed*, IVP 역간)을 참조하라].

다시 제안하겠지만 내가 보기에, 내러티브적인 동시에 "비판적 실재론"적인 성경 해석이야말로 포스트모더니즘의 수렁을 빠져나와 앞으로 나아갈 방법을 제시할 수 있는 대안이다. 교회가 이런 해석 방법을 통해 성경을 생명력 있게 다시 읽는 일은 무엇보다 급박한 작업으로 보인다. 왜냐하면 현 시대를 지배하는 거대 제국이 자신의 정치적·경제적·군사적·문화적 의지를 지속적으로 세상에 강요하고 있음에도 불구하고, 오늘날 "문화 전쟁"에서 급진적 입장을 떠들어대는 자들은 목소리만 클 뿐 이 제국주의적 움직임을 막는 데는 실제적으로 무능력하기 때문이다.

그렇다면 "경험"은?

오늘날 교회의 "권위"를 말할 때 흔히 강조되는 것이 바로 "경험"의 중요성이다. 교회의 공식 선언에는 한 번도 포함된 적이 없지만 많은 교회 지도자들은 "성경, 권위, 이성, 경험"에 대해 말하고 있다. 마치 원래 세 발 달린 의자에 같은 종류의 다리 하나를 덧댐으로써 그 의자가 업그레이드된 것처럼 여기는 것이다. 경험의 지위를 격상시킨 이런 흐름이 발생한 역사적 근원은, "경험"에 대한 존 웨슬리의 강조가 그의 사상 전체에서 어떤 의미를 가지는지 연구했던 웨슬리 이후의 저술가들이다. 어떤 사람들은 "웨슬리의 사변형"이란 표현을 쓰는데, 사실 웨슬리 자신은 전혀 이런 말을 한 적이 없다. 웨슬리에게는 여전히 성경이 일차적 권위를 가지고 있었다. 그가 강조한 "경험"이란 하나님의 사랑과 성령의 능력에 대한 살아 있는 체험이었으며 이런 체험을 통해 성경의 진실함이 신자들의 삶 속에 증명되기를 원했다. 따라서 "경험"을 성경과 대치되는 분리된 권위의 근원으로 보는 것은 웨슬리의 사상을 상당히 불법적으로 해석한 결과다. 그런데도 이런 식의 사고는 수많은 신학자 집단 가운데 자주 아니 거의 규칙적으로 발견된다("성경이 말하기를…전통에 의하면…이성이 말하기를…그러나 경험이 말하기를…그래서 우리는 이렇게 하자"). 때로 이 경험에 대한 논의는 초기 기독교 연구에도 끼어들어, 마치 초기 교회에서 중요한 규범이 되는 것이 "경험"인 양, 심지어 신약성경 자체가 "초기 기독교적 체험"을 증거하기 위해 존재하는 것인 양 여기게 만든다. 이는 모더니즘적인, 또한 포스트모던 진행 방향과도 완전히 일치하는 현상이지만, 내가 보기엔 상황을 더 혼란스럽게 만들 뿐이다. 원래 세 발 달린 의자에 네 번째 다리를 추가하면 종종 의자가 더 불안정해지듯 말이다.

처음부터 "성경, 전통, 이성"은 전혀 같은 **카테고리**에 속하는 개념이 아니었다. (세 개의 같은 다리를 가진 의자 이미지는 혼동을 초래한다.) 차라리 사과, 배, 오렌지, 아니 그보다는 사과, 코끼리, 드라이버같이 이질적인 요소들의 조합이 더 실제와 일치한다. 앞에서 고찰했듯 아퀴나스로부터 후커를 거쳐 오늘날의 많은 저술가들에 이르기까지, 신학자들 중 다수는 "전통"이란 교회가 성경을 묵상하는 가운데 남긴 말들이며, "이성"은 그러한 성경 묵상이 무작위적 헛소리가 되지 않고 하나님과 세상에 대한 통전적 견해로 통합되도록 해주는 담론의 규칙이라고 주장할 것이다. 하지만 이런 설명 또한 전체의 한 부분만을 말해준다. 교회는 설명할 수 있는 이야기가 허용하는 것보다 훨씬 더 견고하고 고정된 형태로 “전통”과 “이성”을 지지할 가능성이 있는 것이다. 이미지를 한번 바꾸어보자. 성경, 전통, 이성을 세 개의 책장으로 생각해보면 어떨까? 하지만 이런 비유도 오해의 소지가 있다. 애초에 세 개념은 주요 질문에 대해 답을 얻기 위해 샅샅이 뒤져야 하는 그런 책장이 아닌 것이다. 그렇다면 어떻게 설명하는 것이 좋을까? 먼저 성경은 책을 가득 담고 있는 책장이라고 할 수 있다. 그렇다면 전통은, 앞의 책장이 놓여 있는 집에 사는 사람들이 책장의 책들을 읽고 이해한(혹은 잘못 이해한) 내용에 대한 기억이다. 이성은 책을 이해하며 읽기 위해 쓰는 안경과 같다. 하지만 염려가 되는 것은 시간이 흐름에 따라 안경이 매우 다양해졌다는 사실이다. 또 어떤 독자들은 다른 통로로 입수한 “안경－이성”을 사용하면서 텍스트를 심하게 왜곡한 징후도 발견된다. “경험”의 개념도 바뀌었다. 이제 경험은 텍스트가 독자에게 미치는 효과 혹은 독자의 해석 행위의 환경을 이루는 세계관, 삶의 경험, 정치적 상황 등을 두루 가리키는 말이 되었다.

경험은—우리 “경험”에 의하면!—성경의 권위를 구성하는 요소가 될 수 없다. “경험”에 최종 판단자의 역할을 맡겼을 때 초래되는 혼란을 보면 알 수 있다. 공식적인 통계에서건 증언적 에피소드에서건 간에, 그리스도인들의 “경험”과 또 다른 대부분의 사람들의 경험은 항상 그리고 불가피하게 서너 개의 동시적이면서도 양립할 수 없는 이야기들을 만들어낸다. “경험”은 “권위”의 역할을 수행하기 위해 충분히 안정적인 발판을 제공하기에는 너무도 미끄러운 개념이다. 사사기가 비꼬며 말한 것같이, "경험"을 단순히 각자가 각자에게 옳게 여겨지는 대로 행한다는 식으로 정의할 수도 있겠지만, 결국 이런 정의를 받아들이면 권위가 전혀 존재하지 않게 된다. 실로 이런 "경험"에 대한 강조는 오늘날 서구 전역에서 발견되는 경험 위주의 다원주의, 곧 무정부주의에 가까운 다원주의를 형성하는 데 지대한 공헌을 했다.

하지만 우리가 다루어야 할 더 깊은 문제, 사실 논리상의 문제라고 할 만한 것이 또 있다. **즉 그리스도인과 교회의 "경험"자체가 바로 성경의 권위에 순복해야 하는 대상이며, 성경의 권위가 발휘되는 정황이라는 것이다.** 처음부터 "권위"가 필요했던 것은, "경험"이 유동적이고 애매모호하기 때문에, 또 독실한 그리스도인을 포함하여 모든 인간들이 전통과 이성을 사용하는 데 있어 심각한 다층적인 자기 속임수에 노출되어 있기 때문이었다[예레미야의 한탄처럼(렘 17:9) 인간의 마음은 만물보다 거짓되고 부패하다]. 그러므로 "경험"을 권위로 여기는 것은, "권위"라는 단어 자체가 해체됨을 시인하는 일일 뿐 아니라, 이 단어가 무미건조한 옛 의미로서의 "상소 법원"으로도, 또 동시에 성경적인 의미에서의 "하나님 나라를 세우시는 그분의 능력이 발휘되는 통로"로도 기능할 수 없음을 인정하는 것이다. 우상숭배적 세상에 대한 하나님의 도전을 약화하는 이러한 권위의 해체야말로 바로 계몽주의가 추구한 반기독교적 목표 중 하나였으며, 이는 포스트모더니즘 속에서도 여러 형태로 여전히 지속되고 있다. 만약 "경험" 자체가 권위의 "근원"이라면, 더 이상 우리는 우리 바깥에서 우리에게 하는 말을 들을 수 없게 된다. 만약 이렇게 되면 이 시점부터 신학과 기독교적 삶은 하나님 그분 가운데 뿌리내리기를 멈추고 대신 우리 자신 속에 뿌리를 내리기 시작한다. 다시 말해 신학과 기독교적 삶 자체가 우상이 되어버리고, 그 우상 속에서 하나님에 관한 진리는 인간이 만든 거짓으로 바뀌는 것이다. 이런 경향은 대중에게 인기 있는 현대판 영지주의에서도 발견할 수 있다. 영지주의에 따르면 최고의 종교적 선은 자기 발견이며, 이렇게 발견된 자아에 따라 "충실하게" 사는 것이 그 다음으로 중요한 선이 된다. 물론 자기 발견도 좋고 자아에 대한 충실도 좋은 것이지만, 경험을 강조하는 일군의 사람들이 이런 것들을 최고의 지위에 올려놓는 것은 우리가 알고 있는 정통 기독교에서 크게 벗어나는 행보라고 할 수 있다. (위와 같은 지위 격상에 대해서는 포스트모더니즘이 근본적인 도전을 감행했지만 관련 논의들 가운데서 이 사실은 제대로 주목받지 못했다.)

"경험"과 상황

"경험"에 호소하는 것에는 긍정적인 부분도 있다. 경험의 긍정적 측면은, **경험이 우리가 성경 말씀을 들을 수 있는 맥락**(context)을 **구성한다**는 말에서 잘 표현된다. 경험은 모든 앎에 필수적인 주관성을 나타내는 공간으로서, 우리는 이 경험 안에서 하나님의 말씀을 듣고 그분의 사랑을 알며 그분의 지혜를 이해한다. 그리스도인들이 삶 속에서 하나님의 사랑과 능력을 "경험"하는 것은 지극히 중요하다. 이때 "경험"은 절대로 "하나님의 권위"가 기계적으로 적용되는 현상, 즉 하나님의 형상을 지닌 자들로 존중되어야 할 인간이 단순한 암호처럼 취급되는 상황을 뜻하지 않는다. 그러나 또한 경험을 말할 때는 세상뿐 아니라 우리 안에 존재하는 악의 존재도 고려해야 한다(악의 존재는 계몽주의가 하찮게 여기려 애썼던 문제였다). 바로 이 악의 존재 때문에 우리 인간은 경험이라는 주관성의 공간 속에 있으면서, 바로 그 속에서도 하나님의 말씀을 듣고 도전을 받아야 한다. 이 주관성의 공간에 머무르는 한, 우리가 경험하는 모든 것이 다 옳다는 통고를 받기를 기대할 수는 없는 것이다.

다음과 같이 설명할 수도 있으리라. "경험"은 정원에서 스스로 자라나는 온갖 식물과 잡풀들이다. "권위"라는 정원사는 혼돈과 가시와 엉겅퀴를 물리치고 정원이 아름답고 비옥하게 가꿔지도록 잡초를 뽑아낸다. 바로 그렇게 함으로써 정원에 심겨진 진짜 꽃과 채소의 우수성이 제대로 드러나게 된다. 지나치게 권위적인 교회는 경험에 주의를 기울이지 않은 채 정원에 콘크리트를 깔아서 (그래서 좋은 꽃과 채소마저 덮어버리면서) 문제를 해결하려 한다. 반면 지나치게 경험을 중시하는 교회는 콘크리트의 문제(경직되고 "비판적인" 형태의 믿음)를 해결한다는 취지 아래 정원에서 자라

나는 어떤 해로운 것에도 손을 대려고 하지 않는다. 오히려 콘크리트를 "율법"이라 칭하고 모든 잡초들을 "은혜"라고 칭송한다.

하나님이 우리를 자신의 형상으로 창조된 자들로 인정한다는 말 속에는, 그 정체성 안에 함축된 모든 의미를 포함해서, 우리가 우상숭배에 빠져 하나님의 형상을 훼손하면 하나님도 우리에게 도전하시겠다는 의지가 담겨 있다. 또한 예수님에 의해 세워진 새 언약을 통해 우리를 용서하고 다시 빚어서, 이미 시작되었고 미래의 어느 시점에 완성될 새 창조의 일부로 삼으시겠다는 약속도 포함된다. 물론 자기 기만에 쉽게 빠지는 인간으로서 우리는 끊임없이 성경 말씀에 자신을 비추어보아야 한다. 그래서 우리가 복음 속에 주어진 하나님의 은혜의 말씀을 오용하고 있지는 않은지, 우리를 자신의 형상으로 지어진 자들로 회복시키시고 그렇게 여기시는 하나님의 은혜를 이용해 사실은 우상숭배적이고 왜곡된 형태의 인간성을 정당화하고 있는 것은 아닌지 확인해야 한다. 우리의 공동체와 개인의 삶 속에서 성경이 하나님의 심판과 치료의 권위를 발휘하도록 한다면, 우리는 정말로 하나님이 우리를 인정하시고 긍정하시는 것을 "경험"할 것이다. 그리고 그때에 하나님이 우리를 아신 것처럼, 우리도 더 온전히 알게 될 것이다.

제 7 장

오늘날의 잘못된 성경 해석들

잘못된 해석의 증가

지금까지 고찰한 대로 현대의 복잡한 문화적 상황을 고려할 때, 성경에 대한 각양각색의 잘못된 해석들이 생겨난 것은 그리 놀랄 만한 일도 아니다. 이러한 잘못된 해석들은 스스로를 성경 신봉자들로 여기는 사람들, 그리고 이 호칭과는 거리를 두되 최소한 성경적 전통과는 연속성을 주장하는 사람들 가운데서도 생겨났다. 심각한 것은 이런 잘못된 해석들 중 많은 부분이 너무 일반화된 나머지 교회에서 당연시되고 있다는 점이다.

양극화 현상을 지속시킬지도 모를 위험을 무릅쓰고—양극화가 불필요한 혼동을 초래한다고 믿긴 하지만—나는 잘못된 해석의 예들을 다음 두 부류로 나누고자 한다. 내가 열거한 예들은 짧은 목록일 뿐, 아마 더 많은 예를 찾을 수 있을 것이다. 지나친 단순화의 위험에도 불구하고, 여기서는 공간적 제약 때문에 대략적 요약만을 제시하겠다. 물론 각 카테고리에 대해 훨씬 더 상세한 설명과 예시를 제공할 수 있음도 밝혀둔다.

"우파"의 잘못된 해석들

먼저, 흔히 "우파"로 여겨지는 입장들 중 심각하게 잘못된 성경 해석에 근거를 두거나 거기에 연루된 예들을 열거하겠다.

a. 데살로니가전서 4장에 대한, 노골적으로 이원론적인 "휴거" 해석[그 좋은 예는 공공연한 "우파" 정신을 표방하며 엄청난 인기를 끌었던 미국의 『레프트 비하인드』(*Left Behind*, 홍성사 역간) 시리즈다]. 역설적이게도 이 "휴거" 해석은 다음에 언급할 "번영의 복음" 관점과 밀접한 공생 관계에 있다.

b. 성경의 약속을 명백히 물질주의적 관점으로 바라보는 "번영의 복음" 해석.

c. 노예 제도를 지지하는 해석[그러나 성경은 항상 인간의 힘으로는 뿌리가 뽑힐 것 같지 않은 제도에 반대하고 그것을 인간화하고자 투쟁할 뿐 아니라, 출애굽 이야기에 특별한 지위를 부여하며 노예를 해방시키는 하나님의 이야기를 지배적인 중심 이야기로 지속적으로 부각시킨다. 이런 비인간화로부터의 해방의 관점이 절정에 이른 것은 빌레몬서로, 이 텍스트를 보면 성경이 사회 전체 시스템 바로 옆에 시한폭탄을 설치할 수도 있음을 알 수 있다].

d. 서구 문화에 만연한 고질적인 인종 차별에 영향을 받은 해석(여전히 신인종차별주의자들은 인종차별적 이데올로기의 토대를 성경에서 찾고자 애쓰고 있다).

e. 구약과 신약 사이에 차별을 두지 않는 해석. 물론 이것은 다음 항목(f)의 해석과 공생한다.

f. 권위를 인정받을 수 없는 무작위적 방식으로 성경의 부분들을 골라 섞어서, 암암리에 정경 안에 존재하는 또 하나의 정경을 형성하는 해석(이제는 동물 제사를 드린다거나 돼지고기, 조개류 등을 거부하는 그리스도인들은 거의 없다. 하지만 왜 그런지 이유를 아는 사람은 드물다. 다른 예로 일부 교회는 성적인 범죄에 대해서는 엄격하지만 분노와 폭력에 대해서는 관대한 반면, 이와 정반대로 행하는 교회들도 있다. 고리대금업에 대한 성경의 견해도 좋은 예가 된다. 거의 대부분의 사람들은 성경이 고리대금을 일관성 있게 금지하고 있음을 눈치조차 채지 못한다).

g. "새 이스라엘"이라는 개념을 (예를 들어 신명기 해석에 근거하여) 여러 계몽주의적 프로젝트에 적용하는 해석(미국이 그 명백한 예이다. 재미있는 것은 동일한 이데올로기가 캐나다 퀘벡에서도 발견되는데, 이 불어권 땅에서는 프랑스와 유사한 로마 가톨릭적인 음조로 바뀐다는 점이다).

h. 사형 제도를 지지하는 해석(이미 많은 초대 기독교 교부들이 이 제도에 대해 반대했음에도 불구하고).

i. "종교적" 의미는 인정하되 "정치적" 의미는 배제하는 해석. 결과적으로 이런 해석은 암묵적으로 기존의 사회 구조를 지지하고 유지하는 데 일조한다. 특정한 문화권 안에서는 이런 탈정치적 해석이, 앞

서 언급한 a 항목의 해석(비성경적 급진주의적 종말론)과 행복하게 공존하기도 한다.

j. 바울 서신 전반, 특히 로마서를 읽으면서 유대교적 차원을 모두 걸러내는 관점의 해석. 로마서를 제대로 이해하기 위해서는 유대교적 요소를 반드시 고려해야 한다. 이런 왜곡된 해석 경향은 종종 다음 항목(k)의 경향성과 공생한다.

k. 현재 이스라엘의 상태가 성경적 예언의 성취라고 "성경적"으로 증명하려는 시도.

l. 전반적으로 컨텍스트와 해석학에 충분한 주의를 기울이지 못한 해석적 경향성.

앞에서 언급한 해석의 오류 중 많은 부분이 "보수주의" 기독교의 특징을 이룬다는 점은 슬픈 현실이다. 이런 현상을 목도한 "자유주의적" 기독교는 다른 하위문화와 연관을 맺음으로써(물론 보수주의가 겪는 갈등과는 다른 종류이긴 하지만 그들도 혼동과 오류에 직면한다), 보수주의에 확고하게 대립하는 입장으로 스스로를 규정짓는다("성경을 근본주의자로부터 해방시켜라" 등등의 슬로건을 상기해보라).

"좌파"의 잘못된 해석들

우파의 목록과 균형을 이루기라도 하듯, "좌파"로 불리는 진영에서도 잘못된 해석들이 다수 발생하고 있다.

a. 텍스트에 대해 "객관적" 혹은 "중립적" 해석에 도달했다는 주장(대표적인 모더니즘적 견해).

b. 근대 역사와 과학이 성경의 오류를 "증명했다"거나, 성경의 핵심 주장 중 몇 개는 쓸모없거나 바람직하지 못하거나 믿기 어려운 것임을 밝혀냈다는 주장.

c. "문화 상대주의적" 논증("성경은 다른 문화에서 온 케케묵은 책이야. 그러니 현대를 사는 우리로서는 이 책을 심각하게 받아들일 수 없는 것이 당연하지").

d. 이성주의 관점에서의 역사 재서술(rewriting). 이런 역사 서술 방식은, 계몽주의가 증명하려 시도했으나 실패한 바 있는 가정들을(예를 들어 예수님 이야기의 어떤 부분들은 실제로 "발생했을 수가 없다"는 주장들을) 확고부동한 전제로 믿어버린다.

e. 계몽주의가 고안한 것으로 의심되는 일반화된 "원리"(예를 들어 "관용"이나 소외 계층에 대한 "포용성" 같은 미덕의 강조)에 호소하여, 구체적이고 자주 반복되는 성경적 가르침을 상대화하려는 시도. 다음 예들에 주목하자. 예수님이 삭개오의 집으로 식사하러 들어갔을 때(눅 19:1-10) 사람들은 그분의 포용성에 충격을 받았다. 하지

만 예수님은 삭개오의 과오를 관용하기만 한 것이 아니었고, 결과적으로 이 세리는 변화되었다. 또 다른 예는 간음한 여인에 대한 예수님의 태도다. 그분은 범죄를 저지르다 붙잡힌 여자에 대해 "포용성"을 보이며 독선적 비판자들의 불의함을 들추어낸 후, 여인에게는 다시는 죄를 짓지 말라고 당부하셨다(요 8:1-11).

f. 일정 주제에 대한 성경의 가르침을 무효로 만들기 위해, 다른 주제들에 대한 성경의 메시지를 지나치게 단순화거나 우스꽝스럽게 제시하는 해석. 예를 들어 반복되는 단언에도 불구하고 신약성경은 어떤 특정한 상황에서의 이혼을 **인정**하며, 또 여자에게 사도, 집사, 예배 리더의 역할을 **허락**한다. (앞에서도 언급했듯) 성경은 노예 제도를 인간화하기 위해, 또 거기에 도전하기 위해 **최선을 다한다**.

g. "정치적 의미"는 인정하되 "종교적 의미"는 배제하는 해석. 종종 자유주의적 좌파들은, 종교적 해석에서 뿜어져 나오는 강력한 영적인 힘 없이는 정치적 의미는 단순한 슬로건 이상의 결과를 가져오기 힘들다는 점, 그리고 무력한 슬로건을 내세운 운동 또한 신실한 자들이 스스로의 도덕적 통찰력과 우월감을 의식함으로써 거짓 안도감을 맛보는 기회가 될 뿐("주여, 내가 저런 비정치적 경건주의자들과 같지 않음에 대해 주께 감사드리나이다") 세상 가운데 실질적 변화를 일으키지 못함을 망각한다.

h. 신약이 구약을 대단히 무작위적이고 부당한 방식으로 이용하고 적용한다는 주장. 그러면서 동시에 우리도 똑같이 무작위적 방식으로 신약을 이용할 수 있고 또 그렇게 해야 한다는 결론을 도출

하기도 한다(앞에서도 같은 사항을 언급했으니 참조하라). 증거로 제시되는 표준적인 예로는 마태복음의 호세아서 사용(마 2:15)과 바울의 "씨" 모티프 사용(갈 3:16)이 있다. 사실 이 두 구절은 모두 예수님과 이스라엘 사이의 연관성에 의미의 뿌리를 두고 있지만, 모더니즘 시대의 많은 개신교 학자들은 이러한 점에 전혀 주목하지 않았다. 하지만 신약의 구약적 주제 사용과 구약 이야기 사용을 깊이 연구한 오늘날 학자들 사이에서는 상식으로 통하는 내용이다.

i. 신약 저자들에게는 자신이 "성경"을 기록하고 있다는 의식이 없었으므로, 우리가 그들의 글을 "성경"으로 취급하는 것은 오히려 왜곡이라는 주장(제4장 91-93쪽을 참조하라).

j. 교회가 정경을 확립하는 데 오랜 시간이 걸렸음을 지적함으로써(정경 결정을 위한 논쟁에는 정치적 요소 같은 비신학적 요소들도 끼어들었음을 강조한다) 정경의 신뢰성을 손상시키는 한편, 비기독교적 세계관을 분명히 드러내는 다른 책들(예를 들어 "도마복음")에 특별한 지위를 부여하는 입장. 역설적으로, 비정경적 텍스트를 선호하는 이런 경향성은 비정경 문서들이 기독교 역사에서 상당히 일찍 작성된 것임을 주장하는 신실증주의적(neo-positivistic) 주장과 쉽게 결합된다(제5장 110-114쪽을 보라).

k. 피상적인 "상황적 해석." 이들은 "상황" 혹은 "컨텍스트"라는 마술적 단어를 읊어대기만 하면 텍스트의 의미와 관련성으로부터 우리가 멀리 떨어질 수 있다는 듯 믿는다.

l. "진리"를 한편으로는 "과학적" 진술로 축소하고, 다른 한편으로는

모두 해체하고자 하는 시도.

안타깝게도 이러한 목록의 많은 지점이 이른바 "자유주의적" 성경 해석의 상당 부분을 특징짓는다. 서구의 주류 교회와 신학교들은 이 모든 요소가 근대 학문의 성과이며, 여기에 도전하는 것은 반지성적 전근대로의 회귀라고 주장하며 또 그렇게 가르치고 있다. 이런 계몽주의에의 경도 속에서 여기 도전하는 사람은 모두 지위와 신뢰도는 물론이고 때로 직장까지 잃을 위험에 처하게 된다. 더 심각한 것은 이런 지적 분위기가 성경이 무엇인지, 성경이 무엇을 가르치는지에 대한 무지함을 낳는 산실로 기능한다는 점이다. 계몽주의의 무비판적 독선은 성경을 진지하고 성숙하게, 참으로 기독교적 방식으로 사용하는 방법을 배우지 못하게 한다. 그리고 이런 현상을 목도한 "보수주의적" 그리스도인들은 상이한 문화적·사회적 요인들과 손을 잡고(잘한 일이라고도 할 수 있지만, 당연히 이들도 갈등을 겪는다), 스스로를 자유주의에 대한 확고한 반대 입장으로 규정한다.

북미에서 벌어진 논쟁의 양극화 현상은 새로운 생명의 하나님 나라 중심적인 성경 주해, 동시에 역사에 근거한 성경 주해에 대한 갈등을 불러일으킨다

최근 북미에서 나타나는 논쟁의 양극화 현상은 바로 이런 뿌리—문화적으로 이미 규정된 "성경 전쟁"—로부터 생겨났다. 성경에 대한 모든 해석은, 다수의 가능한 해석들 중 하나일 뿐이며, 따라서 어떤 해석도 다른 해석만큼이나 옳다는 식의 주장 또한 같은 맥락에서 나온다고 할 수 있다. 물론 이것은 전형적으로 포스트모던 견해의 변종이다. 포스트모더니즘적 입장의 전형에 따르면, 텍스트는 존재하지 않고 오로지 해석만이 존재한다. 왜냐하면 한 독자가 텍스트를 읽는 순간 그 텍스트는 (읽는 주체가 가진 가치관과 편견, 문화적 특수성과 권력에의 의지 등등의 변수에 따라) "변하게" 되며, 동일한 텍스트를 다른 독자가 읽는다면 그것은 또 다른 방식으로 "변하기" 때문이다(보는 행위 자체가 대상을 변화시킨다는 하이젠베르크의 불확정성 원리가 여기에도 적용된다).

이런 입장에 오류가 있음은 증명될 수 있다. 나를 포함한 많은 사람들의 시도처럼, "비판적 실재론"적 해석이 포스트모더니즘의 비판을 충분히 수용하면서도 여전히 진정한 역사적 이해에 대해 정당한 근거를 제시할 수 있음도 증명될 수 있다. 『신약성경과 하나님의 백성』의 둘째 장에서 내가 상세히 설명하고자 했던 것이 바로 이 주제였다. 우리가 할 일은 제기되는 문제를 깊은 관심을

가지고 이해하고, 그 문제를 헤쳐나가서 해답에 도달하는 것이지, 마치 문제들이 존재하지도 않는 듯 기존 주장만 되풀이하거나 아니면 그 도전에 맞부딪히기도 전에 항복부터 하는 것이 아니다.

포스트모던 시대에도 여전히 참된 학문은 적합한 도구가 되어, 성경 저자가 의도한 정확한 의미가 무엇인지 발견하도록 도울 수 있다. 진실로 과거에 대한 지식을 얻는 일은 가능하다. 물론 인간인 우리는 모든 것을 우리의 불완전한 눈을 통해 보며, 그 눈은 문화적 영향의 한가운데에 있어서 어떤 것은 보게 하고 또 어떤 것들은 보지 못하게 만드는 것이 사실이다. 하지만 그럼에도 불구하고 우리의 눈이 무언가를 본다는 진실 자체는 명백하지 않은가? 만약 우리가 우리와 다른 관점을 취하는 타인들과 성실한 태도로 계속해서 대화를 해나간다고 가정할 때 무슨 결과에 이를 것인지에 대해서는, 다만 이론적인 차원에서뿐 아니라 실제적인 차원에서도 정확한 추측이 가능하다. 같은 논리로, 비록 고대 문헌이 우리 현대인과는 아주 다른 관점에서 기록된 텍스트라 해도, 만약 그 텍스트의 독자인 우리가 과거 저자와 지속적이고도 정직한 대화를 시도한다면, 그 결과 다른 종류의 해석들에 비해 역사적인 측면에서는 더 나은 해석이 나올 것임은 명약관화한 사실이다. [한 가지 예를 들어보자. 마가복음을 알코올 중독에서 벗어나는 방법에 관한 책으로 보는 해석과(진짜 이런 해석이 있다!), 같은 텍스트를 예수님 당시 유대와 로마의 권력 다툼의 컨텍스트에 새롭게 비추어 해석하여, 오늘날 세상의 종교와 제국을 이해하고 여기에 복음으로 대항하고

자 하는 해석적 접근이 있을 때, 어느 쪽이 텍스트의 중심에 훨씬 더 가까이 다가가고 있는지 판단하는 것이 그렇게 불가능한 일일까? 이런 건전한 판단을 가능하게 하는 진지한, 주관적이지만은 않은 방법들이 존재한다.] 진정한 역사는 가능하다. 진정한 역사학자들은 항상 이 일을 해왔고, 지금도 하고 있다. 역사학 저술의 정전이 제공하는 엄격한 기준을 준수하는, 참되고 신선하며 역사적인 성경 해석들로부터 지금도 새롭고도 참신한 통찰력이 흘러나올 수 있는 것이다.

이렇게 주장한다고 해서 누구누구의 항변처럼 계몽주의의 이데올로기에 항복하는 것은 전혀 아니다. 어떤 특정한 시대를 살았던 건축가들이 모두 부적절한 디자인과 재료로 건물을 지었다고 해서, 후대의 우리가 건축 자체를 포기하고 텐트 생활을 해야 하는 것은 아니지 않은가? 역사를 "과거에 발생한 사건들"과 "과거에 발생한 사건들에 대한 우리의 연구"라는 두 가지 요소로 볼 때, 이 영역은 적절한 도구를 사용하여 조사되어야 할, 하나님 세상의 일부분이다. 진정한 역사는 진정한 신학과 통합되어야 하며, 진정한 신학은 (하나님이 인간의 몸이 되셨다는 성육신 개념이 인간 역사의 고귀함을 극적으로 보여주기 때문에) 역사학자들의 임무 안에 존재하는 타당성과 긴박성을 더욱 강조하며 재촉할 것이다. 이런 허락된 수단을 통해 우리는 현재의 이데올로기적 논쟁을 헤치고 나아가야 한다. 궁극적인 문제 해결은 요원해 보일지언정 지금보다 명쾌한 상태에 도달하리라는 소망 정도는 가질 수 있으리라. 또한 그렇게 할 때 우리는 성경의 권위 아래서 산다고까지는 못해도 최소한 성경에 따라 살고 있음은 주장할 수 있을 것이다. 다행스러운 것은 지금까지의 분석에서 지적했듯, 모더니즘과 포스트모더니즘 사이의 양극화 현상은, 성경과 기독교 전통과 이성이라는 잣대로 평가했을 때 함량 미달로 판명날 것이라는 점이다. 하지만 양극단의 잘못된 해석들에 대한 치료와 포스트모더니즘의 비판으로부터 빠져나올 방법의 모색은 긴급하면서도 어려운 도전이다. 바로 이 치료책을 찾는 것이 이 책의 마지막 부분의 주제다.

제 8 장

어떻게 제자리로 돌아올 것인가?

성경의 권위에 대한 "통합적" 견해의 필요성

우리에겐 "성경의 권위"라는 밀도 있고 복잡한 표현에 대한 "통합적"인 견해가 시급히 필요하다. 이러한 통합적인 견해는 변화를 일으키는 주체로서의 성령의 역할을 강조하는 강력한 것이어야 한다. 또한 그 비전의 중심에는 하나님 나라, 즉 예수님에 의해 하늘에서 이루어진 것같이 땅에서도 이루어지기 시작한 왕국인 동시에, 동일한 계획하에 언젠가 완성될 하나님 나라가 궁극 목표로서 자리 잡고 있어야 한다. 그렇다면 교회의 위치는 어디일까? 물론 앞에서 묘사한 하나님 나라의 이미지에서 교회는 가장 중심부에 위치해야 할 뿐 아니라 다음 네 가지 요소를 특징으로 구비해야 한다. 즉 기도 가운데서 성경에 귀 기울이는 것, 성경과 힘껏 씨름하는 것, 성경에 겸손하게 순복하는 것, 성경을 강력하게 선포하는 것이 그 네 가지 요소이다. 교회가 권위를 부여한 지도자들의 사역에서 드러나야 할 것은 바로 이 요소들인 것이다. 현재 우리가 다다른 이 장에서는 이 주제에 대한 나의 제안을 언급할 것이다.

하나님, 성경, 교회의 사명

지금까지의 전체적 논의는 다음과 같은 주요한 결론을 이끌어낸다. 즉 "성경의 권위"라는 압축된 개념이 담고 있는 의미를 풀어서 설명하면 우주 전체에 대한 하나님의 전능한 구원 계획의 그림이 나온다. 이 구원의 계획은 예수님에 의해 극적으로 시작되었으며, **성경을 읽는 공동체**로 정의되는 집단인 교회가 성령의 이끌림에 순종하는 삶을 사는 것으로 실현될 수 있다. 바로 앞 문장에 나오는 "읽다"라는 단어는 그 자체로 압축된 개념으로서, 우리가 앞으로 다루게 될 다층적 작업들의 복합체 전체를 가리키게 될 것이다. 어쨌거나 여기서 내가 강조하고 싶은 점은, 교회의 형태와 내적인 삶이 어떠해야 하는지를 발견하기 위해서는 우선 교회의 사명이 무엇인지 살펴보아야 한다는 것이다. 또한 교회의 사명이 무엇인지 발견하기 위해서는 그보다 앞서 있는, 세상 전체를 향한 하나님의 목적을 알아야 한다. 창세기 1-2장과 12장, 이사야 40-55장, 로마서 8장, 고린도전서 15장, 에베소서 1장, 요한계시록 21-22장과 같은 성경의 텍스트가 바로 이러한 전 우주를 향한 하나님의 궁극 목적을 표현한 본문이다. 이런 성경 구절을 읽을 때는 우리의 목적을 다시 상기하는 것이 바람직하다. 즉 성경을 읽는 목적은, 우리가 이미 맡은 배역을 실현하며 참가하고 있는 이 이야기를 새롭게 기억하고 이해하기 위해서이다. 더불어 이 이야기 자체가 어떤 근원에서부터 왔으며 어디를 향해 가고 있는지, 그래서 그 목적지에 비추어보았을 때 우리는 과연 어떤 역할을 해야 하는지에 대한 일깨움을 얻기 위해서이기도 하다.

방금 전 내가 한 말의 가장 중요한 함의는 무엇일까? 이 말은 교회가 세상에 나가 복음을 위해 일할 때 비로소 "성경의 권위"가 가장 충실하게 발휘된다는 의미이다. 교회가 세상을 향해 들고 갈 기쁜 소식이란 바로, 살아 있는 하나님이 예수 그리스도 안에서 악의 세력을 쳐부수고 새 창조의 일을 시작하셨다는 선언이다. 신문이나 최신의 정치 전략이 아니라 성경을 손과 머리와 가슴에 지니고 나아갈 때 비로소 교회는, 카이사르가 아니라 예수님이 주(主)시라는 자신감을 가지고 세상에서 일할 수 있게 된다. 성경이 내세우는 지혜에 의하면(골 4:5-6; 벧전 3:15), 이 과업을 성취하기 위해서는 단순히 성경의 내용을 들려주는 것만으로는 충분하지 않다. 성령의 능력과 지혜 안에서 우리는 복음의 절대 우위를, 또 그것이 어떻게 작용하여 견고한 진을 무너뜨리는지를(고후 10:3-6) 충분히 이해해야 한다. 그럼으로써 하나님이 세상에 대해 던지는 도전, 즉 세상을 너무나 사랑한 나머지 어리석음과 억압과 악으로부터 세상을 구원하기를 갈망하는 하나님의 도전이 무엇인지, 구체적인 상황과 배경을 함께 다루면서 분명하게 말할 수 있어야 한다. 따라서 성경의 권위는 교회의 사상과 정신을 형성하고 우리의 결의를 다지는 데서 가장 효과적으로 드러난다. 이를 통해 우리는 예수님의 부활이 세상 가운데 힘을 발휘하도록 일하게 되고, 그리하여 하나님이 모든 것을 새롭게 하시는 그날, 정의와 기쁨과 평화가 승리하는 그날을 소망할 수 있게 된다(엡 1:3-23).

이러한 전체 그림에서 보면 성경은 복음이 개개인에게 도전하는 데 구체적 역할을 담당함을 알 수 있다. 복음은 신자로 하여금 개인적 신앙에 이르게 하며, 신약이 자주 언급하는 것과 같은 근본적 변화에 다다르게 한다. 바로 위에서 언급한 하나님의 도전이 좀더 좁은 영역에서 개인화된 형태로 나타난다고도 할 수 있다. 하나님은 모든 남자와 여자, 노인과 아이를 부르신다. 그러고는 그들 한 사람 한 사람으로 하여금 십자가에서 죽고 부활하신 예수님을 주님으로 믿는 믿음 앞에 복종하게 만들고, 나아가서 세례를 통해 예수님의 몸에 속한 지체가 되게 하며 그럼으로써 최종적으로 완성될 새 창조세계를 기대하게 하는 살아 있는 예시가 되게 한다(갈 6:15; 고후 5:17). 이 궁극적 목적이 이루어지기 위해서는 복음의 메시지 안에서 역사하는 하나님의 능력이 규칙적으로 발휘되어야 하는데, 이 진정한 하나님의 능력은 이미 보았듯 성령의 능력과 기록되고 선포된 하나님의 말씀이 결합될 때만 가능한 것이다. 기독교 선교의 역사를 통틀어 이런 역할을 한 것이 바로 성경의 말씀이었다. 성경을 읽고 설교하고 설명하고 적용함으로써 모든 일이 진행됐다. "성경의 권위"는 특히 한 권의 성경을 통해 하나님이 역사하심을 가리킨다. 즉 성경을 통해 예수님을 계시하고, 삶을 변화시키는 능력으로 각 신자의 마음과 생각 속에 말씀하며, 성령의 치유하는 사랑 안에서 변화시키는 하나님의 역사하심 말이다. 이러한 선한 일들이 "사막의 섬"과 같은 상황 속에 처한 개인이 홀로 성경을 읽는 가운데 발생할 수도 있겠지만, 그보다는 하나님의 백성의 수고를 통해 그분의 몸 안에서 일어나는 것이 보통이다. 성경을 번역하고 출판한 사람들로부터 시작해서 (사막의 섬에서 읽는다 하더라도 이와 같은 이들에게 의존한 결과다!), 사도행전 8장의 빌립이 에티오피아 내시에게 했던 것처럼 성경을 이해하고 삶에 적용할 수 있도록 도와주는 이들에 이르기까지 수많은 신자들의 다양한 수고가 필요하다.

따라서 "성경의 권위"는 우주적이고 정치적인 차원에서부터 개인적인 차원에 이르기까지 모든 차원에서 하나님 나라가 성취된다는 목적의 맥락에서 이해되어야 한다. 이렇게 성경이 모든 것을 포괄하는 권위를 가졌음을 인정할 때에야 비로소 우리는 "성경의 권위"가 교회 생활을 재정비하여 교회로 하여금 하나님의 선교의 주체가 되도록 하는 그분의 역사인 동시에, 모든 그리스도인들로 하여금 삶의 모든 영역에 있어 하나님의 권위에 순복하라고 촉구하는 그분의 도전임을 발견할 수 있다.

이런 일이 어떻게 가능한지 탐구하기 위해서는, 먼저 전통과 이성이 지속적으로 어떤 지위를 차지하는지 살펴보아야 한다.

"전통"의 지위: 과거의 해석들과 대화하는 삶을 살기

앞에서 간단히 살펴본 것처럼 성경의 역할을 하나님이 교회에게 주신 세상에서의 사명이라는 맥락에서 이해한다면, 교회는 어떻게 스스로 삶의 질서를 세워야 할까? 성경의 권위(즉 성경을 통해 발휘되는 하나님의 권위)가 실천 안에서 발휘되며 나타나는 실제적 원리에 대해서는 곧 다룰 예정이다. 여기서는 먼저 전통의 역할에 대해 몇 가지 견해를 나누고자 한다.

전통에 주의를 기울인다는 말의 의미는, 교회가 과거로부터 어떻게 성경을 읽었으며 어떻게 성경을 따라 살았는지에 대해 주의 깊고 겸손하게, 하지만 무비판적인 태도는 지양하며 경청함을 뜻한다. 우리는 모든 성도의 교제(Communion of Saints)에 참여할 책임도 있지만 추앙받는 믿음의 선배들에게 최종적 권위를 부여하거나, 그들 자체를 성경에서 독립된, 성경을 "대체하는 근원"으로 만들면 안 될 책임도 있다. 설사 믿음의 선배들이 한목소리로 말할 때라도 우리는 그 말을 아주 신중하게 들어야 한다. 그들이 틀릴 가능성이 언제나 있으며, 때로는 정말 틀리기도 한다. 그렇다고 앞선 선배들의 말을 다 무시하는 것도 위험하다. 궁극적으로 교회사 연구는 세심한 성경 해석과 판이하게 다른 "주제"가 아니다. 교회사를 구분하는 각각의 시대를 살펴보면, 그 시대를 대표하는 모든 주요 인물들은 후대의 성경 해석에 자신만의 자취를 남겼음을 알 수 있다. 사실 교회사의 전환과 성경 해석의 전환이

긴밀히 연결되어 있음을 인식할 수 있어야만, 우리는 스스로 왜, 어떤 배경에서 이런저런 특정한 해석들을 "합당하고 자연스러운" 것으로 여기는지 이해할 수 있게 된다.

전통과 더불어 살며 전통에 비추어 성경을 읽는 과정이 시작된 것은 기독교 역사의 아주 초창기부터이다. 누군가가 "성경대로 그리스도께서 우리 죄를 위하여 죽으셨다"(고전 15:3)라고 말하자마자(눅 24장에 의하면 예수님 스스로도 비슷한 말씀을 했다) 이 말을 듣고 심사숙고한 자들은 이후부터는 새로운 기독교의 선포에 비추어 성경을 읽을 수밖에 없었던 것이다. 바울도 기독교 초창기에 생겨난 전통에 관해 언급했으며 그것을 전수하려고 노력했다(고전 11:23; 살전 4:1). 후대에 와서는 공식화된 "사도신경"을 비롯하여 저 위대한 4세기의 니케아 신조와 이 신조를 발전시킨 콘스탄티노플에서의 작업이, 어떻게 성경을 읽어야 하는지에 대한 얼개와 양식과 모델을 더 자세히 제시했다. 물론 니케아 신조조차 백 퍼센트 완벽하거나 적합한 모델이라고는 할 수 없다. 예를 들어 이 신조 안에는 복음서들이 중점적으로 다루고 있는 내용, 즉 예수님의 하나님 나라 선포와 개시라는 주제가 ("그의 나라는 끝이 없다"라는 단 한 문장을 제외하고) 전혀 언급되지 않는다. 그럼에도 불구하고 교회는 항상 이 신조를 기독교적 신념에 대한 풍부하고 다면적인 요약으로 여겨왔다. 성경과 씨름하는 과정에서 그리고 그리스도인으로서 하나님께 감사한 마음으로 순종하고자 애쓰는 과정에서 얻게 된 신념이, 이 신조 안에 잘 담겨 있다고 본 것이다.

최근의 교회사를 훑다 보면, 오늘날 그리스도인들이 자신이 어떤 전통(들)에 속하는지 인식하는 것이 얼마나 중요한지 절감하게 된다. 각 전통은 그것을 따르는 자들이 감사함으로 인정할 만한 좋은 것들을 많이 가지고 있다. 하지만 그 자체로 완벽한 전통이란 존재하지 않는다. 앞에서 논의했듯 스스로를 "성경적"이라고 과시하는 전통들조차도 말이다. 한 전통이 얼마나 가치 있는지, 또 얼마나 오류가 많은지를 평가하는 한 가지 방법은, 그 전통이 공적인 성경 읽기와 개인적 성경 공부에 있어서 성경의 특정 부분만을 골라서 해석하거나 주해적인 속임수를 쓰지 않고도 얼마만큼 합당한 것으로 받아들여지는가를 가늠하는 것이다. 또한 이 전통 안에는 적절한 역사적 주해 작업이(기독교 신앙 전체를 약화시키는 부적절한 회의주의적 혹은 상대주의적 역사 주해가 아닌) 계속해서 효력을 발휘하고 있어야 한다. 전통과 더불어 살 때 직면하게 되는 도전은, 로마 가톨릭의 공식적 입장 표명이 말하는 바처럼 전통과 성경이라는 두 개의 흐름을 하나로 합류시키는 일이 아니다. 전통은 전통으로서 존재하도록 내버려두어야 한다. 다시 말해 전통이란, 교회가 성경과 씨름하는 가운데 어떤 때는 틀리기도 하고 또 어떤 때는 바르고 훌륭한 깨달음에 도달하기도 하면서 말하고 있는, 교회의 인간적 음성으로 간주해야 한다. 바로 이런 교회 전통의 인간적인 측면 때문에 각 세대는 자기만의 새로운 도전에 직면하게 된다. 전통은 우리가 어디서부터 왔는지를 보여준다. 하지만 앞으로 우리가 마땅히 가야 할 방향을 알기 위해서는 전통보다는 성경이 더 좋은 안내자이다.

“이성”의 지위: 컨텍스트, 의미, 모든 종류의 광범위한 지식에 주의를 기울이기

“이성”의 역할은 자의적이거나 변덕스러운 텍스트 해석을 배제하고, 텍스트의 어휘론적·컨텍스트적·역사적 차원에 적절한 주의를 기울이게 하는 것이다. 이성은 무절제한 공상적 텍스트 해석(예를 들어 최근 어떤 사이비 학자는 자신의 저술 속에서, 예수님이 이집트인이었으며 프리메이슨 회원이었다는 주장을 아주 진지하게 피력했다)을 제지한다. 이성은 이치에 맞아야 할 필요성을 의미하기도 한다. 물론 무엇이 “이치에 맞는” 것인지 그리고 “누구의 이성”의 관점에서 이치에 맞아야 하는지에 관한 질문은 계속해서 논란이 되겠지만 말이다. 그렇다고 이 모든 문제와 논의들이 다 쓸데없는 것은 아니다. 앞의 문제 제기가 함축하는 바는, 우리는 마땅히 각자가 처해 있는 특수한 상황들과 그로 인해 생겨날 수밖에 없는 편견들에 주의를 기울여야 한다는 것이다. 바로 이런 이유 때문에 고함소리가 난무하는 말싸움보다는 대중적 논의와 토론이 절실하게 요구된다. 쟁점에 대한 논의의 대부분이, 대화가 시작되기도 전에 상대방의 주장을 무력화시키려는 수사학적 전략으로 먹칠되는 슬픈 현실을 통감해야 한다.

또 "이성"은 생물학과 고고학, 물리학과 천문학 등의 분야에서 이루어진 엄청난 발견들을 주의 깊게 살피고 또 환영함을 의미한다. 이 발견들이 하나님의 세상과 인간의 상태를 밝히는 데 큰 도움을 주기 때문이다. 물론 현대 과학의 성과에 개방적이라고 해서 무신론적이고 이성주의적인 과학의 압력에 굴복함을 의미하지는 않는다. 우리가 망각하지 말아야 할 점은, 과학은 단어 자체에서 이미 정의된 것처럼, 반복 가능한 것을 연구하는 학문인 반면 역사는 반복될 수 없는 것을 연구한다는 사실이다.

또한 별 생각 없이 "이성"과 "근대 과학의 결과물"이란 두 개념을 혼용하는 태도도 경계해야 한다. 이런 태도는 마치 시험관에서 찾아낸 결과물로부터 시작하여, 하나님과 하나님 나라에 대해 말할 수 있고 또 말해야 하는 내용까지 직선적으로 이어진 똑바른 길(일종의 자연신학)이 존재하는 듯 믿는 자세이다. 하지만 비유하자면 "이성"은 화성과 대위법의 법칙에 더 가깝다. 이성은 멜로디 자체를 직접 써내지는 못한다. 대신 멜로디가 더 강력한 의미를 발하도록, 그 멜로디를 감싸고 있는 언어적 환경을 만들어낸다.

하지만 "이성"은 성경과 전통을 대체할 수도 없고, 그것들로부터 독립된 근원이 될 수도 없다. 이성은 우리 자신의 목소리의 공허한 메아리라기보다, 성경과 전통에 귀 기울이는 데 필수불가결한 보조 장치이며 도구인 것이다. 또한 이성은 우리가 서로의 말을 경청할 수 있도록 하는 데 핵심적 도움을 준다. 예수 그리스도 안에서 알려진 바로 그 유일한 하나님이 이 세상을 창조했고 지금도 지탱하고 계시다는 것, 그리고 우리가 함께 사는 세상이 바로 그 세상임을 기억하게 하기 때문이다. 이성적 대화는 폭력과 혼돈의 대안으로, 하나님이 제시하신 삶의 일부이다. 아마도 이것이, 바울이 현 시대를 본받지 말고 마음을 새롭게 함으로 변화를 받으라고(롬 12:2), 그럼으로써 "이성과 사리에 맞는 찬양"(reasonable worship)을 드리라고 말하는 이유일 것이다. 이 모든 사항들이 다른 어떤 경우 못지않게, 성경을 논의하는 데 필수적인 요소들이다.

신약과 구약의 본질적이고도 신학적으로 일관된 차이를 인식하는 "다층적" 견해 세우기: 5막 모델

우리에게는 특히 성경에 대한 "다층적인"(multi-layered) 견해가 필요하다. 이는 앞에서 밝혀낸 초대 그리스도인들의 성경에 대한 생각과 일치한다(제4장 95-96쪽을 보라). 우리는 성경의 장르, 배경, 문학적 스타일 등의 핵심적 중요성을 인식할 뿐 아니라, 이런 요소들이 텍스트 해석에 끼치는 중대한 영향에 대해서도 잘 알아야 한다. 하지만 그것보다도 더 중요한 지점은, 구약과 신약 사이의 중대한 차이점이 무엇인지 또 이러한 차이가 왜 존재하는지, 이것이 의미하는 바는 무엇이고 의미하지 않는 바는 무엇인지 이해하는 것이다. 만약 이것이 무시되면 우리는 다시 한 번 결실 없는 논쟁에 직면하게 된다. 한 사람이 "성경에 의하면…" 하고 말할 때, 다른 사람은 "그래 그렇지, 그리고 성경에는 간음한 자는 돌로 쳐죽이라고, 또 두 종류의 실로 짠 옷은 입어서는 안 된다고도 쓰여 있지" 하고 비꼬며 맞받아치는 우스꽝스러운 사태가 생기는 것이다. 우리는 이러한 불필요한 장애물을 넘어서서 더 진지한 작업으로 나아가야 할 절실한 필요가 있다.

바로 여기가 나의 "5막 모델"(five-act model) 해석이 적용되는 부분이다(『신약성서와 하나님의 백성』 제5장을 보라). 『신약성서와 하나님의 백성』에서 자세히 논의했듯 성경 해석의 모델을 제시하는 것은 성경 자체다. 이 모델에 따르면 성경 전체의 드라마는 다섯 개의 막으로 이루어져 있는데, 그 각각은 창조, 타락, 이스라엘, 예수, 교회이다. 바로 이들이 성경 자체가 제시하는 하나님의 드라마의 다섯 단계들인 것이다. 우리는 이 5막으로 이루어진 드라마 중에서 우리의 위치가 어디인지, 각 막에 적절한 것이 무엇인지 알아야 한다.

일단은 이 "5막 모델"에 대해 다음 세 가지 보충 설명만 하고자 한다.

1. 어떤 사람들은 이 모델을 다르게 발전시켰다. 5막 모델은 하나의 방법론일 뿐이므로 이러한 수정의 가능성 자체는 환영한다. 하지만 일단 현재로서는 본래 모델을 고수할 것이다.
2. 요한계시록 마지막 부분에는 미래에 대한 신약적 비전인 최후의

장면이 어렴풋이 등장한다. 이것을 보며 기쁘게 인정할 수 있는 사실은, 이 최후의 광경은 새로운 드라마의 시작처럼 보인다는 것이다. 현재의 드라마가 멈추는 곳에서 다시 이야기가 시작되도록 설계된 드라마 말이다.

3. 많은 기독교 저자들이 강조한 것 이상으로 이 모델이 "타락"을 부각시키고 있음을 나는 기꺼이 인정한다. 어쨌든 여기서는 구체적으로 논증할 시간이 없으므로 다음 한 가지만 지적하겠다. 창세기 3장의 타락 이야기는 바울 서신뿐 아니라 신약성경 전체의 저변에 암묵적으로 깔려 있다. 비록 1세기 유대인들이 악의 근원에 대해 몇 개인가의 상당히 다른 견해로 나누어진 것은 사실이지만, 원래 선했던 창조세계가 망가졌다는 전체적 그림에는 모두들 동의했다. 틀림없이 초기 기독교 세계 전역에서도 이 같은 이해가 받아들여졌을 것이다.

5막 모델 같은 특정한 해석 방식을 받아들이든 받아들이지 않든 간에 지극히 중요한 사항이 하나 있다. 성경과 성경에 대한 우리의 관련성을 이해하기 위해서는, 성경 텍스트의 의미를 조명해 주는, 전체를 포괄하는 이야기에 비추어 읽어야 한다는 사실이다. 한편으로는 성경을 "시간을 초월한 진리"의 집합으로 추앙하면서, 다른 한편으로는 경건 생활을 굴러가게 하는 연료쯤으로 축소해서는 안 된다. 이런 이중적 태도는 구조적 차원에서 성경 자체에 지극히 불성실한 행위를 저지르는 것이다.

위에서 내가 제안한 해석적 틀에서 보면, 현재 우리는 다섯 번째 막, 즉 교회의 시대를 살고 있다. 교회라는 막은 부활절과 오순절과 함께 시작되었으며, 이 막의 첫 번째 장은 사도들의 시대인데 그때 헌장으로 채택된 문서는 신약성경이었다. 다섯 번째 막이 지향하는 목표와 의도하는 최후의 장면은 로마서 8장, 고린도전서 15장, 요한계시록 21-22장 같은 텍스트에 명확하게 묘사되어 있다. 이 5막이라는 해석 모델 전체가 가리키는 기본 요지가 있는데, 이는 "성경의 권위"가 어떻게 작용하는가에 대한 다층적 견해의 핵심이 된다. 그 요지는 다음과 같다. 즉 다섯 번째 막을 살아가는 그리스도인들은 지나간 네 개의 막들과 모호한 관계를 가지는데, 이는 마지막 때를 사는 사람들이 과거의 막들에 대해 불성실해서가 아니라 오히려 지나간 막들을 이야기의 한 부분으로서 존중하기 때문이다. 만약 셰익스피어의 『끝이 좋으면 모두 다 좋다』(*All's Well that Ends Well*)를 공연한다고 해보자. 다섯 번째 막에 등장한 배우가 그 막을 위해 쓰인 대사 대신, 그 이전 막의 대사만을 반복한다면 연극 전체가 엉망이 될 것이다. 이야기 속에서 우리는, 우리가 등장하는 **바로 그 순간**에 적합하게 행동해야 한다. 역설적이지만 우리가 맡은 순간에 충실함으로써 결과적으로 이전 막들과의 직접적 연관성이 유지되기 때문이다. (동시에 우리에게는 다른 내러티브, 완전히 다른 연극 속에 갑자기 뛰어들 자유도 없다.) 하지만 이러한 연속성은 동시에 불연속성도 암시한다. 왜냐하면 바로 그 순간에는 진정으로 새로운 것들, 즉 지금까지 한 번도 존재하지 않았던 일이 발생하여 전체를 질적으로 변화시킬 수도 있기 때문이다. 그렇기 때문에 우리는 과거에 흘러간 것들에 철저하게 충실해야 하며, 동시에 앞으로 올 것들에 대해 생동감 있게 열려 있어야 한다.

여기에 대해 몇 가지 예를 들어보자.

1. 우리가 에덴동산 같은 상황, 즉 악이 존재하지 않는 세상에 살고 있다고 가정해서는 안 된다. 그렇기 때문에 "지금 이대로의 상황"이라는 근거로부터 "마땅히 그래야만 하는 상태"를 직접 도출할 수는 없는 것이다. 원리적인 측면에서 보자면 "과거의 상황"(창 1-2장)으로부터 시작하여 마땅히 그래야 하는 상태를 도출할 수 있다. 하지만 이론의 영역에 있는 것을 실제로 옮기기는 어렵다. 왜냐하면 창세기 1-2장은 간략하고 상징적인 문학적 양식으로 기록되었기 때문에 타락 이전의 상태가 어떠했는지 구체적으로 알 수 없기 때문이고, 더 나아가서 하나님이 약속하신 구속은 과거 에덴으로의 회귀가 아니라 새 창조로의 나아감을 통해 실현될 것이기 때문이다. 새 창조에서는 단순히 옛것이 자신의 원래 옛 모습으로 돌아가는 것이 아니라 변화되고 새로운 모습으로 완성될 것이다.
2. 우리는 하나님의 구원과 구속이 전혀 작용하지 않는 세상을 살고 있다고도 가정할 수 없다. 따라서 우리가 인식하고 있는 악을 가리키면서, 이 악은 현재 세상에서 무소부재하고 전능하기 때문에 악에 대해 아무것도 할 수 없다고 주장해서는 안 된다.

3. 우리는 기원전 이스라엘에 속한 자들도 아니다. 그렇기 때문에(많은 예가 있지만 그중 한두 가지만 들면) 예루살렘 성전을 재건하거나 동물 제사를 드려서도 안 된다.
4. 우리는 예수님의 공생애 기간을 산 것도 아니다. 그렇기 때문에 복음을 이방인들에게는 전하지 말라는 임시적 금지 사항(마 10:5-6)이 우리에게는 적용되지 않는다. [이 금지가 부활 이후에 분명하게 철폐된 것을 보면(마 28:19) 이것이 임시적이었음을 확인할 수 있다.] 물론 모든 경우가 다 이렇게 간단하지는 않다. 유대 율법의 문제와 씨름했던 바울의 모습에서도 알 수 있듯, 어떤 문제는 정말 복잡하고 어렵다. 하지만 어떤 경우에도 해결의 실마리는 존재한다.

또는 이렇게도 설명할 수 있으리라. 창세기 1-2장을 읽을 때 우리는, 우리가 출연하는 다섯 번째 막이 속해 있는 바로 그 연극의 첫 번째 막을 읽듯 읽는다. 창세기 3-11장을 읽을 때도 여전히 우리가 머무르는 다섯 번째 막이 속해 있는 바로 그 연극의 두 번째 막을 읽듯이 읽는 것이다. 아브라함에서부터 메시아에 이르기까지 이스라엘 이야기 전체를 읽을 때는(바울이 갈 3장과 롬 4장에서 간략히 언급하듯), 우리는 이 역사를 동일한 연극의 세 번째 막으로 읽는다. 예수님의 이야기를 읽을 때 우리는, 결정적으로 중요한 클라이맥스인 네 번째 막에 맞닥뜨리게 된다. 이 네 번째 막은 우리가 실제로 등장하는 막은 아니지만(지금 우리는 팔레스타인에서 예수님을 따라다니고 있지는 않다. 예수님이 병 고치고 설교하고

버림받은 자들과 잔치하는 광경을 목도하거나, 마지막으로 예루살렘으로 돌아가려는 그분의 계획에 의아해하는 그런 상황에 실제로 있지는 않은 것이다), 현재 우리의 다섯 번째 막의 기초가 된다. 왜냐하면 우리가 등장하는 다섯 번째 막의 주된 임무 하나는, 예수님의 이야기를 이스라엘 이야기의 절정으로, 그리고 창조주가 자신이 만든 세상을 구원하는 이야기의 초점으로 선포하고 전파하는 것이기 때문이다. 바로 이런 이유로 예수님에 관한 스토리텔링으로서의 구전 전승과 정확히 그러한 내러티브 형식으로 정경 복음서가 기록된 사건은, 다섯 번째 막의 기틀을 마련한 가장 위대한 순간들 중 하나였던 것이다.

다섯 번째 막을 산다는 것은 앞의 모든 내용을 전제하는 것이며, 우리의 역할이 이 이야기가 최종 목적지를 향해 나아가도록 매개 역할을 하는 것임을 인식하는 것이다. 일단 최종 목적지에 도달하면 성전도 성례도, (감히 말하지만) 현재 우리가 아는 것 같은 기도도 없을 것이며(왜냐하면 모든 것이 하나님의 즉각적 임재와 사랑 속에 잠길 것이므로), 성경 또한 더 이상 읽을 필요가 없을 것이다. 성경이 무익한 것이어서가 아니라, 그때가 되면 이 책의 역할이 우리가 이미 도달한 목적지까지 안내하는 것이었음을 깨달을 것이기 때문이다. 바로 이것이 이 책의 마지막 부분에서 우리가 간략하게 일별할 주제이다.

이 내용이 의미하는 바는 무엇일까? 지금 우리는 최근 벌어지고 있는 논쟁 중 가장 중요한 주제를 건드리고 있다. 즉 우리가 신약과 맺는 관계는, 구약과 맺는 관계와 같지 않다는 점이다. 이렇게 주장하면서도 동시에 우리는, 구약이 "거룩한 성경"을 구성하는 중요하고 포기될 수 없는 일부라는 사실을 모든 헌신을 다해 변함없이 인정한다. 신약성경은 우리가 위치한 이 다섯 번째 막의 설립 헌장이라 할 수 있다. 사도들과 복음전도자들의 시대로부터 오늘에 이르기까지 하나님과 세상의 드라마는 막이 바뀌지 않은 채 계속되고 있다. 제5막 중에는, 우리 시대와 그 이전 구약 시대 사이에 발생했던 두 번의 커다란 막의 전환(제3막에서 제4막으로, 또 제4막에서 제5막으로)에 비견할 만한 일이 일어나지 않았던 것이다. 물론 신약의 저자들은 구약을 함부로 다루지 않았다(그랬다고 단언하는 사람들이 많긴 하지만). 하지만 신약 저자들이 구약에 대해 성실과 충성을 지켰다고 해서, 구약과 우리의 관계가 신약과 우리의 관계와 동일할 수는 없다.

스스로를 그리스도인으로 부르는 이상 우리는 예수님의 이야기를 이스라엘 이야기의 절정으로, 또한 우리의 이야기의 토대로 선포하는 데 온전히 헌신해야 한다. 우리는 스스로를 고린도 교회와 에베소 교회, 기타 다른 초대교회의 직접적 계승자로 인식하며, 성경 저자들이 그 교회에 한 말을 마치 우리에게 직접 한 것처럼 여기며 경청한다. 우리의 시대와 신약 시대 사이에는 오랜 시간 차이가 있다거나 엄청난 문화적 변화가 있어서, 신약의 글들과 우리는 상관이 없다거나 혹은 우리를 잘못 인도할 수 있다는 등 성경을 상대화해서는 안 된다. 신약을 여전히 끝나지 않고 열려 있는 막으로, 그리하여 앞으로도 지속될 연극의 다섯 번째 막으로 보는 태도와, 신약에 대체되거나 보충될 수 없는 텍스트로서의 절대적 권위를 부여하는 자세는 진정한 기독교 제자도의 핵심을 이룬다. 다섯 번째 막은 계속될 것이다. 하지만 이 막을 여는 첫 번째 장면은 양보될 수 없는 부분으로서, 이후 장면에 등장하는 다양한 즉흥 연기들의 적합성을 판단하는 기준으로서 계속해서 작용한다. 이것이 바로 교회가 성경의 권위 아래서 산다는 말의 의미이다. 내가 지금까지 계속 강조해온 더 나은 표현으로 하자면, 성경을 매개로 하는 하나님의 권위 아래 산다는 것의 의미라고 할 수 있다.

신약성경은 이야기가 끝나는 지점에 대한 어렴풋한 그림을 보여준다. 많은 찬송과 기도 속에 표현되듯 우리는 "천국으로 가는" 것이 아니라 새 창조 속으로 들어간다. 우리의 임무는 성령과 기도를 통해 한편으로는 다섯 번째 막의 기초를 놓는 사건과 이 막의 설립 헌장에 근거를 두고 다른 한편으로는 하나님 나라의 완전한 도래를 바라보며 그 사이에서 행할 연기 대본을 즉흥적으로 만들어내는 적절한 방법을 찾는 것이다. 일단 이 틀을 이해하고 나면 다른 것들은 알아서 제자리를 찾을 것이다.

"즉흥적으로 만들어낸다"는 개념이 중요한데, 때로 이 말은 쉽게 오해받는다. 즉흥 연주라는 것은 아무나 아무렇게나 연주해도 되는 그런 종류의 음악이 아니다. 음악가라면 누구나 이 사실에 동의할 것이다. 즉흥 연주를 하기 위해서는 우선 함께 연주하고 있는 우리 주위의 모든 소리를 훈련된 방식으로 세심하게 들어야 하며, 지금까지 곡의 앞부분에서 행해진 모든 연주 방식과 주제와 리듬과 하모니에 지속적인 주의를 기울여야 한다. 동시에 지금까지 연주된 음악 스타일에 충분히 순종하고 주위의 소리를 충분히 경청하면서도, 참신한 표현을 새롭게 탐구해야 한다. 우리가 발견해낸 새로운 표현들이 신약이 목표로 하는 궁극적 해결에 도달하는 데 어떻게든 도움이 된다면 말이다. 여기서 궁극적 해결이란 예수님의 부활을 통해 영광스럽게 예시된, 충만하고 완전한 새 창조를 의미한다. 이 세 가지 요소들, 즉 지금까지 연주된 음악과 현재 주위에 있는 다른 소리들, 그리고 새로운 하나님 나라에서 울려 퍼질 궁극적인 다중적 하모니가 제한 변수로 작용하여, 우리가 성경을 읽는 데나 성경의 복음을 선포하고 체험하는 데 어떤 방식으로 즉흥적이 될 수 있는지를 결정해줄 것이다. 모든 그리스도인과 모든 교회는 각자의 변주곡을 즉흥적으로 작곡해서 음악을 진행시킬 자유가 있다. 하지만 어떤 그리스도인이나 어떤 교회라도, 전체 음조에 맞지 않는 연주를 해서는 안 된다. 다시 연극의 비유로 돌아가자면, 모든 연기자와 그들이 속한 모든 유랑 극단은 그들만의 새로운 장면을 즉흥적으로 연출할 수 있다. 하지만 어떤 배우나 어떤 극단도 다른 연극의 장면을 표절하여 연출하거나, 아니면 연극의 결말이 다르게 끝나도록 즉흥 연출을 해서는 안 된다. 이 점을 이해할 때 비로소 우리는 성경의 권위 아래 건강하고 서로를 존중하는 삶을 살아갈 수 있을 것이다.

컨텍스트를 온전히 고려하며 성경 읽기

성경에 대한 우리의 이해와 성경에 기초한 우리의 "즉흥 연기"는 어떻게 개인으로서의 우리와 지역 교회와 더 넓은 차원의 교회 안에서 성령이 역사하도록 도움을 줄 수 있는가? 우리가 성경을 (a) 컨텍스트를 온전히 고려하면서 (b) 예배 의식에 기초하여 (c) 개인적 연구를 통해 (d) 적합한 학문의 도움을 통해 새로운 방식으로 (e) 교회가 승인한 지도자들의 가르침을 통해서 읽을 때 그렇게 할 수 있다.

지금부터 나는 성경의 권위, 즉 성경을 통해 발휘되는 하나님의 권위가 어떻게 하나님의 백성 가운데 본래 의도된 대로 역동적으로 작용하는지, 그래서 어떻게 선교 사명을 감당하도록 교회에 힘을 북돋우고 또 이 사명에 따라 교회 생활을 재정비하는지에 대해 적극적인 제안을 하고자 한다.

먼저 우리는 컨텍스트를 온전히 고려하며 성경을 읽는 데 전념해야 한다. 각각의 단어는 그 단어가 위치한 성경 구절 내에서 이해되어야 하고, 각각의 성경 구절은 그것을 담고 있는 장 안에서, 또한 각각의 장은 그것이 속한 책 안에서, 다시 각각의 책은 그 책이 쓰인 역사적·문화적·정경적 배경 속에서 이해되어야 한다. (물론 성경의 어떤 부분에는, 텍스트가 처한 역사적 상황과 완성된 정경 안에서 그 텍스트가 차지하고 있는 위치 사이에 긴장이 있을 수 있다. 그럴 경우에는 두 가지 요소 모두가 진지하게 고려되어야 한다.) 모든 성경은 문화적 상황의 영향을 받았다. 성경의 특정 부분에 대해 완전히 문화적 상황이 배제됐다고 여긴 나머지 이런 텍스트를 "일차적"이거나 "보편적"이라고 간주한다거나, 반대로 어떤 텍스트는 다분히 문화적 영향력 아래 있었기 때문에 맘 놓고 한쪽에 제쳐놓을 수 있다고 여기는 것 둘 다 순진한 발상이라고 할 수 있다. 예를 들어 예수님의 신성에 관한 교리는 문화적 영향 안에서 형성되었다. 바울의 언급대로 성육신은 "때가 차매"(갈 4:4) 일어난 사건이고, 이렇게 때가 찰 수 있었던 이유 중 하나는 당시에 이르러서야 주변 문화가 새로 발생할 예수님의 사건과 어우러질 수 있는 형태를 갖추었기 때문이다. 이신칭의의 교리 또한 문화적 영향을 받았다. 하나님의 정의, 유대 율법, 아브라함의 언약이라는 개념이 이미 익숙하게 정착된 세계 속에서만 이신칭의의 개념이 제대로 이해될 수 있었을 것이다. 따라서 우리는 아무리 익숙한 교리라 할지라도, 그것을 둘러싼 문화적 상황에 대해 가능한 한 충분하고 분명한 이해를 가지고 성경에 다가가야 한다.

이런 작업은 신나기도 하지만 엄청나게 광범위한 일이라고도 할 수 있다. 다행히 현재를 사는 우리는 과거 어느 때보다도 풍성한 도움을 받을 수 있다. 사실 너무 다양한 정보가 널려 있어서 초보자로서는 어디서부터 시작해야 할지 어리둥절할 정도다(그래서 책 말미의 부록에 몇몇 제안을 실어놓았다).

하지만 성경의 상황을 이해하는 것만으로는 충분하지 않다. 이미 많은 사람들이 지적했듯 성경 자체가 놓인 상황을 이해하는 것만큼 중요한 것은, 성경을 읽는 독자인 우리가 처한 상황이 어떤 것이지 이해하는 작업이다. 다시 말해, 처해 있는 특정한 상황 때문에 우리가 어떤 성경 텍스트를 더 부각시키게 되는지 또 어떤 부분들을 조용히 배제하는 경향이 있는지 분석하고 인정하는 작업이 필요하다. 이 주제에 대해서는 앞에서도 이미 논의했음을 기억하라. 바로 현재의 문화적 상황과 전통에 대해 살펴보았던 부분이다.

성경이 놓인 컨텍스트를 이해하는 동시에 성경의 독자인 우리의 컨텍스트를 면밀히 이해하는 것, 이렇게 컨텍스트를 온전히 이해하며 성경을 읽으려 하는 프로젝트는 절대 마무리될 수 없는 작업이다. 절대로 우리는 성경 텍스트가 담고 있는 상상할 수 없는 풍성함을 우리의 인간적 방식을 통해 다 측량할 수 없을 것이다. 바로 그런 이유에서 우리는 성경 언어 사전의 편찬과 고고학 및 새로운 통찰력을 선사하는 다양한 학문의 연구가 이루어낸 진보에 항상 감사하지 않을 수 없다. [그렇다고 몇몇 난해한 질문들에 대해 어떻게 해도 결코 해답에 도달할 수 없으리라는 의미는 아니다. 예를 들어 미래에 올 학문의 연마는 위에서 언급한 두 교리(예수님의 신성과 이신칭의)에 대해 의문을 품게 만드는 것이 아니라 오히려 더 깊은 이해에 도달하도록 도울 것이다.] 마찬가지로 우리 각자도, 개인적인 차원에서나 세계적인 차원에서 서로 너무도 다르며, 심지어 나 자신만 보더라도 몇 년 전 과거의 모습에 비해 너무도 달라진 것이 사실이다. 그렇기 때문에 우리는 늘 자신에 대한 이해들을 재평가하고, 이 생각들이 발전하는 것에 대해서와 새로운 통찰이 우리의 생각 속에 자리를 잡는 것에 대해서 기뻐하는 자세를 견지해야 한다.

컨텍스트에 비추어 적합한 해석을 한다는 것은, 정경 안에 있는 글들의 풍성한 다양성을 환영하고 이 다양성을 두드려 펴서 단색으로 획일화하려는 유혹을 물리치는 동시에, 상이한 강조점들이 하나로 모일 수 있게 하는 더 큰 전체적인 통일성을 추구하는 일이다. 성경의 부분에 집착하지 말고 전체를 바라보라는(누군가의 조언을 빌리자면 "성경을 포도주처럼 홀짝대지 말고 맥주를 들이키듯 읽으라"는) 권면은, 편협하고 삐뚤어진 시각이나 관점에 대해 필수적인 개선책이 될 수 있다. 하지만 잘못하면 이런 큰 틀의 사용은, 해석자가 열성적으로 지지하는 전체 그림에 잘 맞지 않는 부분들을 쉽게 외면할 수 있게 하는 구실이 될 수도 있다.

사실 컨텍스트를 충분히 고려하는 해석은, 텍스트와 독자가 지닌 충만한 인간성에 주의를 기울이는 성육신적 성경 해석이라 할 수 있다. 이런 해석에 도달하기 위해서는 성경의 "영감"과 성경을 읽는 교회 가운데 드러나는 성령의 능력이라는 신성이 새롭게 발견되기를 기도 가운데서 구해야 할 것이다. 너무도 자주, 예수님의 성육신을 둘러싼 오래된 갈등이 성경의 본질에 대한 논쟁 가운데 그대로 반영되곤 했다. "보수주의자들"은 예수님의 신성을 강조하고 "자유주의자들"이나 "급진주의자들"은 그분의 인간성을 강조하는 대조가 바로 그것이다. [성경과 예수님의 인격 사이에는 충분한 유사성이 존재하지 않는다는 것, 그리고 이 유사성에 의존할 때 심각한 문제가 발생함을 지적한 학자들이 이미 있었다. 내가 믿기로는 성경과 예수님의 인격을 완전히 동일한 정체성의 양면이 아니라, 유비(analogy)의 관계에 있는 것으로 받아들이는 견해가 도움이 될 것이다.] 진정한 정통 신앙은 이 두 가지를 다 필요로 하며, 양자를 올바른 상호 관계 속에서 이해한다.

예배 의식에 기초한 성경 읽기

교회가 성경 말씀을 듣는 일차적 상황은 공적 예배다. (개인적 성경 읽기에 대해서는 곧 언급할 예정이지만, 어쨌든 나는 공적 예배가 일차적 상황이라고 믿는다.) 공적 예배는 그 자체로 에스라가 이스라엘 백성 앞에서 율법서를 읽었던 사건, 예수님이 나사렛의 회당에서 이사야서를 읽었던 사건, 초대교회 교인들이 모인 가운데 바울의 편지가 낭독된 사건 등의 직접적 계승이다. 아무리 각자가 개인적·상황적·문화적으로 그리고 여타 다른 면에서 다르다 하더라도, 우리가 성경을 읽을 때만은 다른 모든 그리스도인들과 시간과 공간을 초월한 교제 가운데 같은 책을 읽는 것이다. 이 말이 함축하는 바는, 우리는 공적 성경 읽기가 적합하게 시행되도록 노력을 기울여야 하고 읽어야 할 성경 텍스트를 선택하는 적절한 규칙과 기준도 세워야 하며, 또한 말씀을 읽는 자들이 최대한의 효과를 얻을 수 있도록 훈련도 시켜야 함을 의미한다. 성경이 교회 내에서 역동적인 힘으로 작용하려면, 공적 성경 읽기가 이른바 "청각적 벽지"로 전락하도록 놔두어서는 안 된다. 공적 성경 읽기가 듣기 좋고 종교적 효과를 주는 배경음으로 웅얼거려질 뿐, 사람들의 생각은 다른 것으로 가득 채워지는 그런 슬픈 상황이 초래되지 않도록 노력하는 일은 지극히 중요하다고 할 수 있다.

공적 예배를 성경 읽기가 이루어지는 중요한 상황으로 보는 이러한 시각은 또한 다음과 같은 점을 시사한다. 즉 교회가 어떤 전통을 따르든지 간에 공적 예배의 중심은 성경 읽기가 되어야 한다는 것이다. 내가 속한 전통인 성공회에는 아침 기도와 저녁 기도라는 모임이 있는데, 이 모임을 구성하는 정기적인 순서는 "쇼윈도에 상품을 진열하듯" 수단과 방법을 가리지 않고 "성경을 진열"하는 것이다. 마치 잘 짜인 프로그램을 가진 전시회에서 예술 작품을 소개받듯, 신자들은 이 모임을 통해 성경을 다양한 방식으로 (기도와 음악과 사람들의 응답을 통해) 만날 수 있다. 이런 모임들은 우리로 하여금 성경을 더 잘 읽을 수 있도록, 성경의 가치를 충분히 깨닫도록 도와주며 구체적인 성경 말씀을 묵상할 기회도 제공한다. 공적인 성경 읽기의 목적은 사람들에게 성경 내용을 가르치는 데 국한되지 않는다. 비록 그러한 유익이 파생적 부산물로 발생할지라도 말이다. [이 맥락에서 "일과"(lesson)는 본래 단순히 "읽는다"는 의미였지 "가르친다"라는 뜻을 지니지 않았다. 하지만 현대에 오면 이 단어의 강조점은 잘못된 곳으로 옮겨진다.]

또 한 가지 지적할 것이 있다. 성경 읽기가 마땅히 차지해야 할 위치를 확보하는 공적 예배 속에서는, 하나님의 권위가 공동체의 사상과 삶을 지배하려는 현존하는 세상의 권세들에 대항해서, 특히 대중 매체라는 통로를 통해 그런 짓을 감행하려는 자들에 대항해서 직접적인 도전을 가하는 일이 벌어진다. 그렇다고는 하지만 성경 읽기의 주요 목적은 그것 자체가 예배 행위가 되어 하나님의 이야기, 능력, 지혜, 무엇보다도 하나님의 아들을 찬양하게 하는 것이다. 바로 이러한 예배를 통해 교회는 하나님의 형상으로 새롭게 되고 변화되어, 하나님의 지휘 아래 사명을 이루게 된다. 성경은 이러한 살아 있는 하나님이 그러한 일 가운데, 그리고 그 일을 위해서 자기 백성을 지휘하고 강화하는 데 사용하시는 기본적 수단인 것이다. 이 책 내내 주장했듯 바로 이러한 점이 "성경의 권위"라는 압축적 표현이 진정으로 의미하는 내용이다. 아침 기도와 저녁 기도의 전통적 순서 속에서 구약과 신약의 구절들을 하나씩 읽고 거기에 귀 기울이는 것은, 그렇게 함으로써 **구약과 신약이 말하는 전체 이야기가 선포되도록** 하는 것이었다. 선택된 신약과 구약의 짤막한 구절을 작은 창문 삼아, 성경 이야기가 그려내는 광대한 경치를 어렴풋이 내다보는 기회였던 것이다. 이런 풍부한 전통을 그저 일개 일과로 혹은 설교의 도입부 역할(때로는 30분 이상이나 지속되는 "예배 찬양"이 함께하는)을 하는 성경 읽기 정도로 축소하는 것은, 이미 이 전통을 훼손하거나 심지어 해체하는 행위이며, 잠재적으로는 그 상황 속에 있을 성경의 의미와 능력을 단순한 정보와 지시와 권고로 축소시키는 것이다. 마찬가지로 90초가량 성경을 읽은 다음 5-10분에 이르는 찬양으로 보충하는 것도(소위 "대성당 스타일" 예배에서 이렇게 한다) 마치 웅장하고 광채 나는 크리스털 글라스에 달랑 포도주 한 방울만 담겨 있는 듯한 인상을 준다. 글라스도 중요하지만, 와인이야말로 정말 중요한 것이다. 성경 구절을 선택하는 체계는(어떤 전통에서는 "성구집"으로 불린다) 평범한 그리스도인 예배자들이 최대한 **성경 전체**를, 특히 신약성경 전체를 정기적으로 대면할 수 있도록 정해져야 한다.

어떤 지역의 교회들은, 의심할 여지 없이 예배가 너무 길어지는 것을 막고자 하는 동기에서 성경 읽기 시간을 줄이려는 경향을 보여왔다. 동시에 이것을 변명삼아 익숙한 "청각적 벽지" 역할을 하기에 적합하지 않는 구절들, 즉 사람들에게 충격을 주어 정신을 차리게 만드는 성경 구절들을 공적 예배로부터 추방하기도 했다. 교회 내에서 많은 논쟁들이 심각한 방해를 만난 이유 중 일부도, 아마 교회의 토대가 되는 성경을 어떤 부분에서 한 구절, 다른 부분에서 한 장 하는 식으로 조용히 절단하고 누락해왔기 때문일 것이다. 특히 신약성경에서는 어떤 구절이나 문단도 빼놓아서는 안 된다. 우리에게는 그럴 권리도 구실도 없다. 우리가 감히 성경을 길들이려 해서는 안 된다. 왜냐하면 성경만이 우리의 근거가 되는 헌장이기 때문에, 우리에겐 이 책을 함부로 대할 자유가 없다.

설교는 교회가 생겨난 초기부터, 일차적으로는 성경을 설명하고 고찰하는 작업으로 여겨졌다. 그러므로 공적인 성경 읽기와 설교는 밀접한 관련이 있다. 앞에서 언급한 것을 반복하는 바이지만, 성경 읽기는 설교를 위해서라거나 성경을 설교하는 데는 오직 한 가지 방식만 있다는 의미는 아니다. 참으로 이 부분이 바로 우리가 속한 다섯 번째 막만이 지닌 특징이 드러나는 지점이다. 지금까지 이 책에서 내가 묘사해온 방식으로 성경을 읽을 때에만, 새로운 사상을 표현할 수 있는 온갖 기회들이 생겨나게 되고, 그러한 참신한 사상들이 과거에 들어왔던 구절들을 새롭게 조명해주는 동시에 그 구절들과 함께 조화롭게 울려 퍼지게 되며, 더 나아가 그 텍스트가 현재뿐 아니라 미래에 지닐 새로운 의미를 전달할 수 있다.

마지막으로 성만찬 때의 성경 읽기에 대해 간단히 언급하겠다. 이 예배 의식은 교회 생활과 증인됨, 예배에 있어 심장부를 차지하는 요소로서, 하나님의 사람들이 "주님이 오실 때까지 그분의 죽음을 선포하고자" 함께 엄숙히 모일 때마다 그들을 하나님의 백성으로 빚어내는 역할을 한다. 성만찬의 모든 의례 중에서도 성경 읽기는 거기에 참여한 각 개인의 인격 형성에 특별히 중요한 역할을 담당한다. 선포되는 성경 말씀은 하나님의 사람들, 곧 그분의 백성을 형성하고 성장시킨다. 엠마오로 가던 제자들에게 예수님이 풀어 설명하신 말씀이 그랬던 것처럼, 이들의 마음을 뜨겁게 하고 빵을 뜯는 가운데 눈을 열어 그분을 알게 한다.

개인적인 연구를 통한 성경 읽기

성경이 본래 의도된 대로 심오한 의미, 곧 삶을 변화시킬 뿐 아니라 하나님 나라를 확장하는 그런 의미를 나타내려면, 개인적인 차원에서든 공동체적 차원에서든 평범한 그리스도인들이 스스로 성경을 읽고 끊임없이 말씀과 대면하며 연구하는 것이 중요하다. 사실 디모데후서 3:16-17에 나온 성경에 대한 유명한 구절은, 성경의 영감에 대한 믿음을 고취하기 위해서라기보다 신자들로 하여금 스스로 성경을 연구하도록 독려할 목적으로 작성되었다. 서구적 개인주의의 영향으로 흔히 우리는 개인적 성경 읽기를 일차적인 것으로 중요시하고, 예배에서 듣는 공적 성경 읽기는 이차적으로 여기는데, 이는 전 교회가 전체로 나서서 이루어야 할 증거 행위를 계몽주의 정신에 의해 파편화하는 그릇된 경향이다. 그러므로 우리는 이 순서를 다시 뒤집어야 한다. 물론 개인적 성경 읽기의 중요성을 과소평가할 생각은 추호도 없다. 혼자 하든 다른 이들과 함께하든 우리 교회의 지속적인 부르심은, 성경 전체와 동시에 성경의 부분 부분이 말하고자 하는 바를 더 면밀하게 듣는 것이다. 참으로 성경을 통해 우리는 하나님을 우리의 생각(연구를 통해)과 마음(묵상을 통해)을 다해 사랑하는 일에 자라날 수 있다. 그리스도인 각자는 예배와 기도의 자리로 부르심을 받아 거기서 신선한 이해를 공급받고 새로운 질문들에 어리둥절해하기도 하며(그래서 더 연구하고 질문하도록 자극을 받으면서), 계속 진행 중인 하나님 나라 백성의 이야기 가운데 자신만의 역할을 해내도록 준비되어 세상을 향한 하나님의 사명에 참여하게 된다. 바로 이때 이 모든 단계에 도달하도록 설계된 복잡한 통로의 일부가 성경인 것이다. 성경의 권위가 매일마다 매주마다 평범한 그리스도인의 삶에서 실제적으로 발휘된다면 바로 이런 목표들이 실현된 모습으로 나타나게 된다.

앞의 내용에서 파생되는 중요한 사항이 하나 있다. 만약 성경을 연구하고 묵상하는 일이 그리스도인에게 부여된 특권이자 의무인 것이 사실이라면, 교회는 성경을 읽는 신자 개개인이 성경 텍스트에서 발견하는 내용에 더 많은 주의를 기울여야 한다는 것이다. 물론 개인적 해석들 전부가 중요한 새로운 통찰을 가져다주지는 않겠지만, 많은 경우 도움이 될 것이다. 그러므로 교회는 소그룹 등 다양한 수단을 통해 개인의 관점이 주목을 받도록 조건을 마련해야 한다. 그래야만 더 큰 차원의 공동체가 풍성해질 수 있으며, 너무 개성적이거나 명백히 잘못된 해석들도 친절하지만 적절한 방식으로 교정될 수 있다.

적합한 학문의 도움을 받아 새롭게 성경 읽기

성서학은 교회에 주신 하나님의 큰 선물이다. 이 학문은, 교회가 성경의 의미 속으로 깊숙이 들어가 성경에 의해 새롭게 되고 힘을 얻어 자신의 부르심, 즉 세상 안에서 그리고 세상을 위하여 행동하는 소명을 완수하도록 돕는다. 내가 속한 교회를 포함해 많은 교파의 교회들이 성경의 "문자적 의미"에 대한 종교개혁적 강조점을 그대로 유지해왔다. "모든 것을 다 글자 그대로 이해하라"는 의미에서가 아니라 제멋대로 흘러가는 사변에 빠지지 말고 "저자가 의도한 바를 발견하라"는 의미에서의 "문자적 의미" 말이다. 앞서도 지적한 바와 같이 "문자적" 의미는, 저자에 의해 의도된 본래 의미를 말한다. 따라서 비유의 "문자적 의미"를 확정하는 작업은, 그것을 실제로 발생한 사건을 다루는 일화가 아니라 비유라는 장르 자체로서 인정하는 과정을 포함한다. 성경의 원래 의미에 도달하는 것은 학자나 설교자, 평범한 성경 독자에게 동일하게 여전히 계속되는 과제다.

성서학은 자유롭게 다른 의미들을 탐구할 수 있어야 한다. 이는 대학에서 승진이나 종신 교수직을 얻기 위해 항상 새로운 이론을 연구해야 하는 학자들만이 짊어진 의무가 아니다. 성경 텍스트의 새로운 의미를 탐구하는 것은 교회에게도 필수불가결한 작업이다. 스스로 "성경적"이라고 자부하는 교회를 포함해 모든 교회는 성경의 새로운 이해와 해석에 열려 있어야 한다. 이것만이 교회가 유행의 바람에 따라 이리저리 흔들리는 것을 막는 유일한 방법이기 때문이다. 또한 자신만의 편견에 치우친 해석이나 왜곡된 전통에 붙들려 있으면서 스스로는 이것이 "성경이 말하는" 바에 정확하고 충실하다고 착각하는 것을 방지하는 유일한 방법이

기도 하다. 하지만 동시에 성서학은 시간과 공간을 초월해 존재하는 기독교 공동체에 충성해야 할 의무도 있다. 성서학의 목표가 다만 고색창연한 관점들을 조롱하는 데 있지 않고 교회를 섬기는 데 있다면, 마땅히 그래야 한다. 어떤 성서학자나 신학자가 유명하고 익숙한 주제에 대해 전혀 새로운 관점을 제시하고 싶어한다고 가정해보자. 마땅히 그는 더 큰 차원의 공동체에게 자신의 견해를 설명할 의무감을 느껴야 한다. 어떻게 자신이 제시하는 새로운 통찰이 교회의 사명과 삶을 위험에 빠뜨리지 않고 오히려 튼튼히 지지하는 데 기여할 것인지 보여주어야 하는 것이다.

아마도 위와 같은 주장은 다양한 반대 의견들을 촉발할 것이다. 그중 어떤 의견은 그 반대자들이 아직도 모더니즘적 사고방식 안에 살고 있으면서도 스스로 편견 없는 "중립적" 입장을 취한다는 착각에 빠져 있음을 드러내리라. 물론 교회에도 책임이 있다. 교회도 때때로 오류를 범했으며, 특정 형태의 단어나 표현 방식을 따르도록 학자들에게 강요했다. 사실 이런 단어나 표현 자체가 성경을 근거로 도전받아야 마땅함에도 불구하고 말이다. 진정한 기독교적 "신앙의 규범"은 학문을 억압하지 않는다. 학자들로 하여금 저 규범을 더 정확하고 간결하게 발언하도록 자극하는 경우는 있지만, 이런 시도는 그 자체로 가치 있는 작업이기도 하다. 하지만 누군가가 모든 규범으로부터 벗어나고자 자신이 가진 사상의 틀 전체를 버리게 되면, 머지않아 그는 어떤 구조도 없이 광야에 홀로 남겨진 자신을 발견할 것이다. 그리고는 당황한 나머지 다른 틀, 아마도 어떤 철학적 사상이나 기존의 사고방식을 취함으로써 자신이 버린 규정을 대체할 것이다. 마찬가지로 특정한 담론 공동체, 예를 들어 교회를 무시하며 교회가 전하는 사상 전체를 부정하는 자들은 논리상 불가피하게 다른 공동체, 아마도 최근 유행하는 이데올로기의 한 갈래에 충성을 다하게 마련인 것이다.

내 경험에 의하면 충성됨이란 특정 전통에서 관찰되는 것처럼 갈수록 더 협소해지고 더 조심스러워져 가는 언어로 표현된 교리적 진술을 가운데 두고 서로 원을 이루고 둘러싸는 그런 자기 방어적 행위를 의미하지 않는다. 성경은 그런 편협한 태도로는 다루어질 수 없을 만큼 충분히 큰 책이다. 그렇기에 교회도 충분히 크고 넓은 공동체가 되어, 학문의 소명을 받은 성서학자들과 여타 다른 영역의 전문가들과 신뢰 관계를 세워나가야 한다. 지나간 몇 세대 동안 이 신뢰 관계가 고통스러운 시련 속에서 위협을 받아온 것이 사실이다. 때로는 학문의 자유와 교회 공동체에 대한 충성 사이에 도사린 긴장이 견딜 수 없는 정도에 이르기도 했다. 어떤 학자들은 교회의 테두리에서 벗어나, 그리스도인 대부분이 소중히 간직해온 믿음의 내용을 조롱하는 듯한 이론을 소개하기도 했다. 그 반작용으로 이번에는 교회가 진지한 학문 연구의 결과로부터 등을 돌리고, 학문으로부터는 어떤 것도 받아들이지 않으려는 반지성적 태도를 보이기도 했다. 하지만 이제는 이러한 대치 관계를 끝내고, 교회가 세상의 포스트모더니즘에서 빌어와 재난을 초래했던 "의심의 해석학" 대신 신뢰의 해석학(이 자체로 복음의 표지가 아닐까?)을 다시 세워야 할 때다. 지금까지 내가 제시한 틀은 바로 이러한 목적, 즉 교회 생활이 지닌 여러 상호보완적 면들을 일치시키고 통합하는 데 도움을 주기 위해 설계되었다.

교회가 승인한 지도자들의 가르침을 통해 성경 읽기

마지막으로 교회가 승인한 지도자들이 성경 해석을 연구하고 가르치도록 장려하는 동시에 그들이 나름의 해석을 전달할 수 있는 구조를 교회 내에 마련해야 한다. (사실 "지도자"라는 단어는 적합한 단어가 아닌데, 거기에는 다양한 이유가 있다. 하지만 지금은 자세한 설명을 자제하고, 다만 이 단어가 엡 4:11과 그 외 다른 텍스트에 열거된 다양한 직분에 대한 요약임을 밝혀둔다.) 구체적으로 지도자란 누구를 가리키는가? 명백히 현실에서 이 단어는 서너 개의 다른 수준의 사역을 포괄한다. 예를 들어 주일 학교 담당자와 구역 모임 인도자를 두루 가리키는 용어인 것이다. 그러나 내가 속한 성공회 전통에서 지도자란 특히 주교를 의미한다. 아마도 우리 논의에서는 주교처럼 상당히 높은 수준의 지도자를 가리킴이 더 적절할 것이다.

교회 지도자가 성경 선생의 자질을 갖추어야 함은 당연한 일처럼도 여겨지지만, 오늘날 현실에서는 반드시 그래야 할 이유가 없다. 교단을 막론하고 많은 공식적 교회의 리더들이 관료적이고 행정적인 업무에 휩쓸린 나머지, 비록 설교도 하고 강의까지 하지만, 실제로는 신선하고 섬세하며 기도 가운데 행한 성경 연구의 결실을 교회에 제공하지 못하는 경우가 얼마나 빈번한가? 그들이 간신히 할 수 있는 일이란 오래전 연구했던 내용과 긴급한 상황에서 얻은 영감을 적당히 얼버무려 사용하는 것이다. 이런 상황의 문제점은 단순히 교회가 새로운 성경적 통찰을 놓치고 재활용된 닳아빠진 생각만을 접한다는 데 국한되지 않는다. 더 본질적인 위험은 교회 리더들 스스로 **"성경의 권위"가 실제적인 실천 속에서 무엇을 의미하는지** 망각하는 데 있다. 그리고 이런 사태가 발생하면 성경의 권위는 마땅히 그래야 하는 방식대로 발휘되지 못한다.

지금까지의 논증에서도 일관되게 나타났듯, 참으로 "성경의 권위"는 "성경을 통해 발휘되는 하나님의 권위"를 의미하는 압축적 개념이다. 또한 하나님의 권위란 단순히 교회를 통제하고 질서를 세우는 그분의 권리만을 의미하는 것이 아니라, 예수님과 성령 안에서 동시에 예수님과 성령을 통해 발휘되는, 따라서 하늘과 땅의 모든 것을 자신의 심판과 회복의 통치에 종속시키는 하나님의 주권적 능력인 것이다(엡 1장은 이 내용을 가장 장엄하게 묘사하고 있다). 다시 말해 만약 성경의 권위가 가리키는 진정한 의미를 자신의 가장 깊은 의식과 존재 속에서 실현하고자 한다면, 우리는 다음 사실을 받아들여야 한다. 즉 하나님은 성경을 통해 역사하시고(다시 말해 성경을 읽고 연구하고 가르치고 설교하는 사람들 가운데 역사하는 성령을 통해), 세상을 향한 교회의 사명에 활기와 힘을 주고 명령을 전달하시며, 이를 통해 만물이 그리스도 안에서 새롭게 되는 날을 전심으로 기다리게 하신다. 동시에 하나님은 동일한 수단을 사용해서 교회와 신도 개개인의 삶에 질서를 부여하며, 이들의 삶이 나타내는 조화와 거룩을 통해 그분의 새 창조의 프로젝트의 모델이 제시되고 구현되도록 하신다. 그러므로 교회의 지도자가 된다는 것은 단어 자체가 의미하듯, 그가 하는 일을 통해 교회의 사명이 이루어지고 그의 수고를 통해 교회가 성경의 능력을 얻고 성경이 제시하는 방향으로 나아가게 됨을 의미한다.

만약 교회의 직분이나 지도자로 부르심을 받은 자들이 교회 내부 일들을 조직하고 관리하는 것으로만 만족한다면, 그들은 활기차고 박동하는 생명력이 있어야 할 바로 그 장소를 진공 상태로 방치하는 것이다. 물론 기독교 지도자들도 관리와 단체 운영을 위해서 훈련받고 준비되어야 한다. 아마추어처럼 실수를 연발하며 일 처리를 하면서 자신의 무능력이 경건과 선의로 벌충되기를 소망하는 태도로는 교회가 성장할 수 없다. 경영의 영역이 이럴진대 기독교 지도자들의 성경 해석 능력은 훨씬 더 전문적이어야 하지 않을까? 성경을 통해 어떻게 우리 사회와 개인이 맞닥뜨리고 있는 커다란 이슈들을 설교와 가르침, 목회 사역 가운데 녹아들게 할 것인지를 분투하는 진지하고 열성적인 전문가가 되어야 하지 않겠는가? 만약 우리가 다른 영역에서는 전문적이면서도, 성경을 연구하고 거기서 얻은 새롭고 신선한 말씀을 다른 이들에게 전달하는 데 적합하게 훈련받지 못했다면, 이런 사실에 대해 상당히 부끄러워해야 마땅하다.

여전히 성경을 가르치고 설교하는 일은 성찬을 중심으로 한 성례적 삶과 더불어, 마치 씨실과 날실처럼 교차하며 교회 생활의 가장 핵심적인 부분을 이루고 있다. [이 책은 성례에 관한 것이 아니지만 혹시나 내가 성례는 제외한 채 성경이라는 말만 강조한다고 여기는 독자들에게는 『성찬이란 무엇인가』(*The Meal Jesus Gave Us*, IVP 역간)를 참조할 것을 권한다.] 설교에서 할 수 있는 말과 성례 의식 바깥의 가르침이나 성인 교육 등에서 할 말 사이의 균형은 교회마다 장소마다 다르다. 하지만 잘 개발된 교육 프로그램을 가졌다는 교회들조차 성경을 가르치는 데 아직 많이 부족하다고 해도 그리 지나친 말이 아닐 것이다. 성례를 "눈에 보이는 하나님의 말씀"이라고 했던 한 종교개혁자의 표현처럼, 설교 또한 "귀에 들리는 성례"가 되어야 함을 설교자들에게 상기시켜야 한다. 설교의 존재 목적은 단순한 정보 전달이 아니다. 물론 기본적인 성경적·신학적 지식에 대해서도 점점 무지해지고 있는 요즘 세상에서는 정보 전달 자체도 중요하긴 하지만 말이다. 설교는 그저 권고를 위한 것이 아니며, 오락을 위한 것은 더더욱 아니다. 설교 시간은 그리스도인의 일상생활에서 하늘과 땅이 만나는 접점의 순간이 되어야 한다. 말하는 자나 듣는 자 모두에게 똑같이, 성령의 역사하심을 통해 하나님의 말씀을 다시 한 번 귀로만이 아니라 마음으로 들을 수 있는 기회로 선사되어야 한다. 설교는 성경에 예속되어 성령을 통해 작용하는 하나님의 인격적 권위가 교회 생활에서 발휘되는 주요한 통로다.

"성경의 권위"의 역동적 의미를 탐구할 때 우리는, 교회 지도자의 "권위"가 교회의 **법적 체계**에 의해서만 부여되는 것이 아님을 새롭게 깨닫게 된다(교회 체계와 교회법이 나름대로 중요하긴 하지만 말이다). 사도와 마찬가지로 지도자의 권위는 일차적으로 **하나님의 말씀을 성령의 능력으로 선포**하는 데 있다. 지난 몇 세대 동안 서구 교회는 위험하게도 "권력의 분리"를 허용해왔다. 성경은 전문 학자들이 가르치고 교회는 성직자들이 운영한다는 식이다. 그래서 몇몇 예외적인 경우를 제외하고 성직자들은 점점 성경 자체에 대해서는 간접적이고 진부한 이해에만 의존하게 되었다[그렇다고 최신 학문이 항상 최상이란 의미는 아니다. 만약 더 많은 교회의 선생들이 라이트푸트(Lightfoot)와 웨스트코트(Westcott)가 쓴 저술의 가르침을 받았다면 지금 우리 상태는 훨씬 더 나았으리라]. 결과적으로 우리는 심하게 피폐해졌을 뿐 아니라 부지불식간 스며들어 온 관료주의에도 시달리게 되었다. 이런 현상은 교회 지도자들이 자기 본연의 임무에는 충실하지 못한 채, 기도 가운데 행하는 능력 있는 성경적 설교와 가르침과 목회 사역을 통해 행해야 할 것들을, 위원회와 서류 정리철과 법적 장치가 해결해줄 것으로 믿었기 때문이다. 얼마 전에 열린 성공회 성직자 안수식에서 올리버 오도노반은 다음과 같이 지적했다.

> 주교에게 법적 권력이 없는 것은 아니지만…어떠한 법적 권위보다 더 깊은 원천으로부터 나온 권위에 호소할 수 있어야 한다. 주교에게는 우리 가운데 계신 성령 하나님의 임재와 역사하심으로부터 직접 오는 권위가 필요하다.…이런 종류의 권위는 권위를 발휘하려는 시도들 중에서 가장 위험하지만 동시에 가장 위대한 것으로서 교회의 본질을 가장 잘 입증해준다.

만약 1-3세기 교회가 현대 서구 교회 안에 부지불식간에 생긴 기독교 지도자의 전형을 본다면, 아주 생소하게 여길 것이다. 이런 우리 시대의 전형은 지도자가 가져야 할 "사도적" 직분과도 어울리지 않는다. 물론 주교나 여타 다른 직분의 교회 지도자만이 유일한 선생인 것은 아니다. 하지만 여전히, 전임으로 헌신한 가운데 성경 연구와 교육에 있어 탁월한 전문성을 갖추는 것은 교회의 선생이 되기 위한 필수적 자원이다. 다양한 수준에서 전달되는 교회의 가르침 또한 지속되어야 한다. 하지만 만약 주교나 다른 교회 지도자가 성경을 가르칠 능력이 없거나 가르침을 통해 교회가 세상을 향한 사명 가운데로 나아가도록 이끌지 못하고, 교회의 내적 삶을 정돈하여 하나님이 원하시는 하나됨과 거룩함을 나타내지 못한다면, 우리가 지금까지 탐구했던 의미에서의 "성경의 권위"는 작용하지 않을 것이다. 오늘날 서구 교회가 겪고 있는 다양한 위기들—그리스도인 수와 자원의 감소, 도덕적 딜레마, 내적 분열, 신세대들에게 복음을 효과적으로 전하지 못하는 것—과 그 이상의 문제들은 우리로 하여금 기도하도록 자극해야 마땅하다. 다시 한 번 성경의 지휘권이 회복되기를, 선생과 설교자들이 성령의 능력으로 성경을 열어 교회에 사명 완수를 위한 방향과 능력을 주고 교회 안에 하나님에 대한 사랑을 회복시키도록, 그리하여 무엇보다도, 하나님의 말씀이 세상 가운데 역사해서 이사야의 비전처럼 드디어 죄의 냉혹한 결과가 제거되고 온전한 새 창조가 일어나기를 기도하자.

> 이는 비와 눈이 하늘로부터 내려서 그리로 되돌아가지 아니하고 땅을 적셔서 소출이 나게 하며 싹이 나게 하여 파종하는 자에게는 종자를 주며 먹는 자에게는 양식을 줌과 같이 내 입에서 나가는 말도 이와 같이 헛되이 내게로 되돌아오지 아니하고 나의 기뻐하는 뜻을 이루며 내가 보낸 일에 형통함이니라. 너희는 기쁨으로 나아가며 평안히 인도함을 받을 것이요 산들과 언덕들이 너희 앞에서 노래를 발하고 들의 모든 나무가 손뼉을 칠 것이며 잣나무는 가시나무를 대신하여 나며 화석류는 찔레를 대신하여 날 것이라. 이것이 여호와의 기념이 되며 영영한 표징이 되어 끊어지지 아니하리라(사 55:10-13).

제 9 장

사례 연구: 안식일

이론은 이론일 뿐이다. 지금부터는 이제까지 이론적으로 논의한 내용에 비추어 구체적인 이슈들을 재고해보도록 하자. 이 책에서 내가 선택한 주제는 안식일과 일부일처제다. 둘 다 과거에 상당한 논란의 대상이었으며, 최근에 와서도 "뜨거운" 관심의 스포트라이트에서 제외되지 않은 성경 주제이다. 이 주제의 선택에는 나의 의도가 반영되어 있다. 만약 내가 현재 우리 사회에서 전혀 존재감이 없는 주제를 골랐다면 의도된 결말로 나아가기 위해 일부러 그런 희귀한 주제를 다룬다는 인상을 줄 것이고, 결과적으로 내가 펴나갈 이론 자체가 왜곡되어 보일 것이기 때문이다. 이 장에서 전개하는 논의는, 안식일과 일부일처제라는 인기 있는 주제에 대한 지금까지의 연구가 너무 성경의 몇몇 구절을 단순하게 해석했음을 드러내고 거기에 이의를 제기하는 데 초점을 맞출 것이다. 또한 성경을 좀더 성숙한 방식으로 읽고 하나님의 권위를 드러내는 진정한 도구로 여기는 방법에 대한 책 전체의 요지를 예증할 것이다.

첫 번째 질문은 안식일에 관한 것이다. 안식일에 대한 성경적 증거는 놀랄 만하다. 안식일을 지키라는 구약성경의 명령은 확고하고 격정적이며 강제적이다. 이 강력한 하나님의 명령은 구약 시대 이스라엘을 형성한 가장 크고 중요한 두 개의 이야기에 뿌리를 두고 있는데, 바로 창조와 출애굽 사건이 그것이다. 안식일이 존재해야 하는 마땅한 이유는, 하나님이 창조 사역을 마치신 후 일곱째 날에 쉬셨기 때문이다. 그리고 이런 안식일을 이스라엘에게 명하신 이유는, 하나님이 이스라엘을 이집트에서 데리고 나오셨기 때문이다. 이 백성이 국가나 개인의 차원에서 안식일을 무시하거나 무효화하면 재앙이 발생하는 반면, 새롭게 안식일을 준수하면 하나님의 은혜와 호의가 임하는 새로운 장소에 이르는 축복을 받게 된다(사 56:4-7). 기원전 마지막 몇백 년 기간에 살았던 신실한 유대인들은 안식일 준수를 자신들의 정체성을 형성하는 가장 중요한 표지들 중 하나로 만들었다. 그리하여 유대인들은 주위에 살고 있는 평범한 이방인의 눈에, 꼭 일주일에 한 번씩은 놀고먹는 이상한 자들로 비쳤다. 안식일 준수가 할례와 음식에 대한 금기와 더불어, 유대인 정체성의 표지를 이루는 사항 중 하나가 되었던 것이다. 그들로서는 안식일에 적으로부터 자신들을 방어해도 되는지에 대한 질문이 절박한 사안이 되었는데, 왜냐하면 이스라엘의 약점을 간파한 적들이 기회를 노려 안식일에 공격해오기 때문이었다[이에 해당하는 현대판 사건이 1973년에 일어났던 욤 키푸르(Yom Kippur) 전쟁이었다. 이때 이스라엘을 침공한 자들은 욤 키푸르, 즉 대속죄일에 공격을 개시했다].

하지만 신약 시대로 오면 모든 것이 다 변한다. 예수님과 복음서에 대해서는 잠시 후 언급할 것이지만, 최초의 기독교 저술가인 바울이 안식일에 대해 하는 언급은 매우 놀랍다. 왜냐하면 구약에서 그렇게 중대했던 이슈에 대해 그 위대한 사도가 거의 아무 말도 하지 않기 때문이다. 기독교 초창기 이방 세계에 사는 유대인들에게 중대했던 이슈는 따로 있었다. 그리스도인들이 유대의 율법에 따라 할례를 받아야 하는가가 한 문제이고, 또 다른 문제는 음식에 대한 규칙을 지켜야 할 의무가 있는가 하는 것이었다. 두 질문에 대해 바울은 명확하게 그럴 필요가 없다고 대답한다. 이방인 기독교 개종자에게 할례를 고집하는 것은 메시아 예수 안에서, 예수님을 중심으로 새롭게 회복된 하나님의 단일한 백성 안으로 그들을 받아들이는 것이 아니라, 아브라함의 육적인 가족으로 끌어들이는 것이라는 게 바로 갈라디아서의 핵심 내용이다. 마찬가지로 무엇을 먹는지, 누구와 함께 먹는지를 기준으로 그리스도인의 교제를 제한하려는 모든 시도 또한 격정적이고 확고한 태도로 배제했던 것이다. 그렇다면 안식일의 이슈에 대해서 사도는 어떻게 반응했는가?

바울이 안식일을 염두에 두고 썼다고 추정되는 성경 구절이 두 군데 있다. 하나는 로마서 14:5-6로 이 본문에서 바울은, 어떤 그리스도인들은 특별한 절기를 지키고 싶어하는 반면 다른 자들은 그렇게 하지 않아도 된다고 믿는데, 절기를 지키는 자들과 지키지 않는 자들은 서로를 판단해선 안 된다고 말한다. 갈라디아서 4:10을 보면 사도의 태도는 한층 더 날카로워져 있다. 그는 노골적으로 "날과 달과 절기와 해"를 지키는 자들을 비난한다. 이것들이 유대인 절기 일반을 가리키는 것인지는 확실하지 않지만, 분명한 것은 유대 안식일을 포함해서 훨씬 폭넓은 종교 절기를 가리킨다는 사실이다. 하지만 실제로 이런 텍스트만으로는 바울이 안식일 자체에 대해 무엇을 말했는지 또 왜 그렇게 말했는지 명확하지 않다.

안식일이라는 이스라엘의 본질적 주제에 대해, 뼛속까지 유대인이었던 바울이 부차적으로도 언급하지 않았다는 점은 몹시 흥미롭다. 그리고 이런 흥미로움은, 안식일 준수 사항이 두드러진 역할을 하는 십계명 자체를 바울이 인용하는 순간에 다다르면 한층 더 첨예한 문제의식으로 바뀐다. 예수님을 따르는 자들이라면 성령 안에서 계명을 지켜야 할 의무가 있다고 말하는 바로 그 지점에서 바울은 안식일 준수를 목록에서 아예 빼버린다(예를 들어 롬 13:9). 살인, 도둑질, 간음, 탐심은 안 된다. 너의 아버지와 어머니를 공경하라. 물론 이 모든 것에 앞서 한 분이신 참된 하나님을 경배하고 그 이름을 영화롭게 하며 거룩히 여기라. 이 모든 내용은 있지만 안식일에 대한 언급은 어디에도 보이지 않는 것이다.

이제는 예수님과 복음서로 시선을 옮겨보자. 여기서는 자주 안식일의 이슈가 스포트라이트를 받는다. 그런데 항상 예수님은 안식일의 규정에 저촉되는 행동을 하는 듯 묘사된다. 안식일을 엄격하게 지켰던 스코틀랜드 고원의 한 교회에서 벌어진 유명한 이야기를 여기 소개하겠다. 어느 날 그 교회의 장로들이 모여 안식일 규정에 대해 논의하고 있었다. 그런데 누군가가 나서서, 예수님이 반복적으로 안식일을 어겼을 뿐 아니라, 그날을 지키는 것에 반대하는 말까지 했음을 지적했다. "아, 그렇군요." 다른 장로가 대답했다. "우리 거룩하신 주님도 이 문제에 있어서는 약간 자유주의자셨군요."

하지만 이게 우리가 말할 수 있는 전부인가? 얼마 전 한 유명한 학자가 언급한 대로 예수님은 "급진적"이고 바울은 "자유주의적"이었던 것일까? 이런 피상적 대답에 만족할 수 없다면, 진짜 실상에 대한 더 정확하고 더 성경적인 차원에서 만족스러운 설명이 가능한 것일까? 여기에 답하려면 우리는 안식일 준수의 명령이 각각 구약과 신약에서 어떻게 작용하는지, 즉 예수님을 구약과 신약의 중간에 놓은 채 더 자세히 살펴볼 필요가 있다. 예수님과 바울이 안식일 규례에 대해 일견 "자유주의적" 언급을 한 것은, 단순히 신약이 구약의 명령을 폐지하는 많은 경우 중 하나의 예일 뿐인가? 만약 그렇다면 우리는 이런 명백한 모순을 어떻게 설명할 것인가? 신약이 구약의 "율법주의"를 새로운 "은혜의 종교"로 뒤집어버렸기 때문이라고 설명할 것인가? 아니면 지금 우리는 완전히 다른 종류의 질문에 직면하고 있는 것인가?

앞에서 언급했던 스코틀랜드 교회의 에피소드는 아카데미상을 수상한 영화 "불의 전차"(*Chariots of Fire*)를 상기시킨다. 영화의 줄거리가 펼쳐지는 주된 배경은 1924년 파리 올림픽이며, 주인공인 에릭 리델(Eric Liddell)이 400미터 육상 경기에서, 해롤드 에이브러햄스(Harold Abrahams)가 100미터 경기에서 우승한다는 것이 대략의 줄거리다. 하지만 자세한 내용을 들여다보면 리델은 원래 100미터 경기에 참가 신청을 했지만, 예선전이 일요일에 열린다는 이유로 참가하기를 거부한다. 영화의 숨겨진 아이러니는 바로, 독실한 그리스도인인 리델은 안식일 준수 원칙을 엄격히 고수하는 반면, 유대인인 에이브러햄스는 최종 경기가 유대인 안식일인 토요일에 열리는 것에 대해 아무런 불편함도 느끼지 않았다는 데 있다.

이러한 리델의 입장은 최소 1960년대 언저리까지는 지속되었던 영국의 상황을 선명하게 반영한다. 내가 어린아이였던 1950년대, 일요일에는 길거리에 나가 놀지 못하게 했던 기억이 난다. 아침에 잠깐 신문 판매원들이 일요일자 신문을 파는 것 외에, 모든 가게 문은 하루 종일 굳게 닫혀 있었다. 문을 여는 카페와 식당은 극소수였다. 대중교통도 대부분 운행되지 않았으며 스포츠 경기도 열리지 않았다. 물론 지금은 이 모든 과거의 잔재가 사라지고 없다. 그리고 이런 변화가 전체적으로 선한 결과를 가져온 것인지 그 반대인지에 대해 의견이 분분하다. 우리가 과거와 다른 일요일을 보내게 된 주요 원인은, 하루라도 더 돈을 벌고자 하는 대형 상점의 열망과 탐욕인 듯하다(비록 하루 더 가게를 연다고 해서 대중의 주머니에서 더 많은 돈이 빠져나가지는 않지만 말이다). 하지만 이런 자본 권력이 펼치는 주장의 요지는 세속화를 지지할 때 제시되는 논리와 아주 유사한데, 이에 따르면 기독교 신앙을 이미 버렸거나 아니면 처음부터 아예 가지지도 않았던 사회에 안식일 규정을 강요하는 것은 부적절하다는 것이다. 어차피 대부분의 사람들은 일요일에 교회도 가지 않고 교회 관련 활동을 하는 것도 아니라는 것이다. 일요일을 특별한 안식의 날로 유지하자는 취지의 캠페인이 벌어지기도 했다. 이 운동의 참가자들은 일과 휴식의 리듬에 관한 일반적인 원칙, 즉 사람들 모두에게 적용되는 생물학적 원칙을 증명해내려고 최선의 노력을 기울였지만, 그런 선의의 노력에도 불구하고 늘 그들의 움직임은 대부분의 영국인들에게 그저 시대에 뒤떨어지고 현재와도 무관한 관례를 지키려고 뭉친 그리스도인의 불쾌한 행태 정도로밖에는 인식되지 못했다. 많은 사람들의 눈에 그리스도인이란 일주일에 하루 동안은 비참해지거나 지루함을 겪어내기로 이미 굳은 결심을 한 나머지, 다른 사람들 또한 비참하고 지루하기를 원하는 족속으로 비쳤던 것이다.

하지만 도대체 누가 일주일의 첫째 날인 일요일을 기독교의 안식일로 정했는가? 어떻게 그리스도인들은 일주일의 일곱째 날에 대한 구약 시대 이스라엘의 율법을, 일주일의 첫째 날에 대한 비슷한 법으로 그렇게 손쉽게 바꿀 수 있었을까? 그렇게 함으로써 내딛게 되는 심오한 해석학적 행보—또는 예수님과 바울의 가르침 사이의 분명한 충돌—에 대한 아무런 염려나 근심이 없다는 듯 태연하게 말이다.

위에서 우리가 던진 질문은 역사가들도 골치 아파하는 어렵고 복잡한 질문이다. 다양한 의견이 나타났다 도로 사라지곤 했다. 영국의 종교개혁 초창기를 장식했던 존 프리스(John Frith)의 저작을 편집하던 중, 나는 우연히 많은 사람들에게 읽혔던 그의 유명한 저술에서(이 책은 작가의 안타까운 요절 이후 40년이나 지나서야 출판되었다) 원문에는 있는 한 줄이 빠져 있음을 발견했다. 프리스의 삶과 활동은 영국 종교개혁 전성기와 일치하는데, 이 시기는 중세 가톨릭의 "율법주의"라고 여겨지는 모든 종류의 규율이 일소되던 때였다. 이런 시대의 영향인지는 몰라도 이 종교개혁자는, 안식일 엄수에 대해 신약성경은 우리에게 자유를 허락한다고 주장했다. 일단 예배에만 다녀오면 일요일의 나머지 시간은 원하는 대로 보내도 된다는 것이었다. 이것이 내가 발견한 원본의 내용이다. 하지만 40년 후 엘리자베스 시대에 와서 프리스의 전작을 펴내게 된 편집자는, 바로 앞에서 내가 인용한 내용을 삭제하고 말았다. 시대도 시대이거니와 그의 조심스러운 성격이 프리스의 주장을 그대로 옮기고 싶지 않게 만들었으리라. 이런 사건에서 볼 수 있는 것은 "율법주의"의 부활은 아닐까? 과연 성경의 권위에 대해 어떤 생각들을 했던 것일까? 프리스와 후대 편집자가 공통으로 고수한다고 주장했던 원칙이 성경의 권위 아니었던가?

이런 이슈들을 파고들려면 우리는 어디서 시작해야 하는가? 내가 보기에 우리가 시작해야 할 출발점은 분명 구약성경이라는 자료다.

구약성경에서 안식일

안식일의 기본적 원칙은 창세기 2:3에 충분히 명확하게 진술되어 있다. 그러나 이 외형적 단순함과 명확성에 반해, 해당 텍스트가 실제로 의미하는 바는 상당히 신비적이고 다층적이다. 하나님은 여섯째 날 하늘과 땅을 창조하는 일을 마치셨고 그 다음 일곱째 날에 "쉬셨다." 도대체 이 진술은 무엇을 의미하는가?

우선 하나님이 세상을 창조하셨을 때 그 창조된 것 속에는 "시간"도 포함됨을 의미한다. 즉 하나님은 세상과 그 안에서 일어나는 사건들의 진행을 뜻하는 시간을 창조하셨으며, 이 시간 안에 계시거나 최소한 시간과 연관을 맺고 계심을 알 수 있다. 하나님은 시간과 공간, 물질적 세상을 만드시고 그것이 아주 좋다고 선언하셨다(따라서 시간, 공간, 물질을 어떤 의미에서든 열등하고 초라한 것으로 여기는 것은 잘못된 일이다). 그러고 나서 하나님은 창조한 것들을 다스리신다. 항상 일하고 항상 창조해야 하는 끊임없는 필요에 묶이지 않은 자유로운 상태에서 말이다. 창조세계는 어딘가 지향점을 향해 진행되고 있다. 창조세계는 실현 중에 있는 프로젝트이지 모든 것이 결정된 그림이나 기계가 아니다. 피조물은 그 자체 안에 일종의 리듬을 담고 있다. 마치 신비롭게도 그 리듬 속에서, 하나님의 생명의 리듬이 우리 자신의 리듬과 교차하는 것 같다.

존 월턴(John Walton)은 그의 경이로운 책 『창세기 1장의 잃어버린 세계』(*The Lost World of Genesis One*)에서, 이 모든 창조의 신비를 이해하기 위한 한 가지 방법을 제시한 바 있다. 이 저작은 고대 근동의 자료에 대한 세밀한 비교 연구에 근거하고 있는데, 월턴에 의하면 고대인들은 모두 다음과 같은 공통된 이해 내지는 직관을 공유하고 있었다고 한다. 즉 어떤 신이 엿새 동안 혹은 여섯 단계를 거쳐 무엇을 창조했다는 이야기가 있다고 하자. 그렇다면 신이 만든 그것은 신 스스로가 거할 장소, 즉 **성전**이라는 것이다. 엿새 동안 자신이 거할 처소를 지은 신은 일곱째 날 작업을 멈추고 휴식한다. 이때의 쉼은 단순한 작업의 멈춤이 아니다. 신은 자신이 새롭게 지은 집에 들어가 "안식"한다. 이때 "안식"이란 "몸을 편안히 한다"는 의미로부터 주거지를 정하고 새집에서 기쁨과 충만함을 누린다는 의미까지 다양한 함의를 두루 가진다. 이런 월턴의 통찰은 창세기의 안식일 제도에 대해 참신한 관점을 제공한다. 만약 그가 옳다면, 안식일은 창조주가 자신의 피조물을 기뻐하고 즐긴다는 의미이며, 하늘과 땅을 자신의 거처로서 만족스러워한다는 표지인 것이다.

성전의 경우와 마찬가지로 창조 작업의 마지막 단계는, 건축물이 완성되기 직전의 순간에 신이 자신의 형상을 성소 안에 집어넣는 순서이다. 이때 성소 안에 거하게 되는 그의 "형상"은 양방향으로 작용한다고 할 수 있다. 즉 이 형상은 신의 임재가 처소 안에 임하는 방식이자 수단이다. 동시에 형상은 신이 받게 될 경배와 헌신의 중심 지점이기도 하다. 창세기에서는 한 남자와 한 여자가 이런 역할을 한다. 즉 창조가 완성되는 바로 그 순간에 하나님은 그분의 형상을 한 쌍의 남녀 안에 새겨넣는다. 그리하여 이 남녀야말로 새롭게 지어진 세상 안에서 창조주가 임재하는 방식과 수단이 되며 이들을 통해 나머지 창조세계 가운데 생산적인 질서가 부여된다. 창조주의 형상을 지닌 이 한 쌍의 인간들에게는 그들도 하나님처럼 안식일을 지키라는 명령이 내려진다. 안식일을 지킴으로써 그들도 피조물을 즐기며 기뻐하는 하나님의 즐거움에 참여하라는 부르심인 것이다.

창조주 하나님이 일을 마치신 후에 "쉼을 누리셨다"는 개념은, 그분이 계속해서 일하실 것이며 큰 프로젝트를 진행시키실 것임을 시사한다. 이런 관점은 이신론과 첨예한 대조를 이루는 지점이다. 왜냐하면 이신론의 창조주는 창조 작업이 완성됨과 함께 뒤로 물러나 앉아, 더 이상 아무 관여도 하지 않고 피조물 자체의 힘으로 작동하도록 내버려두기 때문이다. 물론 이런 이신론적 관점이 완전히 틀렸다고는 할 수 없다. 창조주가 만드신 식물과 동물은 스스로 "씨앗"을 만들어내고 스스로 번식하며, 특히 인간은 창조주의 역할을 대행하여 세상에 질서와 생산성을 제공하는 것이 사실이기 때문이다. 하지만 우리가 이런 사실을 실마리로 삼아 창조주가 영구히 부재하거나 무관심한 존재라고 결론지어서는 안 된다. 오히려 이런 피조물의 제한적 자립 능력은 창조주가 일하시는 통로와 방식 중 하나라고 할 수 있다. 하나님은 이 세상을 만드시고 자신의 창조적인 기운으로 가득 채우셨다. 따라서 모더니즘의 양자택일적 사고, 즉 하나님이 세상 속에서 무언가를 행하시거나 그게 아니라면 모든 사건들은 "자연적 원인들"로 인해 발생한다는 식의 생각은 근본적인 오류를 지니고 있다. "자연적 원인들" 자체가 저변에 깔려 있는 하나님의 창조적인 활동의 결과이기 때문이다.

창세기 초반에 잠깐 나타났을 뿐, 안식일의 테마는 이 책 나머지 부분에서 아무런 뚜렷한 역할도 하지 않는 듯 보인다. 하지만 출애굽기에 가면 그 존재감이 폭발적으로 드러난다. 십계명이 주어지는 장면인 출애굽기 20장에도 도달하기 전인 16장에서 이미, 여섯 날의 삶의 리듬을 분명히 보여주는 만나의 이야기가 등장한다. 이 이야기의 의미는 민수기 15:32에서 발견되는 한 충격적 이야기를 통해 극적으로 증폭되어 우리에게 전해진다. 즉 안식일에 땔감을 모으는 노동을 행한 한 남자가 그 죄로 인해 돌로 쳐 죽임을 당하는 이야기가 바로 그것이다. 안식일 명령 자체가 출애굽기 20:8-11에서는 창조 기사와 연관되는 반면, 신명기 5:12-15에서는 출애굽 사건과 연관된다는 사실은 매우 흥미롭다. 이 신명기 구절의 요지는, 이스라엘 자신이 속박에서 해방되어 자유를 얻게 된 체험을 했기 때문에, 자신의 노예들에게도 안식일마다 자유의 시간을 주어야 한다는 내용이었다. 신명기 다음부터 안식일의 주제는 구약 나머지에서 별로 나타나지 않는다. 하지만 재미있는 사실은 바벨론 포로기와 그 이후에 이르러서는, 안식일 준수가 이스라엘 백성을 향한 하나님의 촉구, 즉 신실함과 사랑을 회복하라는 촉구의 표지로서 등장한다는 점이다. 이 주제가 등장할 때마다 텍스트의 어조는 모든 사람들이 기본적으로 안식일이 무엇인지, 왜 지켜야 하는지 알고 있는 것으로 간주하며, 오로지 그들이 안식일을 지키는지 아닌지만 문제 삼는다(느 13:15-22; 사 56:2-7; 58:13-14; 렘 17:19-23. 이 구절에서는 안식일을 지키는 자들에 대한 하나님의 약속 중에 왕권제의 회복도 들어 있다). (또 다른 텍스트로는 출 23:12; 31:13; 34:21; 35:2; 레 19:3; 23:3; 민 28:9; 느 9:14; 겔 20:13; 22:26; 44:24이 있다.)

따라서 구약으로부터 우리가 추출할 수 있는 안식일에 대한 그림은, 안식일 계명의 실질적 준수도 중요하지만 이에 못지않게 그 명령이 함축하는 바도 중요하다는 사실이다. 안식일 준수는 창조된 세상이 어딘가 바른 **목적지를 향해 가고 있다**는 표시이다. 앞서 언급했듯 창조는 실현 과정에 있는 **프로젝트**이지 고정된 그림이나 기계가 아니다. 안식일은 생명의 리듬을 표상한다. 이 리듬 속에서 하나님의 생명의 리듬이 인간, 이스라엘, 그리고 피조물 전체의 리듬과 신비롭게 교차한다. 그래서 안식일은 창조주와 피조물 사이의 상호 작용을 나타내는 **시간적** 표지이다. 성전이 **지리적** 표시가 되는 것과 같은 논리이다. 그래서 "안식일을 더럽히는 것"(겔 20:13; 22:8; 22:26; 23:38)은 성전을 더럽히는 것과 유사하다. 그러므로 이제 우리는 다음과 같은 대략적 원리에 도달할 수 있다. 즉 **성전이 신성한 공간인 것처럼 안식일도 신성한 시간이다.**

성전과 안식일이라는 두 주제는 이스라엘의 큰 절기와 축제들 속에 함께 등장한다. 부분적으로 이 축제들은 추수감사절이었고, 부분적으로는 출애굽 사건의 역사적 회상이었다. 축제의 날들 속에는 특별한 안식일, 즉 "큰 안식일"이 자주 포함되었는데, 이때에는 시간 자체가 신비스러운 방식으로 뒤로 역행했다. 그 분명한 예로 유월절을 들 수 있다. 유월절에 이스라엘 백성은 자신들을 이집트로부터 해방시킨 하나님을 **기억**할 뿐 아니라, 실제로 그 사건을 **되풀이**하는 순간을 가졌다. 세월이 아무리 흘렀다 해도 유월절의 밤이 돌아오면 "지금이 바로 그 밤이다"라고 선포하는 것이다. 이 순간 속에서는 공간과 시간, 그리고 물질(유월절 식사의 음식과 음료)조차도 초월되고 새로운 방식으로 통합된다. 이런 순간을 기념하는 것은 창조세계가 부적합하거나 불결해서가 아니다. 바로 창조세계 자체가 그 세계 너머에 있는, 창조주의 목적들이 완성되는 미래의 때를 가리키도록 설계되어 있기 때문인 것이다.

이런 맥락 안에서 주요 주제 하나가 신명기 원칙(노예해방일로서의 안식일)의 메아리와 함께 등장하는데, 바로 이 주제 안에서 안식일 원칙과 명령은 새로운 초점으로 이동한다. 즉 안식일은 가난한 자들과 노예들, 심지어 동물들에 대한 하나님의 정의와 돌봄의 표지가 되어야 한다는 주제이다. 출애굽기 23:11을 읽어보면 안식일은 노예와 동물을 포함한 모든 가난하고 약한 자들이 쉴 수 있는 기회임을 알 수 있다. 여기서 놓쳐서는 안 될 것은, 이 안식일의 원칙은 나중에 발전하여 이것과 아주 밀접하게 관련될 또 다른 주제를 탄생시킨다는 점이다. 비록 두 원칙이 언뜻 보기에는 아주 다르게 보일지라도 말이다. 바로 그것은 희년이라는 주제이다.

희년은 일곱째 해에 빚을 탕감해주는 제도이며, 큰 희년은 49년마다(7년씩 7번마다) 한 번씩 앞의 원칙을 대규모로 적용하는 것이다. 이 원칙은 레위기 25장에서 처음 소개되었다. 즉 "안식의 해"가 7년마다 한 번씩 있을 것이며(레 25:1-7) 그때에는 땅 자체도 쉼을 누릴 것이라고 기록되어 있다. 그러다가 49년이 지나면("일곱 주의 해"라는 표현은 일곱 곱하기 일곱이라는 뜻이다), 뿔 나팔소리가 "그 땅에 있는 모든 주민을 위하여 자유를" 공포할 것이다. 이때에는 조상에게 속했다가 빼앗긴 땅을 다시 돌려받게 된다. 그래서 이 희년의 논리에 따라 땅을 사고파는 것에 대한 특별한 법이 제정되었던 것이다(즉 다음 희년까지 어떤 일정한 횟수까지만 수확물을 사거나 팔 수 있다). 이런 원칙은 노예를 사고파는 데에도 적용되는데, 여기서 다시 한 번 이스라엘이 이집트의 노예로 살았던 때를 상기시키며 관용이 호소된다(레 25:47-55). 희년에 땅이 안식을 누리는 동안 사람들은 땅이 스스로 생산하는 것만을 먹는다.

위의 내용도 놀랍지만, 희년이 주는 가장 장대한 메시지는 이사야 61장에 나온다. 안식일 준수를 주장하는 이사야 56장과 58장의 논지를 거쳐 61장에 이르면 우리는 포로된 자에게는 자유를, 눈먼 자에게는 시력의 회복을 선포하는 내용을 만나게 된다. 기본적으로 희년의 요지는 하나님의 피조물과 하나님의 백성의 회복이다. 이때 회복의 대상은 인간의 사회, 인간의 육체, 인간의 삶, 인간이 경작하는 땅 안에 있는 모든 것을 포함한다. 따라서 안식일 원칙은 하나님의 **정의**, 즉 결국에는 피조 세계의 모든 것을 바로잡으실 것이라는 하나님의 의지—이것 자체가 창조 신학의 일부다—라는 대원칙과 밀접하게 연관되어 있다. 희년은 인간이 하나님의 시간과 **하나님의 구속 목적**에 참여하는 특권을 누리는 "신성한 시간"이다. 희년은 창조주가 자신의 백성에게, 특히 백성 중에서도 가난한 자와 노예된 자에게 주는 선물인 것이다. 흥미로운 사실은 서구 세계가 주일 준수라는 개념을 없애 버리면서(종종 주일 준수가 잘못된 이해에 근거하고 있음에 대해서는 나중에 언급할 것이다), 가난한 자에 대한 정의와 구제를 위한 빚의 면제라는 개념 또한 망각했다는 점이다.

안식일이 가진 다층적 의미가 집약되어 나타나는 이러한 희년의 원칙은, 다니엘서에 이르러서는 새로운 차원의 의미를 덧입는다. 바벨론 유배 중에 다니엘은 이스라엘의 포로 상태가 "70년" 동안 지속될 것이라고 한 예레미야의 예언(렘 25:11; 29:10; 단 9장의 다니엘의 기도와 단 9:2에서의 예레미야에 대한 언급; 대하 36:21; 슥 1:12; 7:5을 보라)을 깨닫는다. 이에 이 신실한 종은 예언된 70년이 언제 끝날 것인지, 이 포로 상태가 마침내 종결될 때가 언제인지 계시해달라고 기도한다. 이윽고 기도의 응답으로 나타난 천사는 좋은 소식 하나와 나쁜 소식 하나를 가져다준다. 천사의 메시지에 따르면 하나님의 구속은 정말로 도래할 것이다. 하지만 70년 후가 아니라 "70번씩 7번", 즉 490년 후일 것이라는 소식이었다. 일종의 희년의 희년인 셈이다. 이것은 포로기가 이스라엘의 땅으로 하여금 "자신만의 안식을 누리게" 하는 한 방법이라는 생각과 일맥상통한다. 이스라엘 땅의 탐욕스러운 거민들은 곡식을 얻고자 하는 탐욕 때문에 땅에 정해진 안식을 주지 않았던 것이다(레 26:34; 26:43; 대하 36:21). 땅 자체도 끊임없는 착취로부터 쉴 필요가 있다. 포로기와 귀환은 단순히 이스라엘의 우상숭배에 대한 표면적 처벌이 아니다. 필수불가결한 안식일의 휴식을 하나님이 직접 제공하시겠다는, 그럼으로써 자신의 백성과 피조물 전체 안에 적합한 질서를 회복시키겠다는 의사 표시인 것이다. 따라서 우리는 안식일 원칙이, 광범위한 역사라는 피륙 속에 짜여 있음을 깨닫는다. 즉 안식일은 "새 창조"가 어떤 모습일지 보여주는 패턴으로서, 흐르는 역사 속에 규칙적으로 짜여진 무늬처럼, 하나님이 직접 일하시겠다는 메시지를 강력하게 전한다. 이스라엘과 세상에 있어서, 인간과 피조물에 있어서 정의라는 것은 의미없이 반복되는 상징적인 패턴이 아니다. 결국 하나님은 정의를 구체적으로 이루실 것이며, 단 한 번의 사건을 통해 완전히 실현하실 것이다.

따라서 구약의 안식일은 피상적으로 보는 것보다 제도적으로나 상징적으로 훨씬 더 복잡한 개념이다(단순히 "지켜야 할 명령"을 찾기 위해 성경을 읽는 것과 비교해보면 쉽게 이해할 수 있으리라). 안식일은 단순히 일주일 중 일곱째 날에 일하기를 삼가라는 명령이 아니며, 그보다 훨씬 더 크고 심오한 것들을 가리킨다. (여러 개념이 있지만) 안식일은 겸손과 소망을 향한 부르심과 관련이 있는 듯하다. 즉 일(대부분 토지 경작)이 삶의 모든 것이거나 최종적인 것이 아님을 깨닫고, 끊임없고 광기 어린 탐욕을 버리는 겸손을 의미하는 것이다. 십일조나 흠 없는 동물을 바치는 제사와 마찬가지로, 안식일을 지킨다는 것은 이스라엘 혹은 인간이 세상을 소유하고 운영한다는 착각에서 한 걸음 물러남을 의미한다. 과도하게 일하는 현상, 일주일에 7일 내내 일하는 현상은 언제나 하나님의 창조주와 공급자 되심에 대한 믿음의 상실과 연관되어 있다. 또 안식일은 소망, 즉 하나님이 직접 자신의 약속을 이루실 것이며, 직선적 시간의 궤도를 통해 궁극적 "안식"을 이루실 것이라는 소망을 의미한다. 이 궁극적 "안식"은 창조의 시작점에서 하나님이 창조세계를 "즐기며 누리셨던" 휴식과, 가나안 정복 이후 이스라엘이 정착한 땅에서 얻었던 "쉼"에 해당하는 것이다(따라서 땅과 그 땅에 세워진 성전은, 세상 전체에 대한 하나님의 소유권 주장과 그 안에 거하기 원하시는 하나님의 마음의 전조로 이해되어야 한다). 미래에 있을 구속의 때를 소망하고 기다리는 이 원칙은 이스라엘의 국가적 삶 속에서 50년을 주기로 구체적으로 표현되어야 했다. 이 구체화된 50년 주기의 사건들은 모든 피조물의 구속이라는 더 큰 사건을 가리키는 푯말이었으며, 이 사건들 또한 매주의 안식을 통해 기대되었다. 하나님의 구속을 향한 이런 약속이 없다면, 창조세계에서 선택할 수 있는 유일한 대안은, 예레미야의 경고처럼 "혼돈하고 공허한" 상태, 즉 창조 이전의 혼란의 상태로 되돌아가는 것뿐일 것이다(렘 4:23은 창 1:2을 환기하고 있다).

신약성경에서의 안식일 개념을 이해하려면 반드시 우리는 이 전체적인 그림을 염두에 두어야 한다. 안식일에 대한 구약 시대의 풍부한 성경적 그림을, 엄격하게 강요되는 규칙이나 맹목적으로 순종해야 하는 법칙으로 축소하는 행위는—예수님과 바울을 위대한 반율법주의자로 여겨 환호하는 처사가 여기 해당할 것이다!—먼저는 구약 시대 이스라엘 안에서, 후대에 와서는 예수님이 착수하고 바울이 실행한 전면적 회복 안에서 실현된 안식일의 진정한 의미를 사소하게 여기거나 오해하여 마침내는 무시해버리는 일이다.

일단 구약에 나타난 다층적 의미, 얽히고설킨 채 서로 맞물려 있는 안식일의 의미를 이해하게 되면, 우리는 그냥 안식일을 전통적으로 지키는 것도 좋지 않을까 생각하게 된다. 개인적으로 내 직업이 농부는 아니지만, 그래도 안식일을 준수하게 되면 농업의 현 상황이 훨씬 나아지지 않을까 여겨진다. 하지만 신약은 이미 다른 것을 염두에 두고 있다. 예수님 안에서 하나님은 새로운 일을 하고 계신 것이다.

신약성경에서 안식일

앞서 언급했듯 신약은 이상스러울 만치 안식일 주제에 대해서는 침묵을 지키는 듯 보인다. 안식일 준수를 제외한 나머지 9개의 계명은 나름대로의 방식으로 재차 승인되는 반면 안식일은 그렇지 않다. 이 당황스러운 사태는 여기서 멈추지 않는다. 예수님과 바울의 발언을 들어보면 마치 그들은 둘 다 1세기 유대인의 안식일 전통에 정면으로 도전하는 것 같다. 인자가 안식일의 주인이다, 안식일은 해악이 아닌 유익을 끼치라고 제정되었다 등등. 안식일 율법에 반대하는 듯한 이런 원칙과 여기 수반되는 예수님의 행동 때문에, 그를 죽이려는 음모가 꾸며졌을 정도였다(막 2:23-28; 3:1-6. 이것과 평행 구절인 눅 13:10-17). 요한복음에 나타난, 베데스다 못에서의 첫 번째 병 고침 사건은(요 5:1-18) 분노와 협박을 야기했으며, 이런 격한 반응은 태어나면서부터 장님된 사람을 안식일에 고친 후 다시 한 번 강조된다(요 9:1-17). 공관복음서의 다른 이야기와 더불어 안식일에 시행한 이 두 번의 병 고침 사건은, 오래 지속될 다음과 같은 해석을 낳았다. 즉 바리새인들은 안식일 준수를 고집하는 "율법주의자"인 반면, 예수님은 바리새인들에게 도전하며 새로운 반율법적 종교를 주장하고 있다는 것이다. 여기서 새로운 종교란 바로 외형적 율법 준수와 인간적인 자기 노력의 종교가 아닌, 마음에서 우러나온 믿음과 은혜의 종교를 가리킨다. 하지만 최근에 와서는 일군의 학자들에 의해 1세기 유대교에 대한 더 깊은 이해를 토대로 한 다음과 같은 새로운 관점이 대두되고 있다. 즉 안식일 준수를 율법주의와 연관시켜 바라보는 것은, 예수님 당시 대다수의 유대인들이 사고와 실천 가운데 가졌던(또한 그 이래로 지금까지도 계속되는) 개념과 일치하지 않는다는 것이다. 매일의 삶이 고되고 가혹했던 2,000년 전 유대인들에게, 일곱째 날의 안식은 참으로 필수불가결한 휴식의 시간이자 기쁘게 맞이할 수밖에 없는 원기 회복의 날이었다. 앞서 말한 요지를 반복하자면, 유대교에서는 성전이 신성한 공간인 것처럼 안식일도 신성한 시간이라는 생각이 존재했고 또 지속되었다. 안식일을 하나님의 시간과 인간의 시간이 겹치고 교차하는 때로 여긴 까닭에, 마치 위대한 음악을 들을 때 그러하듯 안식일을 일상과 차별화된 질을 가진 시간으로 여기며 다른 방식으로 향유했던 것이다.

그렇다면 예수님은 왜 하나님이 직접 주신 이 위대한 제도를 보란 듯이 거슬렀을까? 여기에 대한 유일한 설득력 있는 설명은, 예수님이 **안식일 제도 전체가 암시적으로 가리켜왔던** 새 시대를 자신이 시작했다고 믿었다는 것이다. 그는 희년 중의 희년, 안식일 중의 안식일, 마침내 하나님의 목적과 인간의 삶이 하나로 만나는 바로 이때를 선포하고 시행하기 위해 오신 것이다. 따라서 안식일과 관련해서 하신 예수님의 행동은, 성전에 대해서 했던 그분의 행동과(이에 관해서는 다른 책에서 이미 다루었다) 정확히 상응한다. 예수님은 마치 자기 자신이 성전인 듯 행동했고 자신만의 권위로 사람들을 용서했다. 예수님이 예루살렘 성전과 권력자들에게 맞서며 그들이 마땅히 알아보아야 할 실체가 바로 자신임을 가리켰을 때, 그리고 지금까지 진정한 실체를 가리고 왜곡해왔던 것은 바로 그들임을 지적했을 때, 양 진영 사이의 충돌은 피할 수 없는 귀결이었다. 성전과 안식일 사이에 존재하는 이런 유사성은 다음 사실을 시사한다. 즉 성전에 대해서뿐만 아니라 안식일에 대해서도 예수님은 당대의 몇몇 바리새인들이 실제로 주장했던 안식일에 대한 해석과 (비공식적인) 강압적 집행에 대해 날카롭게 비판했을 거라는 점이다. (사실 바리새인들은 비공식적 압력 단체였다. 요즘도 마찬가지지만 예수님의 시대에도 이러한 비공식적 압력 단체나 혹은 자칭 대중 운동의 수호자들은, 자신들의 의지를 사람들에게나 시스템에 관철시키는 묘수를 터득하고 있었다.) 하지만 이 갈등과 충돌의 저변에 깔려 있는 가장 핵심적인 원인은 예수님의 **종말론적인 선포**였다. "때가 찼고 하나님 나라가 가까이 왔다!" 때가 찼다는 것, **시간이 성취되었다**는 표현은 하나님이 창조 가운데 시작하셨던 대 프로젝트, 그리고 출애굽 사건을 통해 새롭게 시작된 구속의 프로젝트가 목표 지점에 도달했음을 의미한다. 이스라엘의 운명, 인간의 운명, 창조세계의 운명 전체가 예수 그리스도 안에서 실현되고 있었던 것이다. 예수님의 육체적인 임재야말로 성전이 오랜 세월 동안 가리키고 함축해왔던 바로 그 실체였다. 예수님의 인간으로서의 일생, 더 구체적으로 말해 저 짧은 공생애는 하나님의 시간과 세상의 시간이 겹치고 교차하는 순간이었다. 예수님의 메시지 속에는 최소한 이러한 암묵적 주장이 들어 있었고, 이는 당시 많은 사람들에게 터무니없고 불경한 것으로 비춰졌다. 오늘날에도 여전히 그러하지만 말이다. 하지만 예수님의 추종자들은 그분의 선언이 부활 가운데서 성취되었다고 단언했다. 부활은 완전히 새로운 시대가 시작되었음을 의미한다. 특히 요한의 통찰에 의하면 "한 주의 첫째 날"은 새 창조의 시작을 상징한다.

대망의 시간이 마침내 이르렀음을 가장 명백하게 나타내는 성경 텍스트는 누가복음 4:16-30의 저 유명한 "나사렛 선언"이다. 여기서 예수님은 이사야 61장을 환기시키고 있다. 그리고 우리가 이미 논의했듯, 이사야 61장은 레위기에 소개된 희년 제도를 뒤돌아보게 한다. 내가 말하고자 하는 요지는 간단하다. 가난한 자에게 기쁜 소식이 알려지고 포로된 자에게 자유가 제공되는 때가 도래했음을 알리는 자가 바로 예수님 자신이라는 것, 그리고 바로 지금이 그 약속이 성취될 때라는 것이다. "오늘날"이라고 예수님은 선포하고 있다. "이 글이 너희 귀에 응하였느니라"(눅 4:21). 여기서 그분의 어조는, 예언의 성취를 평가하는 어떤 정치 논평자의 그것처럼 모호하거나 잡다한 의미와 기분을 뒤섞어 "상상이 가니! 바로 이 성경 구절이 지금 성취되고 있는 거야!" 하고 말하는 것과는 거리가 멀다. 예수님이 선포하고자 했던 요지는 이제 이스라엘의 역사가, 동시에 이스라엘과 함께 우주 전체의 역사가, 궁극적 희년에 다다랐다는 사실이었다. 그날 나사렛에서 위험스러울 정도로 선명하게 드러났듯, 자유와 평강의 시간이 이스라엘에 그리고 세상 전체에 임했다는 의미였다.

즉각적으로 예수님의 선포는 수많은 기대들과 의미들 사이에 충돌을 일으켰다. 명백히 예수님은 정치적 해방이라는 직접적 행동을 원했던 많은 동시대인들의 열망을 충족시켜주지 않았다(예수님의 하나님 나라 선포는 사촌인 세례 요한의 투옥과 처형을 저지하는 데 어떠한 효력도 발휘하지 않았다). 그러나 예수님은 자신의 행동으로 드러낸 상징과 해석 가능한 비유를 통해 스스로의 메시지에 충실했다. 진실로 지금이 이스라엘이 오랫동안 고대해왔던 바로 그때라는 것이다. 비록 동시대인들의 기대와는 전혀 다른 양상이라 할지라도 말이다.

만약 그때가 성취의 시간이 맞다면, 마치 때가 아직 도래하지 않았다는 듯 완전한 성취를 가리키는 푯말에 불과한 안식일을 지키도록 강조하는 것은 어불성설이 아닐까? 예수님은 "인자가 안식일의 주인이다"라고 했다. 런던을 가리키는 푯말을 런던 중심부에 있는 피카딜리 광장에 세워놓지는 않는 법이다. 같은 이유로 예수님은 하나님의 해방의 때가 특히 자신의 병 고침을 통해 도래했다는 메시지를 전달하기 위해 의도적인 방식으로 말하고 행동했던 것 같다. 지금이 바로 하나님의 시간과 인간의 시간, 하나님의 구원의 능력과 파괴된 인간의 삶이 마침내 교차하는 순간임을 선명하게 보여줄 수 있도록 말이다. 예수님은 "나에게 오라, 내가 너희에게 쉼을 주리라"라고도 말했다. 이런 초대와 현실을 받아들이기를 거부한 채 예전처럼 정기적으로 안식일을 준수할 것을 고집하는 것은, 사실상 농작물이 싹트기 시작하는 바로 그때에 밭을 갈아엎어야 한다고 고집하는 것과 마찬가지다. 안식일이 어리석고 불필요하며 하찮은 제도여서가 아니다(복음서를 유사 마르키온적 방식으로 읽는 많은 그리스도인들은 이렇게 가정하지만). 하나님의 호의를 얻기 위한 "선행" 체계를 강조하는 펠라기우스적 도덕주의(물론 선행의 개념은 각각의 사회가 선호하는 규율의 사고방식에 따라 달라진다) 때문은 더더욱 아니다. 구약 시대 유대교를 구성하던 다른 요소들과 마찬가지로 안식일은 미래를 내다보는 표지였다. 하지만 이런 표지는 그 자체로, 새롭게 나타난 실체로부터 주의를 돌리게도 할 수 있는 위험한 잠재력을 지니고 있었다. 이미 하늘에 뜬 태양이 침실을 금빛으로 가득 채우고 있는데, 아침인지 아닌지를 확인하기 위해 계속해서 시계를 본다면 어리석은 짓인 것이다. 초기 기독교 운동 전체는 바로 이 두 가지 믿음, 즉 새로운 실체가 예수님 안에서 마침내 도달했다는 믿음과, 앞서 주어졌던 푯말들은 비록 그때까지는 하나님이 주신 적절한 것들이었지만, 이제는 쓸모가 없어졌다는 믿음에 기반을 두고 있었다.

이러한 내용은 이미, 왜 바울이 안식일에 대해 언급하지 않았는지에 대한 간략한 설명을 제공한다. 사도는 아마도 자신의 최초의 편지였을 갈라디아서에서 다음과 같이 말하고 있다. "때가 차매 하나님이 그 아들을 보내사 여자에게서 나게 하시고 율법 아래서 나게 하셨다"(갈 4:4). 아들의 구속을 받는 자들은 "하나님의 자녀들"이고 하나님은 그들에게 "그 아들의 영"을 보내신다. 이를 통해 그들은 "하나님을 알 뿐 아니라 더욱이 하나님이 아신바" 되며, 결과적으로 더 이상 구약 시대 유대교나 이방인들의 시간과 절기의 규칙에 속박된 자들이 아니라는 것이다. 따라서 갈라디아서 4:4에 나오는 "때가 찼다"는 선포는, 같은 책 4:10에 나오는 시간 표지들을 엄격하게 준수해야 할 의무를 제거해버린다. 같은 논리가 안식일과 다른 유대교 축제의 준수를 폐지하는 골로새서

2:14-16에도 깔려 있다. 또한 동일한 이유로 바울은, 다양한 문화적·종교적 배경을 가진 그리스도인들을 하나로 모아야 하는 도전에 직면했을 때에도 안식일 이슈는 별로 중요치 않은 것으로 여길 수 있었다. 어떤 자들은 안식일을 지키고 또 어떤 자들은 지키지 않는데, 중요한 것은 양 진영 중 어느 집단도 서로를 판단하지 않는 것이었다(롬 14:5-6).

이러한 바울의 두 번째 요지(안식일 이슈를 교회를 분열시킬 만큼 중요한 논제로는 취급하지 않는다는 것)는, 메시아 예수 안에서 하나님의 새날이 이미 밝았다는 본질적 원칙이 강력하게 인정될 때에만 받아들일 수 있다. 다른 텍스트에서 바울은 이렇게 말한다. "보라 지금은 은혜 받을 만한 때요, 보라 지금은 구원의 날이로다"(고후 6:1-2. 여기서는 사 49:8이 인용된다). 로마서 3:21의 "이제는"이라는 말과, 로마서 3장에서 8장에 이르기까지 울려 퍼지는 성취에 대한 확신에 찬 강한 음조는, 이제 그리스도인들에게 좀 여유를 가지도록, 신앙의 실천에도 다양성을 허용하도록 해준다. 하지만 이 허용의 원칙 안에서 또 다른 주제가 예상치 못한 각도로 떠오른다. 바울은 새날이 밝은 현재와 같은 상황에서는, 하나님의 백성을 세상과 구별시키는 것이 "행위"가 아니라고 말한다. 말하자면 **오직 믿음으로 의롭다 함을 얻는다는 개념은, 구약 시대 안식일이 의미하던 바를 새롭고 또 근본적인 방식으로 극대화한 것**이라고 할 수 있다.

구약 시대와 신약 시대의 이러한 변혁적 연결은 히브리서에서 선명하게 드러난다. 히브리서는 예수님이 시작한 새 시대 전체를 광범위한 "안식일의 쉼"으로 간주하며, 스스로의 "행위"를 멈추고 "하나님의 쉼에 들어가는" 자들에 대해 묘사하고 있다. 히브리서 3:7-4:11에서 전개되는 내용, 특히 이 텍스트의 마지막 구절들은 시편 95:7-11에 대한 주해의 열쇠를 제공한다. 즉 히브리서의 구절들은 이스라엘이 광야에서 방황하는 이야기와 여호수아가 백성을 이끌고 약속의 땅에 들어간 이야기를 상기시키면서, 이 두 이야기를 하나님이 약속하셨지만 여전히 미래의 가능성으로만 내걸려 있던 "안식"의 개념과 연결시킨다.

이제 로마서 8장으로 가보자. 여기서 우리는 창조세계 자체가 썩어짐에 종노릇하는 것으로부터 해방되어 하나님의 아들들이 나타날 때 얻는 자유에 참여할 것이라는 약속을 듣는다. 그리고 이 약속의 내용으로부터 다음 사실을 깨닫게 된다. 즉 이 거대한 성경의 이야기는 시종일관, 정기적으로 돌아오는 안식일을 표지판으로 삼고 진행되는 창세기 1-2장의 프로젝트의 전개라는 사실, 그리고 이 프로젝트는 죄의 필연적 결과인 파괴를 극복함으로써 의도된 최종적 목적지에 도달했다는 사실이다. 이것이 바로 안식일이 가리켰던 목표였다. 만물의 회복이라는 이 장대한 목표는, 죽은 자 가운데서 부활한 예수님 안에서 이미 원리적으로 이루어졌다. 세상에 대한 하나님의 전능하신 통치와, 자신의 창조와 언약에 대해 한결같이 신실한 하나님의 "의로우심", 이 두 가지는 안식일과 희년의 성취 속에서 하나로 결합된다. 이때가 바로 궁극적인 자유의 순간이며, "새 성전"이 완성되어 그 안에서 하나님과 인간이 함께 "쉬고" 함께 거하는 때이다.

요한복음은 동일한 주제를 상당히 다른 방식으로 제시한다. 이 복음서를 관통하여 일련의 "표적들"이 중심축처럼 이어지고 있음은 잘 알려진 사실이다. 이 표적들은 예수님이 십자가에서 죽는 일곱 번째 사건에서 그 절정에 도달한다(십자가 죽음이 왜 일곱 번째이고, 왜 절정인지는 논증될 수 있다). 옛 창조세계와 옛 언약은 완성되었고 우리는 새 창조세계의 출현을 기다려야 한다. 요한복음 20:1의 "일주일의 첫날"에 대한 요한의 강조에서 상징적으로 드러나는 것이 바로 이 내용인 것이다. 이런 사실은 일주일의 여섯 번째 날에 대해 우리의 주의를 새삼스럽게 환기시킨다. 예수님이 십자가에 못 박히신 이날은, 하나님이 그분의 형상대로 인간을 빚으신 날인 동시에 빌라도가 예수님을 가리키며 "바로 이 사람이로다"라고 선포한 날이기도 하다. 바로 이날에 예수님은 죽으시며 "다 이루었다"라고 말했는데, 이 선언 속에는 첫 번째 창조 기사의 결정적 창조 완료 선언의 메아리가 울려 퍼지고 있는 것이다(요 19:30; 창 2:3). 여섯째 날 후에는 "안식"의 일곱째 날, 곧 구약의 안식일이 예수님이 무덤에 거하는 가운데 찾아온다. 그러고는 드디어 다음 날, 즉 일주일의 첫째 날인 부활의 날이 이르게 된다. 요한은 우리가 이날을 놓치지 않도록 신경을 쓴 나머지, 핵심 내용을 아침과 저녁으로 두 번이나 반복한다(요 20:1, 19). 여기에 더해서 고려할 점은 "내 아버지께서 일하시니 나도 일한다"(요 5:17)

라는 예수님의 설명이다. 이 모든 것을 통해서 우리가 깨닫게 되는 것은, 예수님 자신이 성전의 성취이듯(요한복음이 분명히 보여주듯) 또한 안식일의 성취이고, 그렇기 때문에 하나님의 공간(성전)이 그런 것처럼 하나님의 시간(안식일) 또한 예수님께 집중된다는 사실이다. 요한복음은 이런 핵심 의미를 고도로 강화된 형태로 그려낸다. 예수님의 부활 속에서 시작된 새 창조는 앞으로도 영원히 지속될 신적 – 인간적 시간이지, 단순히 어떤 한 순간과 순간의 연속이 아니다. 이 점에 대해서는 조금 후에 다시 탐구할 것이다.

마찬가지로 요한계시록도 "일곱"이라는 수의 시리즈가 복합적으로 짜여 있는 구조로 되어 있다. 하지만 드디어 21장에서 새 하늘과 새 땅이 모습을 드러내는 순간이 오면, 지금까지 이 절정의 순간을 가리켜왔던 모든 푯말들이 빛나는 실체 자체 앞에서 모두 떨어져나가게 된다. 성전이 없어질 뿐 아니라 태양도 달도 심지어 밤도 사라진다. 영원히 계속되는 낮, "하나님과 어린 양"이 비추는 빛만이 남게 되는 것이다. 바로 여기가 옛 성전이 가리켜온 실체, 곧 하나님과 어린 양의 인격적 임재가 거하는 "장소"다. 뿐만 아니라 이때가 바로 반복적으로 지켜온 안식일이 가리켜온 그 "시간"인 것이다. 고린도전서가 말하듯 완전한 것이 임하면 부분적인 것은 폐지된다.

이 모든 것을 염두에 둔다면 초기 교회가 일주일의 첫째 날을 "주님의 날"로 기렸다는 사실이 놀랍지 않을 것이다. 일주일의 첫 날을 새로운 안식일로 삼는 행위는, 어떤 유대교 안식일 준수도

해낼 수 없었던 효과적인 방식으로 예수님이 새 창조를 시작했다는 사실을 강조할 수 있었다. 바울은 고린도의 그리스도인들이 주일의 첫째 날에 모일 것으로 기대하고 있었다(고전 16:2). 이 규칙은 사도행전에 다시 등장하며(행 20:7), 요한계시록 1:10에서는 이 첫째 날이 더 이상의 부연 설명 없이 "주님의 날"로 불린다. 유대인과 이방인을 막론하고 당시 사람들에게는 주일의 첫째 날이 일을 해야 하는 평범한 날이었음을 상기하자. 이런 고되고 바쁜 날 함께 모임으로써(추정컨대 일이 시작되기 전 아주 일찍 모였을 것이다), 초기 그리스도인들은 죽음에 대한 예수님의 승리를 상징적으로 보여줄 수 있었다. 시간과 안식일 개념에 대해 사도적인 권위를 가지지는 못했던 2세기의 기독교 저술가들도 이에 대해 연구를 했지만, 그 시대의 중심 이슈는 안식일이 아니었다고 요약할 수 있겠다.

"일주일의 첫째 날"이 교회가 막 탄생한 시절에도 평범하고 바쁜 날이었고 그 이후로도 계속 비슷한 사정을 유지했다는 사실은, 다음과 같은 다른 점을 일깨워준다. 즉 초기 그리스도인들이 안식일 준수의 기본 원칙, 즉 일을 중단하는 것을 새로운 일요일로 옮겨오기 위해 노력했다는 증거가 어디서도 발견되지 않는다는 점이다. 어쩌면 첫째 날에 일을 중단하는 것은 거의 비현실적인 바람이었을 수도 있다. 집안 전체가 기독교로 개종하여 집주인이 노예들에게 쉬는 날을 허락하는 경우를 제외하고는 말이다. 사실 그리스도인들은 옛날 같으면 비현실적으로 보였을 시도들을 과감히 행하기도 했다. 하지만 새로운 안식일에 대해서는 그런 시도의 증거가 보이지 않는다. 삶의 일상적인 업무는 지속되어야 했지만, 초기 그리스도인들 중 아무도 이교도적 방식과 공모하도록 강요당하고 있다고 불평하거나, 아니면 유대인들이 그들의 안식일을 지키는 것처럼 자신들도 "자신들의" 새날을 지키도록 허용해달라고 운동을 벌이지는 않았다. "안식일"을 일요일로 옮기는 이 명백한 전환 작업은 훨씬 더 이후에 이루어지게 된다.

안식일, 시간 그리고 기독교적 소망

마치 유대교가 플라톤주의에 자리를 내어주고 물러선 것 마냥, 안식일이라는 옛 제도가 기독교 세대에 와서 초월되었다고 말하는 것은 너무 안이한 결론이다. 시간이라는 유의미한 개념 전체가 씻은 듯 사라져버리고 대신 그 자리에 시간을 초월한 비전, 시간을 초월한 복음, 시간 밖에 계신 하나님으로부터 온 영원한 말씀, 인간으로 하여금 시간의 세상을 잊고 하나님의 비시간적 영원 속으로 들어오라는 초대 등의 개념들로 대체되었다고 본다면 편의적 사고방식에 편승하는 일인 것이다. 반복해서 말하지만 이것은 너무 쉬운 해답이다. 서구 기독교 세계의 많은 사람들이 이런 길을 가긴 했지만 말이다. 이런 안이하고 단순화된 생각은 때로는, 안식일 준수가 율법주의적 전통이며 그렇기 때문에 더 "영적인" 종교를 믿은 초기 그리스도인들은 반율법주의를 고수했다는 식의 "일반적" 견해와 결합되었다. 하지만 이는 신약성경의 내용을 진지하게 고려할 때 전혀 타당한 설명이 되지 못한다. 또한 성경을 "권위를 지닌" 것으로 여긴다는 것이 무엇인지 발견하고자 하는 우리의 탐구 목적에도 전혀 도움이 되지 못한다.

사실 논의 중인 이 문제는 복잡하지만 대단히 흥미로운 주제라고 할 수 있다. 예수님의 부활 이후, (하나님의 선한 피조물 중 하나인) 직선적 시간은 여전히 지속된다. 하지만 차이는 원래 있던 직선적 시간에 새로운 현상, 즉 새로운 종류의 시간이 교차된다는 점이다. 엘리엇(T. S. Elliot)이 말하는 "영원과 시간의 교차"가 아니라, 서로 성질이 다른 두 개의 시간의 교차라는 점을 눈여겨보기 바란다. 하나님의 시간 안에서는 과거와 현재의 사건들이 하나로 합쳐질 수 있고 또 실제로 합쳐지기도 한다. 어떤 의미에서 보면 예수님의 죽음이 출애굽 사건에서 예시된 것처럼(또 다른 측면에서 보자면 매해 유월절에서 반복된 것처럼), 또한 새 창조 자체가 예수님의 부활에서 예시되는 것처럼, 이제 시간은 하나로 포개졌다가 다시 분리될 수 있다. 누군가는 이런 시간을 "성령-시간"(Spirit-time)이라고까지 부를지도 모른다. 왜냐하면 사도행전에는 오순절이 "때가 완전히 찼다"(*symplērousthai*)라는 단어로 표현되고, 레위기(23:5-21)에서는 오순절 자체가 희년의 한 형태, 즉 모든 시간이, 율법을 좇아 자기 자신을 선물로 주신 하나님을 향한 찬양이 울려 퍼지는 한 지점으로 응축되는 때로 나타나기 때문이다.

이 모든 것이 예수님이라는 한 분에게 온전히 초점이 맞춰져 있다. 솔직히 내 의견을 말하자면 "예수님의 신성"을 증명하거나 반박하고자 하는 모든 현대 서구 사상의 집착은, 정통주의자든 급진주의자든 양편의 눈을 똑같이 가리는 결과를 가져왔다. 이론과 개념에 집착하는 근대인들은, 초기 그리스도인들이 선명하게 볼 수 있었던 예수님 중심적인 주제들, 즉 "신성"이니 "인성"과 같은 무미건조한 서구적 개념보다 훨씬 더 풍성한 것을 함축하는 "의미"의 망—예수님이라는 핵 주위로 탐스럽게 연결된 포도송이처럼—을 보지 못한다. 초기 그리스도인들에게 예수님은 새로운 성전이었다. 다시 말해 하늘과 땅이 하나가 되는 장소인 동시에 양편이 만나도록 하는 수단이었다. 지금까지 내가 보여주려 한 것처럼, 초기 그리스도인들에게 예수님의 사역, 죽음, 부활은 새로운 희년 자체였던 것이다. 예수님 안에서 하나님의 해방이라는 목적은 마침내 인간의 삶과 만나고 교차되어 영구적인 희년의 상태를 만들어낸다. 한 걸음 더 나아가 (비록 이건 다른 주제이지만) **십자가에서 죽으시고 부활하신 바로 그 육체에 거하시는 예수님**이, 바울이 말한바 "신성의 모든 충만이 육체로 거하시는" 물질적 본체임이 드러났다. 따라서 이 모든 것은 성령 안에서 성령을 통해, 성령이 내주하시는 자들에게도 똑같이 적용되는 현실인 것이다. 여기서 내가 말하고자 하는 바는 이것이다. 우리가 논의해왔던 안식일에 대한 문제, 즉 "일요일"이 새로운 반율법주의적·반행위적 규율을 갖춘 "기독교적 안식일"이냐 아니냐에 관한 문제는 단순한 차원을 넘어 훨씬 더 심오한 함축을 갖는다. 지금 우리는 예수님 안에서 예수님을 통해 발생했으며, 그 후로는 성령 안에서 성령을 통해 발생한 시간과 공간, 물질 자체의 구속과 변화에 직면하고 있는 것이다. 예수님 안에서 이미 이루어진 이런 본질적 변혁을 실감한다면 우리는 다시 옛 방식의 안식일 엄수주의로는 돌아갈 수가 없다. 다양한 교파의 기독교 율법주의자들이(공식적으로는 교황주의자들과 청교도들이) 아무리 애써서 그런 장치를 만들고자 했다 하더라도 말이다. 이런 반동적 노력의 결과는 기껏해야 훨씬 더 흥미진진하고 중요한 작업으로부터 주의를 분산시키는 것뿐이다. 예수님과 성령과 함께 전혀 **새로운 존재 방법**, 새로운 양식의 창조세계, 새로운 방식의 **인간됨**이 이 땅 가운데 시작되었다는 좋은 소식을 연구하고 시행하는 것 같은 작업이 뒤편으로 밀려나는 것이다.

그렇다면 직선적 시간 자체는 어떻게 되는가? 플라톤주의 정서에 잘못 사로잡힌 이들은 시간 자체는 이제 중요하지 않다고 주장할지 모른다. 하지만 이런 주장은 그리스도인들로 하여금 역사와 역사성을 부주의하게 다루게 하는 위험한 결과를 초래했다. 성경은 역사의 소멸을 말하지 않는다. 오히려 요한계시록 21장과 22장에 나오는 새 창조의 그림은 전혀 다른 것을 이야기하고 있다. 새 하늘과 새 땅에서 우리는 새로운 **프로젝트**가 가동됨을 보게 된다. "그 나무 잎사귀들은 만국을 치료하기 위해 있더라"

(계 22:2). 이 텍스트의 광경 전체는 어떤 활동도 발생하지 않는 정지 상태의 "쉼"이 아니라, 신선하고 활기 넘치는 삶과 찬양, 생산적 활동이 발생하는 장소를 그리고 있다. 요한계시록은 이 땅에서의 삶 이후에 있을 "안식"에 대해 인간의 죽음과 부활 사이에 끼어 있을 제한된 시간으로 여기지, 최종적 상태로는 보지 않는다(계 6:11; 14:13). 궁극적 결말에 발생하는 것은 "휴식"이 아니라 "통치"다. 하나님의 세상에 대해 하나님의 백성이 행하는 통치다. 물론 하나님의 백성은 통치자일 뿐 아니라 하나님과 어린 양을 영원토록 경배하는 주체이기도 하지만 말이다[세부 사항이 궁금하다면 『그리스도인의 미덕』(*After You Believe*, 포이에마 역간)을 보라].

이러한 통찰은 우리를 다음과 같은 새로운 시간 개념으로 이끈다. 즉 새 창조 속에서도 시간은 여전히 직선적으로 흐르지만, 이때 시간은 다양한 방식으로 다른 시간의 체계들과 교차하게 될 것이다. 그래서 계속 진행되는 평범한 시간의 순서 속에 과거의 기억과 미래의 기대가 스며들게 되며, 옛날의 사건이 현재의 것으로, 미래에 올 일들이 현재와 겹쳐지게 된다. 내 견해로는 바로 이런 시간 개념이, 아우구스티누스가 기억과 상상에 관한 연구에서 말하고자 했던 내용이다. 동시에 이런 생각은 현대 물리학, 특히 아인슈타인 이래의 물리학이 표상하고자 애썼던 개념일지도 모른다. 과거와 현재와 미래가 자유로이 겹쳐지는 이런 시간 개념은, 직선적 시간과 삼차원적 공간이라는 근대 물리학의 독재적 패러다임에 의해 배제된 것이었지만, 오늘날에 와서 다시 거론되고 있다. 정말로 우리의 세상은 우리가 깨달은 것보다 훨씬 더 복잡하다. 우리 믿음의 선조들은 이런 사실을 인식했음에 분명하다. 그래서 지금까지 우리는 별로 중요하게 여기지 않았던, 하지만 최근에 와서 다시 상기하게 된 상징과 형상들을 통해서 이러한 다층적 복잡성을 표현했을 것이다.

어쨌든 창조세계를 신격화하는 것이든 하찮게 여기는 것이든 양자 모두 이교적 태도에 속한다. 그렇다면 제3의 방식은 없는 것일까? 만약 창조세계가 하나님 자신의 거처로서 창조되었으며 우리가 하나님의 형상을 지닌 피조물임이 사실이라면, 그리고 시편 19편의 암시와 같이 하나님의 영광을 아는 지식이, 물이 바다를 덮음같이 창조세계 자체를 가득 채울 거라는 가정을 믿는다면 어떻게 될까? 내 말은 우주가 어떤 측면에서는 **성스럽다**는 것을 한 번 가정해보자는 것이다. (하지만 아직 완전하게 성스럽지는 않다는 것도 염두에 두어야 한다. 왜냐하면 우리는 아직도 최종적 구속을 기다리는 중이기 때문이다. 과도하게 성급한 실현된 종말론 개념은 어디서나 마찬가지지만 심히 위험하다.) 하지만 제라드 맨리 홉킨스(Gerard Manley Hopkins)가 본 것처럼 이미 세상은 "하나님의 웅장함으로 가득 차" 있으며, 현재의 타락은 잠시 동안만 그것을 감출 뿐 사실 미래의 영광이 이곳을 충만히 채우고 있는 것은 아닐까? 만약 안식일을, 쉼의 시간일 뿐 아니라 영광의 시간이기도 한 그때를, 곧 하나님이 창조세계를 자신의 거처로 정하시고 창조세계도 하나님을 거주자로 맞아들이는 그때를 가리키는 진정한 표지판으로 이해한다면 어떨까? 이런 견해는 시간과 공간, 물질의 변화를 모두 포함하는 것이다. 이는 성례 신학이 기껏 멀리서 막연히 바라보기만 했을 뿐, 실존으로 끌어올려 실체로 만들 수 없었던 근본적 변화이다.

다시 한 번 요한계시록 21-22장으로 돌아가보자. 이 텍스트가 그리고 있는 하나님의 궁극적 미래에 대한 그림은 풍부한 통찰을 제공한다. (이미 보았듯) 그곳에는 성전이 없을뿐더러 해와 달 또한 없을 것이다. 하지만 시간이라 부를 만한 것은 여전히 존재할 것이다. 왜냐하면 그 시간 속에는 실행되어야 할 프로젝트와 일들, 만국을 치료하기 위한 나무 잎사귀들도 있을 것이고, 세상의 왕들이 보물을 들고 도시로 들어오는 사건도 일어날 것이기 때문이다. 이 풍부한 상징들이 궁극적 실체와 관련해 어떤 의미를 지니든지 간에, 확실한 점은 새 창조는 정적인 상태도, 교향곡의 마지막 화음이 영원히 머무는 상태도 아니라는 것이다. 새 세상 속에서는 새로운 노래가 시작될 것이다.

이 장에서 말하고자 했던 요지를 마지막으로 요약하겠다. 구약의 안식일 준수 명령은 진정하고 필수적인 푯말로서, 하나님의 창조 목적과 그 목적의 성취에서 이스라엘이 어떤 위치를 차지하는지 가르킨다. 하지만 창세기 2:3의 관점에서 보면, 안식일은 하나님이 하늘과 땅으로 이루어진 자신의 창조세계에 오셔서 사신다는 것, 즉 거처를 정하시고 자기 백성 가운데 거하심을 나타내는 표시였다. 그렇기 때문에 복음서들에서 볼 수 있듯 안식일에 하신 예수님의 행동들은 "아버지가 아직 일하시니 나도 일한다" 라는 그의 믿음을 강력하게 나타낸다. 안식일은 다가올 마지막 때의 표지이다. 신약성경은 마치 예수님이 자기 자신이 영광스러운 종말을 담고 있는 것처럼, 성스러운 시간이 육체를 입고 살아서 다가온 것같이 행동했다고 증언한다. 바로 이런 이유 때문에—흔히 생각하듯 단순화된 "율법주의의 거부" 또는 그 비슷한 이유 때문이 아니라—초기 기독교 내에서는 안식일 명령이 대대적으로 사라지게 되었다. 그리고 같은 이유로 안식일에 대한 놀랄 만큼 복잡한 성경의 자료들은, 오늘날이나 다른 그 어떤 시대를 사는 그리스도인들에게 강력한 권위를 가질 수 있는 방법을 모색하는 실마리가 된다.

오늘날의 안식일?

그렇다면 우리는 안식일 준수에 대해 어떤 입장을 취해야 하는가? 또한 이 안식일 준수의 저변에 깔린 주제인 "성경의 권위", 더 정확히 말해 성경을 통해 발휘되는 하나님의 권위에 대해서는 무엇을 배울 수 있는가?

일단 이 책의 연구가 알려주는 것은, 십계명을 그대로 반복하는 것은 문제를 발생시킨다는 점이다. 오랫동안 교회 신도들은 "나는 너를 이집트 땅에서 데리고 나온 주 너의 하나님이다" 같은 말들을 걸러내 배제해왔다. 이 장대한 선언을 그저 듣기 좋은 비유적인 서론쯤으로 여기면서 말이다(그러고는 아마도 이 구절을 예수님의 죽음과 부활이라는 유월절 사건과 연결했을 것이다). 하지만 이런 태도가 안식일 명령을 제대로 "해독"할 수 있었을까? 전혀 그러지 못한 것 같다. 신약성경이 안식일 준수 명령을 제외하는데도 불구하고 기독교 예식 속에 십계명 전부가 포함된 현상은, 아마도 시간이 지나감에 따라 안식일 엄수주의의 영향을 받았기 때문인 것 같다. 안식일 엄수주의를 고수하는 이들은 어떤 질문도 아이러니도 없이, 일주일 중 일곱째 날이 안식일로 제정된 그 모든 구약적 의미가, 이제는 고스란히 "주님의 날"로 이동했다고 믿는다. 다시 말해 구약의 안식일 개념에 "주님의 날"이 덧붙여진 형국이다.

그렇다면 구약의 안식일에 상응하는 "기독교적인" 무엇은 존재하지 않는 것일까? 분명히 존재하지만 기독교적 원리는 구약의 그것과는 상당히 다르다. 예수 그리스도 안에서 하늘과 땅이 하나가 되고 새날이 밝았기 때문에, 이 관점에서 보면 우리는 이미 영원히 계속되는 안식일 가운데 살고 있는 것이다. "때가 찼다." 따라서 모든 약속이 실현되었음을, 질적으로 완전히 새로운 시간이 이미 시작되었음을 알리는 어렴풋한 기미를 경시해서는 안 된다. 따라서 종파와 신념을 막론하고 모든 "기독교 안식일"은, 앞서 언급한 저 모든 장대한 의미를 기념하는 것이어야 한다. 음악과 춤과 다양한 예술을 수단으로 하여 또는 가정생활 안에서, 예수님을 통해 하늘과 땅이 하나로 만났음을 표현하고, 구약적 안식일의

"쉼"이 새것에 대한 "축하"로 바뀌었음을 나타낼 수 있어야 한다.

시간에 대한 이런 관점은 공간(혹은 "장소")과 물질에 대한 기독교적 견해와 맥을 같이한다. "새 성전"이 성령을 통해 예수님 안에 세워졌다고 해서, 성스러운 공간이 어떤 것인가에 대한 적절한 기독교 신학이 불필요한 것은 아니다. 하나님의 아들이 흙으로 만들어진 인류의 한 부분이 되신 사건을 통해 창조세계 전체가 새로운 방식으로 거룩하게 된 것은 사실이다. 그럼에도 불구하고 예수님은 우리에게 어떤 특정한 피조물을 거룩하게 여길 것을 가르치셨다. 예수님의 사랑과 임재가 거하는 물질로 거룩하게 여기도록 지시된 대상은 물과 빵과 포도주다. 또한 마태복음 25장의 말씀을 통해서도 알 수 있듯 우리는 물과 빵과 포도주의 목록에, 가난한 자들과 우리의 도움을 필요로 하는 자들을 추가해야 한다. 예수님은 우리가 그들에게 어떻게 대하든지 바로 그 행위를 그분께 하는 것이라고 했다. 이 모든 것이 다가올 실체를 향해 앞을 가리키는 새로운 표지판이 된다. 마찬가지로 예수님이 사람들에게 알려지고 경배받고 기도 가운데 기원되는 모든 장소와 성례와 예배는, 언젠가 이 세계가 하나님의 영광으로 완전히 채워지는 그때를 가리키는 푯말이 될 수 있다. 성례를 이루는 모든 요소들의 역할은, 예수님의 임재와 능력을 미래에 올 완전히 회복된 창조세계로부터 잠시 차용하여 현재의 시간 안에서 보여주는 것이다. 그렇다. 이미 **때가 찼다**. 그러나 **동시에 여전히 "때가 악한"**(엡 5:15-16; 골 4:5) 것도 사실이다. 시간은 구속되고 변형되었지만 아직 완전히 구속되지는 않았다. 바로 이런 이유 때문에 우리는 현재에서조차 시간을 "구속하라"는 명령을 받는 것이다. 그러므로 안식일의 요소를 새로운 기독교적 관점에서 변형시키고 재해석하려는 모든 시도는, "이미"와 "아직" 사이에 그려진 전체적인 그림과 틀 안에서 이루어져야 한다.

이 시점에서 우리는 더 폭넓은 지혜의 보고에 의존할 필요가 있다. 인간이 건강한 삶을 영위하기 위해서는, 창조세계 전체, 즉 동물과 가난한 자들과 착취당하는 자들에 대한 하나님의 목적을 늘 고려해야 한다. 특히 우리는 앞에서 언급한 새로운 종류의 시간, 즉 성취되었으나 아직 완전히 구속되지는 않은, 그리고 하나님의 임재가 새로운 방식으로 나타난 이 시간을 가장 잘 표상할 수 있는 적합한 방법을 찾을 필요가 있다. 사실 초기 그리스도인들은 옛 안식일을 새로운 일요일로 "옮길" 생각을 하기 전부터 이미 주님의 날을 적절한 방식으로 특징화하고 있었다. 그것은 승리를 거두고 때를 성취한 예수님의 죽음을 표상하는 식사를 함께 나누는 의식을 통해서였다. 그러므로 초기 기독교적 "주님의 날"은 성찬이라는 핵심적 행위를 중심으로 하여, 하지 말아야 할 행동의 목록보다는 선하고 적절한 행위를 시행하는 데 집중하는 시간으로 이해될 수 있겠다. 어떤 종류의 일을 거부하고 금지하기보다 치료, 자비, 창조, 정의, 아름다움, 사랑의 행위 같은 선한 일을 하겠다는 결심이 그 핵심 개념인 것이다. 앞에서 열거한 행위들은 당연히 우리의 주중 활동과는 다르다. 다수의 문화권에서 일요일은, 교도소를 방문하거나 동네에 있는 호스피스에서 자원봉사를 하거나 노인들 혹은 집에서 꼼짝 못하는 이웃들과 함께 시간을 보내거나 소외받는 아이들이 신선한 공기를 쐴 수 있도록 함께 외출하는 가족이 되어주는, 이웃 사랑을 실천하는 훌륭한 날이다. 이 모든 일들은 하나님의 시간과 우리의 시간이 예수 그리스도 안에서 하나 되었음을 상징적으로 상기시켜줄 것이며 동시에 앞으로 올 완전한 구속의 때를 가리킬 것이다.

하지만 이런 안식일의 활동이 가능하기 위해서는 다음과 같은 전제가 필요하다. 즉 인간의 삶의 모든 차원을 지혜롭게 정돈하는 작업이 시작되어야 하며, 강박적으로 일하고자 하는 서구 근대의 독특한 집착이 설 자리를 잃고 무너져야 한다는 전제가 바로 그것이다. 농부들이라면 이삭을 밭 가장자리까지 모조리 줍지 말고 가난한 자들과 동물들을 위해서 어느 정도 남겨두라는 신명기의 명령이, 과연 우리 시대에는 무엇을 함축하는지 다시 생각해보아야 하리라. 과거의 농장 건물은 새들이 처마 밑에 둥지를 틀 수 있도록 허용하는 구조였던 데 반해, 현대적 건축은 점점 더 자연에 대한 친화성을 잃어가고 있다. 넓은 공터를 만든답시고 수천 수만의 작은 동물들과 곤충들에게 처소를 제공했던 산울타리를 잘라버리면서도, 이로 인해 초래될 생태계의 파괴에 대해서는 철저히 무관심하다. 이 밖에도 실례는 너무나도 많다. 우리가 사는 세상에는 어떤 사람들에게는 너무 많은 일거리가 몰려 있는 반면 다른 사람들에게는 충분한 일거리가 없다. 이런 상황에서 일거리의 부족은 그 사람에게 문제가 있다는 나쁜 표지로 받아들여진다. 어떤 이들은 12시간 이상을 사무실에서 보내는가 하면, 다른 사람들은 할 일 없이 집이나 길거리에서 어슬렁거리고 있다. 모든 것들이 위험하게 균형을 잃고 있는 것이다. 시간의 지혜로운 활용은 이 불균형의 문제를 다루는 계획의 일환이 될 수 있다. 대부분의 경우 끊임없는 시간 남용은 자원에 대한 불안감, 즉 조금 더 벌려면 조금 더 일해야 한다는 생각에서 비롯된다. 하지만 이런 망상을 떨치고 일과 쉼 사이의 균형을 주중 6일 동안 잘 이루어야만, 내가 제안한 대로 주님의 날을 바르고 참신하게 활용하는 "효과"를 볼 수 있다. 또한 이 점은 안식일 전반에 적용될 뿐 아니라 희년 원칙이라는 구체적 개념에도 적용된다. 예수님이 희년을 선포하고 실현했기 때문에 이제는 모든 그리스도인들은 빚의 탕감을 실천할 수 있다. 나는 다른 책에서, 세계에서 가장 가난한 나라들이 지고 있는 도저히 갚을 길 없는 터무니없는 빚을 면제해주어야 한다고 말한 적이 있다. 하지만 나는 전 세계 국가 정부들이 갑자기 뜻을 모아 극도로 부유한 은행들이 진 빚을 면제하기로 결정하기를 바라지는 않는다. 오늘 부자들에게 희년이 임하면, 그러면 내일이면 가난한 자들에게도 희년이 임하리라? 운만 따라준다면? 이런 뒤틀린 논리에서 볼 수 있듯 우리가 살고 있는 세상은 정말 부조리한 곳이다. 이 세상은 예수님의 메시지의 깊은 핵심을 다시 붙들어야 할 절박한 필요가 있다.

특히 창세기 2장의 "안식"의 의미, 즉 하나님께서 자신이 지은 집으로 오셔서 거하시며 누리는 "쉼"을 생각할 때, 크건 작건 우리의 집도 우리가 거하는 처소로서, 또 소규모지만 창조적이고 만족을 주는 가정생활을 영위하는 장소로서 축복을 받아야 한다. 물론 하고 싶은 말은 많지만 여기서는 분명한 점 한 가지만 말하고 넘어가도록 하자. 내가 제안한 일요일을 보내는 방법이, 이미 과도할 정도로 바쁜 그리스도인의 가정생활을 한층 더 분주하고 파멸적인 것으로 만들어서는 안 된다는 점이다. 이런 식으로 내 제안을 이해하는 것은 내 주장 전체를 근본적으로 약화시킨다고 할 수 있다.

구약의 안식일에서 기독교적 일요일로의 단순한 "이동" 같은 것은 존재하지도 않고 또 존재할 수도 없다. 안식일의 폐지는 "유대적 율법주의"에 대한 반대 때문도 아니며 인간 피조물에 대한 하나님의 절대적이고 완전한 요구가 느슨해졌기 때문도 아니다. 오히려 예수 그리스도의 복음은 다른 모든 영역에서 그런 것처럼 안식일에서도 가능태로만 존재하던 것을 바깥의 현실 속으로 끄집어냈다. 이러한 인식은 우리가 마땅히 져야 할 책임이 무엇인지를 보여준다. 이번 일요일에 **당신**은 어떤 일을 함으로써 창조성을 발휘하고 정의와 자비를 행하며 치료와 소망을 제공할 것인가? 이것이 바로 모든 하나님의 약속이 예수 그리스도 안에서 "예"가 됨을 인식한 후, 그것이 실천적으로 어떤 의미를 지니는지 위험을 무릅쓰고라도 찾아내고자 하는 기독교의 전형적이고도 특징적인 입장인 것이다. 처음에는 좀 서툴더라도 상관없다. 다른 영역과 마찬가지로 안식일의 이슈에서도 우리는 "마음을 새롭게 함으로 변화를 받아야" 한다. 성령이 이끄는 이러한 작용이 효과를 발휘함에 따라 우리는 실수로부터도 배우게 될 것이다. 은혜라는 희극은 실수조차도 감싸 안는다. 우리의 직선적 시간 안에는 창조와 출애굽 사건, 무엇보다도 예수님을 통해 하나님이 이루신 과거 사건과 만물의 회복이라는 미래 사건이 함께 스며들고 삽입되며 가득 차 있는 것같이, 심판과 자비 또한 함께 내재해 있어 그분이 창조세계 전체를 최종적으로 바로잡는 수단으로 작용한다.

앞의 모든 논의를 통해 우리는 성경을 읽는 것에 대해, 또 성경을 읽음으로써 하나님의 권위 아래 산다는 것이 무엇인지에 대해 무엇을 배울 수 있었는가? 아마도 다음 서너 가지의 중요 사항들을 배웠을 것이다.

먼저 구약으로부터 모든 종류의 "명령들"을 그냥 펴와서, 마치 그것들이 예수님의 부활 이후에도 그대로 적용되는 듯 가정해서는 안 된다는 점을 기억하자. 강조컨대 내가 이렇게 말하는 것은 구약이 신약에 비해 하위에 있거나 메시지를 전달하려는 불완전한 첫 번째 시도였기 때문이 아니다. 성경은 시간에 따라 진보를 이루는 책, 즉 후세 사람들이 오류를 줄이려고 노력하면서 "진보"를 이루고 "향상"되면서 메시지의 왜곡이 줄어드는 그런 종류의 책이 아니라는 것이다(만약 그런 식으로 본다면 지금쯤이면 또 많은 진보가 이루어졌기 때문에 신약성경도 뒤로 제쳐놓을 수 있을 것이다!). 이런 식의 반응은 서구 사회와 서구 교회의 사람들이 성경을 기본적으로 규범서로 오해하기 때문에 발생하는 결과다. 이들이 던지는 유일한 질문이란, 성경 안에는 어떤 규범이 적혀 있으며 그 규범은 어떻게 우리에게 적용될 수 있는가 하는 것이다. 성경은 규범서의 개념을 훨씬 뛰어넘는다. (동시에 성경은 규범서 이하도 될 수 없다. "규칙들" 혹은 기독교적 성품 형성에 관한 지침 같은 개념도 여전히 중요하지만, 더 큰 성경적인 맥락이 없다면 이 지침들은 존재 이유와 적용 방식을 잃어버리게 된다. 여기에 대해서는 『그리스도인의 미덕』을 참조하라.)

내가 시종일관 강조했듯 성경은 이야기, 내러티브 구조를 가진 텍스트이다. 그리고 성경의 권위는 이 이야기가 어떻게 작동하며, 우리는 그 속에서 어디쯤 등장하고 있는지를 알 때만 발휘되는 것이다. 5막 연극의 비유를 다시 들자면, 구약의 안식일 규정은 제3막에서 극히 중요한 부분이었고 그 토대는 제1막에 이미 마련되어 있었다. 그러나 제4막이 열리고 이미 새날이 밝은 후에는, 지나간 제3막은 불필요한 부분이거나 탈선이나 역류로 여길 수는 없지만, 일정한 시간의 한계 내에서만 유효했던 단계, 제4막에서 발생할 새로운 성취를 위해 기반을 다지는 단계로 여겨져야 하는 것이다. 제5막에 등장하는 우리로서는 다섯 개의 막 전체의 이야기를 알아야만 안식일의 영구적 중요성을 이해할 수 있다. 비록 안식일이 생명을 주는 복음의 "현재"로 바뀌긴 했지만 말이다. 구약의 안식일 명령을 지금은 다행스럽게도 폐지된 구시대의 제한적 법규 정도로 치부해버리는 것은, 예수님이 누가복음 4

장과 그 외 여러 텍스트에서 강하게 지지하신 원칙 자체를 무시하는 행위이다. 그 원칙이란 하나님이 몸소 자신의 창조세계 가운데, 시간과 공간과 물질 속으로 직접 오셔서 거하기를 의도하셨다는 것, 그리고 인간 안에 내주하신 하나님이 일차적으로 하시고자 했던 일은 포로 된 자들에게 자유를 제공하고 특히 빚을 탕감하는 일임을 기억하는 것이다.

따라서 우리는 성경의 권위에 대한 다음과 같은 생각이 얼마나 얄팍하고 그릇된 것인지 다시 확인할 수 있다. 즉 성경의 어떤 부분(특히 비교적 앞서 쓰인 구약과 같은 텍스트)은 스스로 구원을 쟁취해야 한다는 도덕주의적 종교를 가르치는 데 반해(여기서 안식일은 하나님의 호의를 얻고 구원을 이루기 위해 지켜야 하는 임의적 명령의 가장 대표적 예다), 신약성경은 앞의 지나친 요구를 폐지하고 옛것을 꺾음으로써 "권위를 발휘한다"고 여기는 식의 생각 말이다. 성경 안에서 "율법주의"와 "반율법주의" 사이의 대치 관계를 읽어내려는 이러한 경향은, 가장 중요한 성경의 주제가 어디에 놓여 있는가를 크게 오해한 결과다. 성경 속에서 가장 중요한 전환점은 예수님 자신의 죽음과 부활로 표시되는 바로 그 지점이다. 나머지 성경 전체는 이 전환점에 되비추어 읽어야 한다. 우리 마음대로 이 전환점을 무시할 수 있다고 여기거나, 예수님과의 관련을 무시한 채 구약이나 신약에서 일반적 원칙을 맘대로 도출할 수 있다고 믿어서는 안 된다. 지금까지 일관되게 주장해왔듯, 성경의 권위는 예수님 자신의 권위와 상관관계에 있는 것이다.

그렇다고 저 결정적 전환점이 있다고 해서 구약을 무시해도 된다는 말은 아니다. 반대로 신약성경에 대한 제대로 된 이해는 반드시 구약과의 관련 속에서만, 앞으로 올 것을 가리키는 하나님의 표지판 역할을 하는 이야기와 상징들을 통해서만 가능하기 때문이다. 이렇게 성경을 읽을 때 우리는 창세기부터 요한계시록까지 이 책 전체를 있는 그대로, 즉 이 책의 존재 방식인 이야기로서 인정하는 것이다. 예수 그리스도에서 절정을 이루고 결말은 열려 있는 이야기, 우리 자신이 그 안에 등장하는 이야기, 하늘과 땅이 하나가 되고 하나님과 인간이 하나가 되며, 과거와 현재가 예수 그리스도라는 단일한 현재 안에서 포개져 이제는 시간 전체가 그의 임재로 변화되는 영광스러운 이야기인 것이다. 우리는 하나님의 새 창조의 끝없는 안식일 가운데 살도록 부르심 받았다. 비록 아직은 옛 창조세계가 해산의 고통 속에서 신음하며 완전한 구속을 기다리고 있지만 말이다. 창조세계가 고통의 신음 가운데 있다는 사실은, 여전히 우리는 일과 휴식의 적절한 리듬으로 삶을 현명하게 정돈해야 할 필요가 있음을 시사한다. 그럴 때에만 적절한 방식으로 창조가 지닌 7일의 리듬을 존중할 수 있는 가능성이 높아지며, 경우와 장소에 따라 방향을 잘 잡고 상황을 헤쳐나갈 수 있게 된다. 또 어떤 사람들에게는, 이미 시작된 하나님 나라의 영원한 안식일 안에서 살고 있다는 현실이 희미할 수 있다. 그럴 경우 우리는 혼란에 처한 갈라디아 교인들처럼, "믿음이 오기 이전" 시대를 위해 설계된 규칙들이 제공하는 안정감을 찾아 되돌아가고 싶어한다. 하지만 이미 우리가 영원한 새로운 안식일 가운데 살고 있다는 선포가 함축하는 바는, 출애굽기와 신명기의 옛 일곱째 날 안식일이 자신의 사명을 다했다는 것이다. 이러한 설명 덕분에 우리는, 배경 설명 없이는 기이하게 여겨졌을 수도 있는 예수님의 말과 행동을 이해할 수 있게 된다. 또한 구체적 경우에 어떻게 성경의 권위가 작용하는지에 대한 실마리도 얻을 수 있다. 밤에 켜는 촛불은 태양이 뜨면 필요 없게 된다. "성경의 권위"라는 말도, 성경이 자신 너머에 있는 것을 가리킬 때에만 의미가 있다. 성경 너머에 있는 것이란 성경이 가리키는 실체, 즉 창조와 언약을 내용으로 하는 진정한 시간의 이야기, 진정한 세계의 이야기다. 이 이야기는 예수님 안에서 절정에 도달하였고, 이제는 세상이 듣기를 갈망하는 자유와 안식의 메시지, 진정한 안식일의 메시지를 들고 바깥으로 뻗어나간다.

제 10 장

사례 연구:
일부일처제

성경이 어떻게 하나님의 권위를 매개하는지 보여주도록 선정된 두 번째 사례는 일부일처제, 즉 한 남자와 한 여자 사이에 평생 동안 지속되는 부부 관계다.

처음에는 이 이슈를 선택할 생각이 아니었다. 왜냐하면 현 서구 사회의 관점에서 볼 때 이 이슈는, 질문 자체가 제기되기 힘들 정도로 물 건너간 것이라고 여기는 풍조가 팽배해 있기 때문이다. 심지어 교회 내에서도 비슷한 현상이 발견될 정도다.

물론 나는 세상의 여러 지역에서 일부다처제가 허용되고 장려되기까지 한다는 사실을 잘 알고 있다. 그런데 조금 다른 이야기지만, 사실 내가 방금 전 문장을 고쳐 썼다는 사실을 고백해야겠다. 처음 쓴 문장은 다음과 같은 것이었다. "물론 나는 **지금까지도** 세상의 여러 지역에서 일부다처제가 허용되고 장려되기까지 한다는 사실을 잘 알고 있다." 이렇게 쓰면 이 문장은 비난조의 폭로성 글이 되어버린다. 즉 과거 일부다처제의 "원시적" 형태의 삶이, 가족에 대한 도덕성이 꾸준히 "진보"된 덕분에 밀려나게 되고, 그 자리에 도덕적으로 더 발전한 형태인 일부일처제가 자리 잡았다는 식의 사고를 노출하게 되는 것이다. 바로 이런 사고가 서구인들로 하여금 일부일처제의 이슈에 대해 명확하게 사고하지 못하게 만드는 오만한 전제들 중 하나다. 이런 맥락 때문에 2010년 남아프리카공화국의 대통령이 서너 명의 아내들을 대동하고 엘리자베스 여왕을 공식 방문했을 때, 영국 신문들이 일제히 놀라움과 호기심과 더불어 선명한 인종적 우월감을 표현했던 것이다. 사실 방문한 대통령과 아내들은 자신들의 처지에 대해 만족하고 즐거운 듯 보였다. 그들의 결혼 형태에 대해 질문을 받았을 때도 대통령은 자신의 문화권에서는 과거나 지금이나 일부다처제가 표준임을 역설했다. 그런데 현대 서구 세계가 대체로 그렇듯, 영국에서는 아내를 둘만 가지는 것도 불법이므로 일부다처제는 몇 배로 불법인 셈이다. 이런 엄청난 차이는 참 신기하게 느껴진다.

일부일처제를 진보의 산물로 여기는 이런 관점은, 세계의 다른 문화권의 시각에서 보면 특이할 뿐 아니라 오만하게 느껴질 것이다. 전통적 서구 사회나 이슬람 사회에 사는 그리스도인들 사이에서는 다음과 같은 유명한 질문이 있다. 즉 기독교로 개종했는데 이미 세 명의 아내를 데리고 있는 상태라면 어떻게 해야 하는가 하는 질문이다. 기독교는 이혼을 금지한다. 동시에 일부다처제도 금지한다. 이에 대해 아프리카에 사는 그리스도인들이 만들어낸 해결책은 다음과 같다. 여러 아내를 데리고 있는 사람도 그리스도인이 될 수 있다. 하지만 한 아내만 남기고 나머지 아내들은 모두 버리라고 강요받지도 않는다(이렇게 하는 것은 많은 문화권에서 지독하게 잔인한 처사가 될 수 있다). 하지만 (이제부터가 중요한 대목인데) 이런 자들은 목사 안수를 받을 수 없으며, 그들의 아이들도 부모의 기독교 신앙을 따르고 싶다면 일부다처제를 취해서는 안 된다.

사실 이런 이슈들에 있어서 세상은, 서구인들의 생각보다 훨씬 더 복잡하고 혼란스럽다. 잘 알려진 대로 미국에서는 모르몬교도들이 일부다처제를 옹호하는 입장이며, 실제로 자기 방식대로 살고 있다. 하지만 이런 문제는 대다수 미국인들에게 문제만 제기할 뿐 해답이 없는 경우인 것이다.

내가 아는 한, 일부일처제가 기준이 되어야 한다는 전제에 도전한 사람은 현대 서구 사회에는 거의 없다. 요즘 미국의 특정 지역에서 다자(多者) 사이의 비독점적 연애(polyamory)를 주장하는 움직임이 있는 것은 사실이지만 말이다. 이 희한한 개념은 세 명 또는 그 이상의 남녀들이 서로의 삶을 공유하기로 합의하는 것인데, 여기에는 다양한 형태의 성적 관계가 포함된다. 마치 패배자들이 모여서 이루는 복합적 혼인 관계와 같은 모양새다. 왜냐하면 이러한 관계 속에는 원칙적으로, 복혼(複婚)과 양성애가 조합되고 일부다처제(한 남자와 많은 아내들)와 일처다부제(한 여자와 많은 남편들)가 마구 섞여 있기 때문이다. 하지만 대부분의 현대인에게 여전히 표준으로 통용되는 것은 일부일처제다. 다른 형태의 결혼을 추구하는 자들은 보통 은밀한 불륜 관계를 가지거나 이혼과 재혼의 과정을 거치지, 기본적인 결혼 단위의 크기를 정당하거나 부정한 방법으로 늘이려고 시도하지는 않는다. 안타까운 일이지만 사랑의 삼각관계는 흔하다. 하지만 남편과 아내와 애인이 함께 사는 3인 가족은 그리 흔하지 않다.

내 견해로는 대부분의 사람들은 유대교－기독교적 전통을 근거로 내세워 일부일처제의 표준성을 정당화하지 않을까 싶다. 하지만 정확히 왜 그런 것일까? 정확히 성경의 어디에, 결혼은 오로지 한 남자와 한 여자 사이에서만 성립한다고 쓰여 있는가? 성경의 위대한 영웅들 중 몇몇은 중혼으로 유명하지 않은가? 야곱에게도 두 아내가 있었고(나중에 두 명이 더 생긴다) 다윗에게도 몇십 명이 있었으며, 심지어 솔로몬은 몇백의 아내를 가지지 않았는가? 이런 일이 더 이상은 안 된다고 신약성경 어디에 쓰여 있는가? 이 이슈와 관련된 성경 해석이나 성경의 권위에 대해 자유롭게 논의하지 못하는 이유는, 현대 서구 세계의 사회적 상황 때문이 아닌가 한다. 지금부터 우리는 일부일처제에 대해 성경이 무엇을 말하는지 살펴볼 것이다. 이 책의 중요 주제는 성경의 권위 자체지만, 일부일처제의 이슈를 이해해야만 비로소 "성경의 권위"가 가진 실제적 의미가 드러날 것이기 때문이다.

먼저 주목하고 넘어가야 할 지점이 하나 있다. 그것은 대부분의 서구인들이 일부다처제에 대해서, 동성애에 대해서 얼마 전까지만 해도 품고 있었던 것과 거의 동일한 생각을 하고 있다는 사실이다. 즉 이런 행위는 "우리로서는" 용인할 수 없는 이상한 행동이라는 태도다. 하지만 시대가 얼마나 변해버렸는가? 동성애에 대한 계속된 논쟁에서 "더 새로운" 자유화를 지지하는 사람들은, 구약의 금지 사항들이 가장 분명하게 나타난 레위기 같은 책에 경멸을 쏟아부었다. 레위기는 돼지고기와 조개류를 먹는 것도 금지하며 다른 두 종류 이상의 실로 짜인 직물로 옷을 해 입는 것도 금지한다. 게다가 현대의 과학과 의학의 기준으로 볼 때 무의미한 온갖 유사 의학적 규칙과 규정들로 가득 찬 책인 것이다. 사정이 이와 같은 데도 왜 우리는 이따위 책이 말하는 성적 행동 규범에 신경을 써야 한단 말인가? (지금부터 나올 내용이 문제의 핵심이며, 현대의 수없이 많은 잘못된 성경 해석의 근저에 깔린 암묵적 전제인데) 어차피 구약은 율법의 종교이자 격렬한 금기와 엄격한 규정의 종교인 반면, 신약은 은혜의 종교, 규율에 대해 느슨하며 금기를 배제하는 관대한 종교이지 않은가? 신약성경이 그리는 세상은 "포용적" 세상, 즉 과거에는 금지되었던 온갖 것들(돼지고기, 조개 등등)이 허용되며, 과거에는 의무였던 모든 것들(할례, 안식일)이 선택 사항이 되어버린 세상이지 않은가? 신약과 구약에서 성경이 다른 식으로 작동한다고 보는 이런 이해는, 오늘날 서구 사회와 교회에 고질적으로 만연해 있다. 그래서 나는 다음과 같이 묻고 싶다. 일부다처제의 경우, 오히려 구약이 현대의 관습보다 이 결혼 제도에 대해서 훨씬 더 "자유주의적"으로 보이는데 무엇이 문제란 말인가? 관용의 메시지를 전하는 예수님을 따른다면, 여러 파트너를 동시에 취하려는 충동을 가진 자도 포용해야 하는 것 아닌가? 만약 신약성경이 율법에 얽매임 없이 관대하고 편견

없고 후한 포용을 추구하고자 구약의 엄격한 제한을 완화하는 것이 사실이라면, 당연히 예수님의 제자들은 중혼의 타당성과 가치, "자연스러움"을 알아볼 수 있어야 하지 않을까? 더군다나 현재의 이슈인 중혼은 구약 안에서 일반적으로 볼 수 있는 현상이었고, 신약성경도 절대 이것을 분명하게 금지하지 않는데 말이다.

앞에서 소개한 일부다처제의 주장들을 들으면, 이런 식의 접근 방식이 얼마나 잘못된 것이지 알 수 있다. 또한 일부다처제가 최근 논의의 주요 쟁점이 아니었다는 바로 그 이유 때문에도, 이 이슈는 실제적으로 "성경의 권위"가 어떤 의미를 가지는지 보여주는 흥미로운 실험적 사례가 될 수 있다.

구약성경이 일부다처제로 가득하다는 것은 오해다. 아담과 하와가 비록 다른 영역에 있어서는 정상 기능을 잃고 역기능적이었던 것은 사실이지만, 최소한 그들은 끝까지 서로에게 배타적 배우자 관계로 남았다. 하지만 몇 세대만 내려가면 상황은 바뀐다. 라멕은 아다와 씰라라는 두 명의 아내를 데리고 살았다. 이 남자는 난폭한 사람으로 적에게 여러 번의 복수를 했는데, 창세기의 저자는 명백히 이런 행동에 반대하고 있다(창 4:23-24). 하지만 라멕이 두 아내를 가졌다는 사실에 대해서는, 저자는 어조를 달리하여 뭐 어떠냐는 듯 지나쳐버린다.

그 내용을 그저 미개한 무법천지의 이야기로, 하나님이 이스라엘을 불러 나라로 세우기 이전의 이야기로 치부할 수도 있다. 일단 이스라엘이 세워지기만 하면 뒤죽박죽된 창조의 질서는 확실히 정리되지 않겠는가? 글쎄, 그렇기도 하고 그렇지 않기도 하다. 시작부터 순조롭지가 않았다. 아브라함은 사라와의 거의 백 년에 이르는 일부일처 결혼 관계 후에, 아내의 제안을 받아들여 아들을 다른 데서 낳기로 하고 사라의 몸종 하갈을 두 번째 부인으로 삼는다. 하갈이 아들을 낳음으로 해서 발생하는 온갖 새로운 문제에 대해서는 미처 깨닫지 못하고 말이다. 이 지점에서 창세기 이야기의 화자는 뭔가 중요한 메시지를 말하려는 듯 보인다. 하지만 아직은 그 내용이 숨겨져 있으니 조금 더 이야기를 계속 들어보자.

다음 세대인 이삭과 리브가는 굳건한 일부일처 결혼 관계를 유지했다. 1662년 판 "일반기도서"의 결혼 예배 기도를 보면 이삭과 리브가가 신실한 혼인의 훌륭한 예로 등장하는데, 이 기도를 들을 때마다 나는 좀 우스운 기분이 든다. 왜냐하면 기도문의 작성자가 누군지는 모르지만 위험한 시도를 한 것으로 여겨지기 때문이다. 이삭과 리브가의 후손들에게 일어났던 일을 생각하면 내가 무슨 말을 하고 있는지 금방 짐작이 갈 것이다. 방금 언급한 것처럼 아브라함은 바람직한 모델이라고 하기 힘들다. 또한 이삭의 두 아들도 아브라함 못지않았다. 우선 이삭의 장남 에서는 부모의 마음에 근심이 되는 두 명의 헷 족속 여인들과 결혼했다(창 26:34-35). 야곱은 처음 두 명의 아내는 우연하게, 또 다른 두 명의 아내(앞의 두 아내의 몸종들)는 계획적으로 얻었다. 창세기의 화자는 뒤를 잇는 나무랄 데 없는 요셉 이야기를 펼치면서도(요셉은 야곱이 가장 사랑했던 아내 라헬이 낳은 첫 아들이다) 다시 한 번 이 모든 것들이 바보 같은 짓이며 결국은 눈물로 마무리될 뿐이라고 말하고 싶었는지도 모른다. 아브라함 가계의 이야기가 전체적으로 부조리며 비극인지 아닌지에 대해서는 딱 잘라 말할 수 없다. 마지막에 가서 요셉이 자기 형들에게 하는 말처럼, "당신들은 나를 해하려고 하였으나 하나님은 그것을 선으로 바꾸었다"라고 결론지을 수 있기 때문이다(창 50:20).

그렇다면 위에서 소개한 자료는 구약이 일부이처제나 일부다처제를, 최선의 방법은 아니더라도 허용할 만한 대안으로 제시함을 의미하는가? 이야기의 진행 양상을 보면 그런 것 같기도 하다. 나중에 나오는 모세의 규범은 이 가능성을 하나의 항목으로 담고 있다.

> 어떤 사람이 두 아내를 두었는데 하나는 사랑을 받고 하나는 미움을 받다가 그 사랑을 받는 자와 미움을 받는 자가 둘 다 아들을 낳았다 하자 그 미움을 받는 자의 아들이 장자이면 자기의 소유를 그의 아들들에게 기업으로 나누는 날에 그 사랑을 받는 자의 아들을 장자로 삼아 참 장자 곧 미움을 받는 자의 아들보다 앞세우지 말고 반드시 그 미움을 받는 자의 아들을 장자로 인정하여 자기의 소유에서 그에게는 두 몫을 줄 것이니 그는 자기의 기력의 시작이라 장자의 권리가 그에게 있음이니라(신 21:15-17).

출애굽기 21:7-11에도 비슷한 구절이 나온다. 여기서도 문제가 되는 상황은, 한 남자가 노예 여인을 아내로 삼은 후 또 다른 아내를 취할 때인데, 이런 경우 "첫 번째 여자의 음식과 의복과 동침하는 것은 끊지 말 것"(출 21:10)이라고 규정하고 있다.

일부다처제의 현실 속에서 아내를 보호하려는 취지의 증거는 계속해서 성경에 등장하는데, 이스라엘이 군주국이 되면서는 더 극적으로 증가함을 볼 수 있다. 사무엘의 아버지는 두 명의 아내를 두었는데, 사랑받지만 아이를 낳지 못하는 아내(사무엘이 태어나기 전까지는)와 아이는 낳았지만 덜 사랑받는 아내 사이에서 어려운 균형을 맞추어야 했다(삼상 1:1-28). 그러나 다윗에 이르면 일부다처제는 엄청나게 확대된다. 사울은 그의 딸 미갈을 다윗에게 주었지만(삼상 18:20-29), 다윗은 사울로부터 도망가야 했기 때문에 결혼 관계는 오래 지속되지 못했다. 그런 후 다윗은 나발의 미망인 아비가일을 새 아내로 맞이했고(삼상 25장), 내친 김에 하나 더 얻자는 듯 "이스르엘의 아히노암"도 아내로 맞아들였다(삼상 25:43). 나중에 사울이 죽은 후 다윗은 이미 다른 남자의 아내가 되어 있는 미갈을 되찾는다(삼하 3:12-16). 추정컨대 이런 복잡한 결혼 관계는 사랑이나 충성심 때문이라기보다 왕조 유지의 전략(사울의 딸이 경쟁 왕조를 만들어내는 것을 원치 않아서)에서 비롯된 서글픈 이야기일 것이다. 머지않아 다윗과 미갈은 심한 말다툼을 하고, 그 끝에 왕은 그녀에게 저주를 내려 평생 아이를 가지지 못하게 한다(삼하 6:20-23). 어쨌든 다윗은 왕으로 추대되고, 일단 왕위에 오르고 나자 고대의 군주들(몇몇의 현대판 군주들도 마찬가지지만)과 똑같은 전략을 구사하게 된다. 즉 "다윗이 헤브론에서 올라온 후에 예루살렘에서 처첩들을 더 두었으므로 아들과 딸들이 또 다윗에게서 나니"(삼하 5:13).

합법적인 방법으로 얻은 수많은 아내와 첩들만으로도 모자랐던지 다윗은 또 다른 선을 넘어버린다. 간음과 살인을 저지른 것이다. 그 결과 수많은 아내 목록에 밧세바가 추가되고 그 사이 그녀의 고결하고 용맹스러운 남편은 함정에 빠져 죽고 만다(삼하 11장).

여기서 책의 화자는 훗날 발생하는 다윗 왕조의 비극의 원인이, 왕의 일부다처 혼인 관계가 아니라 밧세바와의 간음 사건임을 분명하게 지적한다. 화자는 이것을 지나치게 단순화하는 대신, 이야기 전체의 역동적 흐름으로 표현하고 있다. 이 왕조의 도덕적 타락은 맨 위 다윗으로부터 시작해 꼬리를 물고 가문 내로 퍼져 나간다. 즉 다윗의 아들 암논은 이복 여동생 다말을 강간하고(삼하 13장), 이로 인해 압살롬은 암논을 살인하며 다윗에게 반역하기에 이른다. 압살롬의 끔찍한 반역은, 왕궁의 옥상에[처음 다윗이 밧세바를 훔쳐보았던 바로 그 장소(삼하 11:2; 16:22)] 장막을 치고 온 이스라엘이 보는 앞에서 자기 아버지의 후궁들과 동침하는 데까지 치닫는다. 이렇게 다윗의 굴욕은 완성되는 것이다. 반역이 진압되고 다시 왕위로 복귀하지만 예전과 같은 것은 아무것도 없다. 후에 노쇠해진 다윗을 위해 신하는 젊은 새 후궁을 들여 왕의 기운을 되찾아주고자 하지만, 막상 왕은 성관계를 전혀 가지지 않는다는 대목을 읽으면서는(왕상 1:1-4) 아이러니를 느끼지 않을 수 없다.

시종일관 화자는, 다윗이 다른 이스라엘인보다 더 많은 아내를 데리고 있었다는 사실에는 별로 개의치 않는 것 같다(몇 명까지 아내를 거느릴 수 있는가를 결정하는 유일한 요소는 가족을 부양하는 남자의 능력인 듯하다). 문제는 간음이었지 일부다처제가 아니었다.

마찬가지로 다윗의 왕위를 계승한 솔로몬의 잘못도 다신론과 우상숭배였지 일부다처제는 아니었다. 왕권 초기에 애굽 왕 바로의 딸과 결혼한 이후에도 솔로몬은 다른 많은 이방 나라 여인들과 결혼했는데, 이런 행사는 아버지 다윗의 모범이나 신명기 7:3-4의 계명(보통 후대의 것으로 추정되는)에도 어긋나는 것이었다. 여기서 이야기의 화자는 직설적으로 핵심을 꼬집어 말한다.

> 솔로몬 왕이 바로의 딸 외에 이방의 많은 여인을 사랑하였으니 곧 모압과 암몬과 에돔과 시돈과 헷 여인이라. 여호와께서 일찍이 이 여러 백성에 대하여 이스라엘 자손에게 말씀하시기를 너희는 그들과 서로 통혼하지 말며 그들도 너희와 서로 통혼하게 하지 말라. 그들이 반드시 너희의 마음을 돌려 그들의 신들을 따르게 하리라 하셨으나 솔로몬이 그들을 사랑하였더라. 왕은 후궁이 칠백 명이요 첩이 삼백 명이라 그의 여인들이 왕의 마음을 돌아서게 하였더라. 솔로몬의 나이가 많을 때에 그의 여인들이 그의 마음을 돌려 다른 신들을 따르게 하였으므로 왕의 마음이 그의 아버지 다윗의 마음과 같지 아니하여 그의 하나님 여호와 앞에 온전하지 못하였으니 이는 시돈 사람의 여신 아스다롯을 따르고 암몬 사람의 가증한 밀곰을 따름이라. 솔로몬이 여호와의 눈앞에서 악을 행하여 그의 아버지 다윗이 여호와를

> 온전히 따름같이 따르지 아니하고 모압의 가증한 그모스를 위하여 예루살렘 앞 산에 산당을 지었고 또 암몬 자손의 가증한 몰록을 위하여 그와 같이 하였으며, 그가 또 그의 이방 여인들을 위하여 다 그와 같이 한지라. 그들이 자기의 신들에게 분향하며 제사하였더라(왕상 11:1-8).

다윗이 하나님 앞에 온전했다는 부분에서는 고개를 갸우뚱할 수밖에 없다. 다윗은 명백히 하나님께 죄를 지었고 자신도 그런 사실을 확실하게 깨닫고 있었다. 하지만 여기서 온전함은 절대 다른 신들을 섬기지 않았다는 의미인 듯하다. 어쨌든 이 텍스트는 분명 우리에게 언제 일부다처적 행위가 심각한 결과를 초래하는가에 대한 중요한 성경적 자료를 제공한다. 바로 역사에서 가장 현명한 사람이라 불리는 솔로몬의 경우로부터 말이다! 이런 사실에는 연구는 고사하고 다 언급하기도 어려울 만큼 많은 다중적 아이러니가 담겨 있다.

물론 성경에는 이렇게 유명한 일부다처제주의자만 등장하는 것은 아니다. 인터넷을 대충 검색하기만 해도 일부다처제가 어떤 이유에서든지 "성경적"이라고 시사하며, 수많은 인물들을 "성경적 일부다처제주의자"로(어떤 이들은 확인되지 않은 추론에 근거한다) 열거해놓은 웹사이트를 찾을 수 있다(www.biblicalpolygamy.com). 열거된 인물에는 갈렙, 기드온, 나홀, 다윗, 데라, 라멕, 르호보암, 마길, 메렛, 모세, 므낫세, 벤하닷, 벨사살, 사울, 사하라임, 솔로몬,

시드기야, 시므온, 시므이, 시바아브라함, 아비야, 아셀, 아하수에로, 아합, 압돈, 야곱, 야일, 에서, 에스라(성경에 주로 등장하는 에스라가 아닌 더 일찍 있었던 인물), 엘가나, 엘리바즈, 여라무엘, 여호람, 여호아김, 요아스, 입산, 잇사갈, 헤만, 호세아가 있다. 확실히 이들 중 몇몇에 대해서는 논쟁의 여지가 있다. 예를 들어 민수기 12:1에 나오는 모세와 결혼한 구스(에티오피아) 여인을, 출애굽기 2:21의 르우엘의 딸 십보라와 동일인이 아니라고 보기에는 자료가 충분치 않다. (만약 구스 여인과 십보라가 다른 사람일 것이라고 가정하는 경우에도 굳이 일부다처제로 볼 이유는 없다. 구스 여인과의 결혼 전에 십보라가 죽었다고 생각할 수도 있기 때문이다. 절대 그럴 리가 없다고 하기에도 자료가 충분치 않다.)

어쨌든 앞의 목록이 대단히 인상적인 것만은 사실이다. 특히 무언가가 "성경에" 나오기만 하면, 그것만으로도 정당성이 입증된다고 믿는 사람들에게는 더욱 그러하다. 여기서 그치지 않고 저 문제의 웹사이트는 주장하기를, 여호와 하나님 자신이 일부다처적인 존재인데 왜냐하면 이스라엘과 유다 모두와 결혼하신(렘 3:6-14; 겔 23:4) 분이기 때문이라고 한다. 이에 대해 우리는, 불의한 심판관에 대한 예수님의 우화에서와 마찬가지로, 비유적인 이미지를 억지로 쥐어짜서 정확한 신학적 주장을 도출해서는 안 된다고 반박할 수 있을지도 모른다. 하지만 어쨌든 선지자들이 이런 비유와 이미지를 꺼리지 않고 맘껏 사용했다는 사실은 놀랄 만하다. 또 동일한 웹사이트에는 고린도전서 5장에서 바울이 근친상간을 저지른 남자에게 맞서는 장면에 대한 분석이 실려 있다. 즉 본문이 말하는 "그 아버지의 아내"가 그의 친어머니가 아닌 다른 여인으로 가정되고 있음에 주목하면서, 문제의 아버지는 최소한 두 명 이상의 아내를 거느리고 있었다는 결론을 이끌어낸다. 역시 이 경우도 같은 논증을 할 수 있겠다. 즉 문제의 아버지가 친어머니와 사별했거나 이혼한 후 재혼했을 가능성도 있는 것이다. 하지만 여기서는 일단 이 웹사이트의 주장이 옳다고 전제해보자. 이들은 일관성 있게 한 주제를 지지하고 있으며, 그 논증은 타당하기보다는 기발한 쪽이다. 하지만 우리가 중요하게 고려해야 할 점은 확실한 증거다.

위에서 전개한 모든 내용을 통해, 성경의 권위라는 이 책의 주제와 관련하여 내가 제기하고 싶었던 질문은 바로 이것이다. 그래서 어떻게 하란 말인가?

여기서 우리는 성경의 권위에 관해 특별히 중요한 사항 하나를 발견할 수 있다. 성경은 아주 많은 것을 묘사하고 아주 많은 이야기를 들려주며 수많은 인물들을 그리지만, 그 모두를 롤 모델로 의도하고 있지는 않다. 이런 상황에서 만약 "이것이 성경에 나와 있다"는 사실을 유일한 기준으로 삼아 그 대상을 정당화한다면 어떤 결과가 나오겠는가? 그렇게 한다면 모든 종류의 진지한 기독교적(혹은 유대교적) 본문 해석을 포기하면서, 성경을 그저 유용한 힌트를 담고 있는 잡동사니의 일종으로 격하시키게 된다. 신약성경을 "초기 기독교적 체험"의 기록으로 보는 이론이 불가피하게 봉착하는 치명적 함정이 바로 이런 사고라고 할 수 있다. 이런 이론을 지지하는 자들은 신약의 가장 중요한 핵심이 초기 그리스도인들의 "체험"이라고 믿는다. 그래서 이 체험들에 가까이 가게 해주는 동시에, 예수님의 첫 세대 추종자들이 지녔던 초기의 열정을 회복시켜주는 것은 어떤 것이든 환영해야 하며 심지어 권위를 가져야 한다고 주장한다. 하지만 내가 보기에 이런 생각은 근본적인 오류에 근거해 있다. 마찬가지로 성경에 나오는 모든 일부다처를 실천했던 사람들의 목록을 만들고 단순히 그것만으로 그러한 결혼 제도의 허용이 성경적으로 뒷받침된다고 믿는 사람들도 같은 함정에 빠져 있다.

하지만 만약 (의심할 여지 없이 구약의 영웅들인) 아브라함, 야곱, 다윗, 솔로몬이 확실히 일부다처제를 실행했고, 또한 구약의 화자가 비록 결과적으로 파생하는 문제에 대해 우리의 주의를 환기하기는 했지만 이 결혼 형태 자체에 대해서는 비난을 가하지 않았다면, 그럼 우리는 무슨 근거로 진지한 기독교적 성경 해석이 일부다처제를 지지하지 않는다고 말할 수 있는가?

이 질문에 답하기 전에 먼저 신약성경이 말하는 바를 살펴보자. 예수님의 시대에 이르면 유대에서는 일부다처제가 거의 소멸한 것처럼 보인다(이런 현상 자체도 흥미로운 것이지만 지금은 자세히 들여다볼 시간이 없다). 하지만 이교도 문화 안에는 일부다처제가 널리 퍼져 있었으며, 초기 기독교 개종자들 중에는 이런 이방 문화 출신도 많이 있었다. 추정컨대 바로 이런 상황이, 교회에서 직분 받은 자들은 한 명 이상의 아내를 가지면 안 되며(딤전 3:2; 딛 1:6) 교회의 공식적인 과부 인명부에 한 명 이상의 남편을 가졌던 자를 포함시키면 안 된다는(딤전 5:9) 금지 사항의 배경인 것 같다. 하지만 이런 금지의 이유는 무엇인가? 이런 상황은 두 가지를 암시하는 듯하다. 첫째, 교인들 중에는 과거에 혹은 아직도 여전히 일부다처제를 추구하는 사람들이 있었던 것 같다. 둘째, 초기 그리스도인들은 교회의 공식적 대표자들이 교회가 정한 일정 선을 지켜야 한다고 생각했으며, 일부일처제와 독신만을 결혼에 관한 두 가지 선택 사항으로 허용하는 원칙이 교회의 대외적 모습 가운데서 증거되어야 한다고 믿었다.

교회가 이렇게 믿은 이유는 무엇일까?

이에 대한 답은 잠시 미루고 다음 사항을 한번 생각해보자. 바로 결혼에 관련된 영역에서 신약성경은 구약보다 훨씬 더 엄격하다는 것이다. 구약 시대에는 엄중한 법을 세워 율법적으로 이것을 적용했다가, 신약 시대에 와서는 은혜와 용서, 포용 등등으로 이루어진 새 종교에 의해 모든 것이 다 쓸려나갔다는 암시는 어디에도 없다. 오히려 그 반대다. 구약성경에서는 비교적 이혼이 쉽지만(후기 선지자 중 한 사람이 하나님은 이혼을 싫어하신다고 선포하기는 했다. 말 2:16), 신약성경에서는 아주 긴박하고 특별한 상황을 제외하고 이혼이 금지된다(마 5:32; 19:9; 고전 7:8-17). 내 견해로는 앞 구절들처럼 특수한 상황으로 인한 이혼의 경우 재혼이 허용된다고 믿지만, 진지한 학자들 중에서 이에 반대하는 사람들도 있다. 구약성경에서는 독신이라는 것이 진정한 선택 사항으로 여겨지지 않았으며, 신약의 세계도 마찬가지였다. 거의 대부분의 사람들이 결혼을 했다. 신약성경에서 우리는 독신에 대한 독특한 의미를 발견할 수 있는데, 그것은 독신을 선택한다는 것은 의심할 여지 없이 예수님의 본보기를 따르는 행위였고, 그렇기 때문에 결혼에 대한 진지하고 근본적인 대안이었다는 것이다(고전 7:1-8, 25-40). 이런 새로운 가능성은 특히 여성들에게 획기적인 것이었다. 당시에는 혼기에 달했는데도 결혼하지 않은 여성들은 공동체에서 사회적 위협으로 여겨졌다. 이런 시대적 한계와 편견에도 불구하고 노련한 목회자였던 바울은, 독신이 모든 이를 위한 가능성은 아니지만 그래도 여전히 어떤 사람들에게는 가치 있는 선택이 될 수 있다고 천명한다. 동시에 사도는 결혼도 나름대로의 특정한 어려움들을 만들어낼 수 있음을 잘 인식하고 있었다(고전 7:28).

위 내용을 고려할 때 그렇다면, 구약성경을 폭력적인 율법주의의 책으로, 신약성경을 부담 없는 선택들과 까다롭지 않은 포용의 책으로 여기는 것은 전혀 옳지 않다. 오히려 그 반대다. 도처에서 신약은 근본적인 도전과 도발을 감행한다. 즉 이미 새 창조가 시작되었으므로, 예수님을 따르는 자들은 새 창조의 가족 구성원답게 새로 도래한 세상의 모습이 어떤 것인지 나타내 보이도록 도전을 받고 있다. 이런 일이 가능한 유일한 이유는, 십자가 위에서와 부활 가운데 예수님이 악의 세력에 대해 승리를 거두었기 때문이고 또한 자기를 따르는 자들에게 자신의 성령을 선물로 주시기 때문이다. 하지만 이 모든 선물을 가지고도 새 창조의 삶으로 나아가는 길은 어렵고 복잡하다. 신약성경 자체와 이후 기독교 학자들의 글도 한결같이 이 사실을 증명하고 있다. 비록 초창기 기독교는 새로운 윤리의 형태도 아니었고, 기독교가 요구하는 것이 과거보다 더 쉽든 더 어렵든, 혹은 더 엄격하든 더 관대하든 관계없이 말이다. 다시 말하지만 기독교는 아리스토텔레스나 피타고라스 윤리학의 대체물이 아니었다. 복음은 인간으로 사는 방법 중에 완전히 근본적으로 새로운 방식을 제시했다. 복음을 듣고 따르는 자는 자신의 성격과 성품에 있어 머리끝에서 발끝까지 혁명적으로 뒤바뀌어야 했고, 생각과 성찰과 결정과 선택에 있어 매일 성장해야 했다(여기에 대해서 나는 책 한 권을 따로 썼다. 『그리스도인의 미덕』을 보라).

그렇다면 신약성경의 어디에서 일부일처제를 원칙으로 정하고 있는가? 바로 새 창조를 묘사하는 구절들에서 그렇다. 가장 놀랍고도 명백한 방식으로 일부일처제를 명하는 부분은, 예수님이 이혼에 관해 노골적으로 묻는 구절이다. 대화가 이루어지는 상황을 보면 이 질문은 예수님을 향한 정치적 함정임을 추론할 수 있다. 당시 모든 사람들은 헤롯 안티파스가 자기 동생 빌립의 아내를 취한 것을 알고 있었고, 예수님의 사촌 세례 요한이 이 점에 대해 거침없이 지적했다가 투옥되었고 참수당했음도 알고 있었다. 이제 예수님도 같은 함정에 빠질 것인가?

만약 공개적으로 예수님이 자기 견해를 밝혔다면 함정에 빠질 수밖에 없었으리라. 하지만 예수님은 나중에 "집에서", 제자들이 더 자세히 이야기해달라고 조를 때에야 자기 생각을 말했다(막 10:10-12). 군중에게는 애매한 비유를 주고, 선택된 제자들에게는 자세한 설명을 주는 이런 구조는 복음서의 다른 곳에도 나타난 장면들과 평행을 이룬다. 즉 예수님은 공개적인 자리에서는 충격을 주지만 애매모호한 말을 한 다음, 제자들에게만 가만히 정치적으로 민감한 점을 설명했던 것이다(예를 들어 막 7:17-23). 대중에게 노출된 곳에서 예수님은 일차적 원리를 세우는 것으로 만족하셨다.

바리새인들이 예수께 나아와 그를 시험하여 묻되, "사람이 아내를 버리는 것이 옳으니이까?" 대답하여 이르시되, "모세가 어떻게 너희에게 명하였느냐?" 이르되, "모세는 이혼 증서를 써주어 버리기를 허락하였나이다." 예수께서 그들에게 이르시되, "너희 마음이 완악함으로 말미암아 이 명령을 기록하였거니와, 창조 때로부터 사람을 남자와 여자로 지으셨으니, 이러므로 사람이 그 부모를 떠나서 그 둘이 한 몸이 될 지니라, 이러한즉 이제 둘이 아니요 한 몸이니, 그러므로 하나님이 짝지어 주신 것을 사람이 나누지 못할지니라" 하시더라(마 19:2-9).

위에 인용된 구절은 성경 전체의 기독교적 해석과 관련된 질문 전반에서 아주 중요한 부분이다. **모세는 그 명령을 기록하였지만…하지만 창조 때부터는 (그렇지 않았다)…**. 지금 예수님은, 모세의 율법은 원칙적으로 임시적인 제도로서, 더 큰 전체 프로젝트를 진척시키려는 목적을 위해 설계됐음을 말하고 있다. 그리고 이미 도래한 더 큰 프로젝트란 바로 피조물 전체의 회복이며, 창세기 1장과 2장에서 대략 그려졌던 프로젝트의 재개인 것이다. 앞서 언급했던 5막 연극의 비유로 말하자면, 제4막에 등장한 예수님은 다음과 같은 주장을 하고 있다. 즉 자신의 도래와 함께 제3막의 일부였던 모세의 율법이라는 임시적 제도는, 하나님이 부여했던 임무를 완수했다. 그리고 이제는 주된 목적(언제나 모세의 율법은 이 주된 목적에 대한 보조 역할일 뿐이었다), 즉 제1막에서 시작되었지만 제2막에서 중지되고 왜곡되었던 프로젝트의 재개라는 큰 목적을 위해 자리를 내어주었다. 제3막이 필요했던 것은 "너희 마음이 완악함으로 말미암아서"였던 것이다. 하지만 우리는 예수님의 이와 같은 말을 잔혹한 반응으로, "너의 마음이 어찌나 완악한지 이런 어려운 규율을 지킬 수 없음을 잘 알고 있지만, 그래도 난 고집해야겠다"라는 식으로 해석해서는 안 된다. 오히려 예수님은 **우리 마음의 완악함에 대한 치료책을 제시하고 있음**을 이해해야 한다. 바로 이 점을 이해하지 못하면 우리는 오늘날 직면한 도덕적 도전을 차치하고라도, 성서 해석학적 차원의 도전조차 이해할 수 없게 된다. 여기서 예수님은 우리가 성경을 첫 창조와 새 창조의 이야기로 해석해야 하며, 구약의 구체적인 규범들을 더 큰 목적을 위한 임시적이고 일시적인 수단으로 해석해야 한다고 말하고 있다.

이러한 통찰은 바울이 서술한 논증의 많은 부분을 단번에 설명해준다. 예를 들어 어째서 이스라엘에 해당되었던 할례와 음식

법이, 유대인과 이방인이 한 몸으로 모인 새 공동체에서는 합당치 않은 것일까? 그런데 이 원칙을 일부일처제의 영역에 적용해보면 그 결과가 아주 흥미진진하다. 아마도 예수님과 바울은 누가 묻더라도 똑같은 대답을 했을 것이다. 아브라함, 야곱, 다윗, 솔로몬, 그리고 여타의 일부다처제를 실행했던 성경의 인물들에게, 아마도 바울은 아테네의 현자들에게 했던 것과 똑같은 말을 했을 것이다. 하나님은 일부다처제라는 잘못된 관행을 무지의 시대에는 그냥 넘기셨지만 지금은 새로운 일을 하고 계시며, 피조물을 본래 설계되었던 모습으로 고치고 계시다고 말이다(행 17:30을 보라).

다시 창세기로 시선을 돌려보자. 첫 창조의 중심 안에서 우리는 다음과 같은 원리를 발견한다. 즉 한 남자와 한 여자가 하나를 이룬다는 원리이다. 그리고 이런 원리를 가장 열렬하게 경축하고 있는 사람이 바울인 것이다. 사도는 에베소서 5장의 장엄한 구절에서 자신의 의견을 피력한다. 이 아름다운 구절은 바울 서신의 어떤 부분이 계급적이거나 억압적이라고 주장하는 자들에게 골칫거리를 제공함에 틀림없다. 왜냐하면 자기희생적인 남편의 모델보다 억압에서 거리가 먼 이미지를 상상하는 것이 어렵기 때문이다. 어쨌든 이런 것은 현재 논의의 요지가 아니다. 여기서 바울은 예수님이 인용한 것과 동일한 창세기 텍스트에 의존한다.

> 아내들이여 자기 남편에게 복종하기를 주께 하듯 하라. 이는 남편이 아내의 머리 됨이 그리스도께서 교회의 머리 됨과 같음이니 그가

바로 몸의 구주시니라. 그러므로 교회가 그리스도에게 하듯 아내들도 범사에 자기 남편에게 복종할지니라. 남편들아 아내 사랑하기를 그리스도께서 교회를 사랑하시고 그 교회를 위하여 자신을 주심같이 하라. 이는 곧 물로 씻어 말씀으로 깨끗하게 하사 거룩하게 하시고 자기 앞에 영광스러운 교회로 세우사 티나 주름 잡힌 것이나 이런 것들이 없이 거룩하고 흠이 없게 하려 하심이라. 이와 같이 남편들도 자기 아내 사랑하기를 자기 자신과 같이 할지니 자기 아내를 사랑하는 자는 자기를 사랑하는 것이라. 누구든지 언제나 자기 육체를 미워하지 않고 오직 양육하여 보호하기를 그리스도께서 교회에게 함과 같이 하나니 우리는 그 몸의 지체임이라. 그러므로 사람이 부모를 떠나 그의 아내와 합하여 그 둘이 한 육체가 될지니 이 비밀이 크도다 나는 그리스도와 교회에 대하여 말하노라. 그러나 너희도 각각 자기의 아내 사랑하기를 자신같이 하고 아내도 자기 남편을 존경하라(엡 5:22-33).

바울의 이 모든 주장은 오직 다음과 같은 조건이 갖춰졌을 때만 이치에 맞는다. 즉 (a) 최초의 창조세계는 선한 것이었고 (b) 창조주 하나님이 원래 선했던 창조세계를 재건하는 작업을 하고 계신다. 이 두 가지 요지 모두는 초기 교회에서 그랬던 것처럼, 현 세대 가운데서도 공격을 받고 있다. 이제 우리는 이 공격을 자세히 들여다보고 거기에 대응해야 한다.

첫째는 창조세계의 탁월함에 대해서다. 초기 영지주의와 크게 다르지 않은 이원론을 재도입하며 창조세계를 근본적으로 악하다고 주장해온 사람들이 있었다. 그들에게는 본질적으로 창조세계 전부가, 즉 공간과 시간과 물질, 특히 성과 생식에 관련된 모든 것이 그 자체로 악한 것이었으며, 따라서 구원이란 이 지저분한 창조세계로부터 구출되는 것을 의미했다. 이러한 이원론적 사고는 두 방향으로 발전할 가능성을 내포하고 있는데, 현실에서도 그대로 이루어졌다. 즉 한 방향은 육체적 즐거움을 최대한 멀리하는 금욕주의였고, 다른 방향은 인간의 몸이란 무의미한 것이므로 육체적 쾌락을 탐닉하는 것은 전혀 해롭지 않다고 주장하는 방임주의였다. (방임주의에 따르면 육체는 부적절하고 무능력한 까닭에 스스로 어떤 기준도 제시하지 못한다. 따라서 어떤 성적 행위가 적절하고 아닌지를 분별하는 "자연법칙"도 있을 수 없다.) 그러나 예수님을 필두로 한 초기 그리스도인들에게서는 이러한 두 선택은 배제되었다. 그들에게 본래의 창조세계는 선하고 훌륭했다. 남녀가 이루는 인간의 짝이야말로 첫 창조의 아름다움과 영광의 극치를 이루었으며 둘의 결합은 궁극적으로 이루어질 하늘과 땅의 결합을 포함해서 성경 속에 나타나는 다른 궁극적 결합들을 가리키는 표지이자 상징이었다. 그러므로 이러한 물질과 인간의 성의 탁월함과 아름다움은 다시 인정되어야 했다(아담과 하와가 자기들의 생식 기관을 부끄럽게 여기게 된 것은 바로 그들의 죄 때문이라는 사실에 주목할 필요가 있다).

두 번째, 창조주 하나님이 본래의 창조세계를 폐기하지 않으시고 다시 고치는 작업을 진행하고 있다. 이는 신약성경에 깊이 배어 있는 원칙이지만, 다양한 형태의 이원론의 영향으로 많이 모호해져 버렸다. 성경적 원칙에 대치되는 이원론의 공통점은, 구원을 창조세계 자체의 재건이라는 의미가 아닌, 창조세계로부터의 인간(육체가 배제된 "영혼"으로서의 인간)의 구원으로 이해한다는 점이다. 하지만 초기 그리스도인들은 예수님의 모델을 따랐으며 예수님의 부활의 의미에 대해 숙고함으로써 이 점에 대해 명확할 수 있었다. 그들에게는 부활이 모든 것의 시작이었으며 모든 것을 새롭게 하시는 하나님의 작업의 발단이었다.

모든 것을 새롭게 하는 프로젝트 전체의 목적지는 요한계시록 21장과 22장에 그려 있으며, 이것이야말로 모든 형태의 영지주의에 대한 최종적 답변이 된다. 성경의 하나님은 자신의 창조세계를 파괴하거나 폐기하는 분이 아니다. 그는 창조세계를 구원하시는 중이며 재확립하고 계신다. 하나님이 재건 작업을 마무리하셨을 때의 장면을 표현하기 위해 요한계시록은 이전의 수많은 성경적 자료들, 특히 이스라엘을 여호와의 신부로 표현하는 구약의 그림을 동원해 훌륭한 이미지를 그리고 있는데, 바로 결혼의 이미지다. 하늘과 땅의 하나됨뿐 아니라, 더 구체적으로 바울이 에베소서 5장에서 말했던 그리스도와 교회의 결혼을 나타내고 있는 것이다.

성경의 절정 부분에 결혼 이미지가 나타나는 것은 우연한 현상이 아니다. 여러 세대 동안 계속되었던 이원론적 성경 주해라는 어두운 역류에 대항하느라 현대의 학자들이 장시간 노력하여 풀어낸 내용을, 신약의 저자들은 쉽고도 분명하게 파악하고 있었다. 그 내용이란, 기독교적 프로젝트의 핵심은 새로운 윤리 또는 옛 윤리를 준수하는 새로운 방식을 발전시키거나 제안하는 것도, 색다른 기도의 형식을 가진 새로운 영성을 제시하는 것도 아니며, "천국에 가는" 새로운 방법을 제의하는 것도 아니라는 것이다. 이 모든 것들이 기독교가 목표로 하는 최종적 그림에 포함되긴 하지만, 그중 어떤 것도 핵심을 담고 있지는 않다. 초기 기독교의 핵심은 바로 나사렛 예수 안에서 창조주 하나님이 현 창조세계의 반란과 타락, 특히 그 창조세계를 감독해야 할 인간의 반란과 타락을 다루셨으며, 그리하여 새롭고 살아 있는 창조세계로 들어가는 새롭고 살아 있는 방법을 열었다는 것이다. 바로 이 새롭고 생생히 살아 있는 창조세계 가운데서 **하나님의 원래의 뜻이 성취되는** 것이다. 그리고 이것이야말로 수세기 동안 구약은 일부다처제를 노골적으로 꾸짖지 않았지만, 신약으로 넘어오면 거의 매 페이지마다 일부일처제를 예수님을 따르는 제자들이라면 마땅히 따라야 할 의무로 전제하는 이유이기도 하다. 비록 제자들조차 일부일처제를 실행하기 어려운 것으로 여기긴 했지만(마 19:10), 십자가에서의 예수님의 승리와 성령의 능력으로 실천이 가능하게 되었던 것이다.

여기까지 살펴본 우리는 이제 질문 하나를 던질 수 있다. 비록 이 지면에서는 충분히 자세히는 다룰 수 없겠지만 말이다. 일부일처제가 새 창조의 궁극적인 일부라 하더라도, (이혼과 재혼을 반복하는) 비그리스도인들에게도 이 결혼 형태를 지키도록 요구해야 하는 이유는 무엇인가? 이 질문은 오늘날 탈기독교적 서구 세계의 대중 속에서 발생하는 다른 비슷한 문제들과 맥을 같이한다. 왜 정부는 아직 태어나지도 않은 자, 혹은 노쇠하거나 병약한 자의 생명에 대해 기독교적인(동시에 유대교적인) 경의를 표하도록 강요해야 하는가? 왜 그리스도인들은 다른 사람들이 "자신들의" 삶을 방식을 따르기를 기대하는가?

이런 식으로 생겨나는 많은 질문들은 각자 자신만의 독특한 역학을 지니고 있으며, 일부다처제의 경우도 예외가 아니다. 어떤 문화에서는 일부다처제가 만연하지만 다른 문화권에서는 일부다처의 결혼 형태가 가능성으로만 어렴풋이 존재한다. 하지만 인류의 역사 전체를 봤을 때 대부분 문화권에서 현재까지 선호된 형태는 일부일처제였고, 또 그렇게 실천되어왔다. 비록 외부 압력에 의하여 붕괴되는 경우도 생기지만, 남녀의 결합 속에는 독특하고 강력한 무엇인가가 존재한다. 과거와 현재를 막론하고 사람들은, 한 남자와 한 여자의 결합이 건강하고 현명한 인간적 삶의 근본을 이루는 요소임을 뼛속까지 확신하는 듯하다. 사실 "뼛속까지"라는 표현은 문자적으로 실제일지도 모른다(피와 신경 등등을 "뼈"라는 말 속에 포함시킨다면). 다시 말해 어떤 사람들에게는 한 남자와 한 여자의 결합이 단순히 머릿속에 들어 있는 관념일지 몰라도, 사실 이 결합은 말 그대로 몸 자체에 새겨져 있는 지식인 것이다.

이제 다시 요점으로 돌아오도록 하자. 진정한 요지인 동시에 "왜 기독교 도덕성이 비그리스도인에게도 좋은 것인가"라는 질문과 관련된 다른 이슈들의 푯말 역할을 하는 것은 바로, 나사렛 예수 안에서 세상이—기독교 하위 집단만이 아니라 세상 전체가—구원을 받고 회복되고 있다는 사실이다. 물론 비그리스도인들은 이런 사실을 믿지 않는다고 할 것이다. 하지만 그리스도인들은 이 내용을 믿으며 또 최소한 믿어야 한다. 그렇게 믿을 때 신자들은 예수님 안에서 시작된 새 창조가 다양한 상황에 있는 **모든 사람**에게 기쁜 소식이라는—그리스도인과 비그리스도인을 구분하지 않고—신념을 충실히 지킬 수밖에 없다. 여기에 동의하면 비록 명시적으로 기독교 신앙을 가지지 않은 사람들에게도 이렇게 말할 수 있다. 즉 예수님 안에, 곧 그가 모델로 보이고 말로 표현한 삶의 방식 속에 새로운 우주의 씨앗이 드러났으며, 이 씨앗과 더불어 사는 삶이 더 낫고 더 현명하며 더 적절한 삶이라고 말이다.

일부일처제를 비롯한 다른 많은 주제에서 더 이상 사람들이 성경의 메시지를 받아들이지 않는 조짐이 벌써 나타나고 있다. 이 장의 서두에서 언급했던 다자간 비독점적 연애의 출현은, 벌써 일부 사람들이 일부일처제를 인간의 본성에 맞지 않은 제도라고 여기기 시작했음을 보여준다. 자신의 천성이 일부다처제나 일처다부제, 다자간 비독점적 연애 등등에 더 맞는다고 주장하는 사람들이 점점 늘어나면, 이런 새로운 종류의 정체성 정치학(identity politics)을 인정하는 목소리가 높아질 것도 쉽게 예상할 수 있다. 하지만 신약성경에 뿌리를 둔 그리스도인이라면 여전히 다음과 같이 말할 것이다. 이런 일부다처적, 일처다부적 본능은 의심할 여지 없이 뿌리 깊은 것이긴 하다. 성적인 본능과 이와 관련해 학습된 행동 방식은 아주 뿌리가 깊어서, 그 사람의 존재를 이루는 근본 조직의 일부처럼 표출되는 것이 사실이다. 하지만 그럼에도 불구하고 그것들은 여전히 원래 창조의 모습이라기보다 병든 인간성의 표출인 것이다. 마가복음 10:5을 인용하자면 이런 본능은 "마음의 완악함"을 드러낸다. 사회적 차원에서 이 완악한 마음에 대처하기 위해서는 여전히 규칙들이 필요한 것이다. 하지만 사회적 규칙의 제정 여부와는 별도로, 창조의 본래 목적이라는 비전과, 그 비전을 재탈환할 가능성은 여전히 존재한다. 아마도 미래의 토론은 이러한 이론과 실제 사이에 있는 불편한 간극에 초점을 맞출 필요가 있을 것이다. 기독교 공동체에서든, 더 폭넓게 비기독교 공동체에서든 관계없이, 부부를 이룬 남녀와 독신의 심령 속에서 이 간극이 줄어들도록 말이다. 어쨌든 저변에 깔린 요지는 명확해야 한다. 즉 기독교적 관점에서 볼 때 독신에 대한 유일한 결혼의 대안은 일부일처제인 것이다.

지금까지 살펴본 내용으로부터 당신은 "성경과 하나님의 권위"와 관련해 무엇을 배울 수 있었는가? 첫째, 지금까지의 논의는 성경을 단순히 "평면적으로" 보아서는 안 되며, 무엇인가가 성경에 등장한다는 이유만으로 그것의 타당성이 입증된다거나 심지어 고상해진다고 믿어서는 안 됨을 단호하게 증명해주었다. 괴상망측한 내용의 웹사이트에서건 진지한 학문적 프로젝트에서건, 성경에 나온다는 사실 하나만으로 모든 것의 정당성이 입증된다는 주장은 도전을 받아야 한다. 왜냐하면 성경이 우리에게 주어진 하나님의 책이라는 것을 부정해서가 아니라, 하나님은 그 책을 주시면서 우리가 기도로 가득 차고 성령이 주는 지식으로 새로워진 지성을 사용하여 읽도록 의도하셨기 때문이다. 둘째, 다시 한 번 성경을 여러 진행 단계를 지닌 이야기로, 여러 개의 막으로 구성된 연극으로 이해해야 한다. 이야기 전체는 제4막에서 도달하는 절정을 중심으로 해석되어야 하며, 그 결과 뒤따르는 문제 해결과 최초의 프로젝트의 회복이 제5막에서 완성되는 것으로 이해되어야 한다. 그렇기 때문에 비록 성경 속에는 수많은 일부다처제의 사례가 발견되고 일부다처제를 실행한 인물 중에 하나님이 중요하게 사용하신 인물들도 있음에도 불구하고, 우리는 예수님의 가르침과 더 나아가 창조세계를 구원하고 회복하신 그의 사역에 근거하여 다음과 같이 주장할 수밖에 없는 것이다. 즉 성경을 그 자체로 스스로를 드러내는 이야기로서 현명하게 읽는다면, 우리는 성경이 일부일처제를—독신의 부르심을 받은 자들을 제외하고—모든 이를 위한 유일한 부르심으로 단호하게 제시하고 있음을 알 수 있을 것이다.

끝으로 나는 시작한 곳에서 마무리를 짓고 싶다. 서두에서 말한 대로 이 두 번째 사례 연구는 기이하게 여겨질지도 모르겠다. 일부일처제에 이의를 제기하는 사람도 거의 없지만 실제로 일부다처제가 옹호를 받지도 못하는(가끔은 옹호하는 사람도 있지만) 현대 서구 사회에서 행해진 논의이기 때문이다. 하지만 일부다처제를 행하는 사람들이 자신들의 이론을 철저하게 연구하는데 반해,

우리는 어떻게 우리 입장을 성경의 권위를 기반으로 논증해야 하는지에 대해 잘 알지 못하는 실정이다. 내가 이 책 전체에서 성취하려고 노력했던 것과 마찬가지로, 만약 성경의 권위라는 질문을 창조주 하나님의 이야기와 의도 전체에 비추어 접근한다면—다시 말해 하나님이 그분의 세상을 한 걸음 한 걸음씩 다루어가시다가, 결국에는 예수 그리스도 안에서 그를 통해 결정적으로 문제를 해결하셨다는 이야기에 비추어 이해한다면—우리는 성경을 통해 매개되는 하나님의 권위가, 예수 그리스도를 통한 창조세계의 회복을 성경 이야기 전체의 중심 주제로 가리키고 있음을 발견하게 될 것이다. 그리고 예수님 안에서 성취된 이런 회복 안에는 일부일처제의 회복과 더불어, 평생에 걸친 충실한 결혼 관계를 전 우주를 향한 창조주의 의도가 가장 명료하게 보이는 푯말로서 이해하고, 그것을 기뻐하고 경축하라는 초대가 뚜렷하고 명징하게 나타나 있음도 알게 될 것이다. 일부일처제는 오늘날 가장 시급하게 요구되는 우주적 진리 중 하나를 가리키는 표지다. 창조주 하나님의 목표는 하늘과 땅을 갈라놓는 것이 아니라 비싼 값을 치르더라도 그들을 불러모아 놀랍도록 풍성한 하나됨에 이르도록 하는 것이다(엡 1:10). 이미 예수 그리스도 안에서 실현된 이 목적은 일부일처 형태의 결혼 관계 속에서 가장 선명한 모습으로 표현되고 구현되며 진행되고 있다.

부록

최근의 성경 연구 자료

성경 연구 시작하기

결국 성경에 관한 이론을 세우는 것보다 훨씬 더 중요한 것은 성경 자체를 공부하는 일이다. 이럴 때는 도움을 받을 수 있는 풍부한 자료들을 찾는 것이 중요하다. 다음에 소개한 책들은 아주 짧게 요약된 목록일 뿐, 괜찮은 기독교 서점이나 인터넷 서점 중 한 곳만 들어가도 이 목록보다 훨씬 더 많고 풍성한 자료들을 발견할 수 있을 것이다.

새로운 버전의 성경 번역판들이 계속해서 나오고 있다. 성경의 원어를 모르는 독자가 진지한 성경 공부를 하고자 할 때, 새 개역 표준역(New Revised Standard Version)이 교회와 학계에서 점점 더 권위를 인정받는 추세다. 물론 나름의 약점도 있고, 남성중심적 언어 사용을 자제하고 개선하려는 시도도 기대만큼 적절하지는 않다. 영어 표준역(English Standard Version)은 개역 표준역(Revised Standard Version)의 전통을 충실하게 따르고는 있지만, 남성 중심적 용어 사용은 고치지 않았다. 새 국제역(New International Version)은 최신 형태로 나온 것이 인기 있지만 여전히 몇몇 약점은 해결되지 않고 있으며, 특히 바울 서신에서 그렇다. 북미에서 널리 사용되는 새 미국 표준 성경(New American Standard Bible)도 좋은 평을 받고 있다(한국에도 여러 다양한 번역본 성경이 있고 독자들은 그 번역본들을 가지고 성경을 읽고 공부할 수 있을 것이다).

성경 각권에 대한 주석 시리즈나 안내서도 많다. 여기서는 시중에서 인기 있는 몇 가지만 언급하겠다. 특정한 성경의 책이나 구절에 대한 학문적 논의를 원하는 사람들에게는 이런 책을 어디서 구해야 하는지 내가 굳이 말해줄 필요가 없을 것이다. 내가 저술하고 있는 "톰 라이트 에브리원 주석" 시리즈[『모든 사람을 위한 마태복음』(*Matthew for Everyone*)과 같은 제목으로 한국 IVP에서 차례로 역간하고 있다]는 거의 다 완성되었다. 영국에서는 IVP에서, 미국에서는 어드만(Eerdmans)에서 출판된 "틴데일 시리즈"(Tyndale New Testament Commentaries, 기독교문서선교회 역간)에도 뛰어난 주석을 찾아볼 수 있으며, 성경을 처음 공부하는 새로운 세대들의 필요에 부응하도록 꾸준히 개정되고 있다. 존낙스 출판사(John Knox Press)에서 펴낸 "현대성서주석"(Interpretation, 한국장로교출판사 역간) 시리즈는 텍스트에 대한 명쾌하고 유용한 논의를 제공한다는 좋은 평판을 얻고 있다. 컨티뉴엄(Continuum)에서 나오고 있는 『블랙 신약 주석』(*The Black's New Testament Commentaries*)은 앞의 책보다 조금 더 깊이 있는 학문적 논의를 보여주며, 이런 관점에서 계속 개정 중이다. 아빙돈(Abingdon)에서 나온 『새 해석자 성경』(*New Interpreter's Bible*)은 최고급판 12권짜리 주석 전집으로 성경 전체뿐 아니라 외경도 포괄한다. 성경 전부를 한 권에 담은 주석서 중 최상의 책 두 권을 뽑는다면, 하나는 제임스 메이스(James L. Mays)가 편집한 『하퍼콜린스 성서 주석』(*HarperCollins Bible Commentary*)이고 다른 하나는 존 바톤(John Barton)과 존 머디맨(John Muddiman)의 『옥스퍼드 성서 주석』(*Oxford Bible Commentary*)이다.

초보자나 수준 높은 독자들이나 모두 성경 사전은 가지고 있어야 한다. 최상의 성경 사전 중 한 권을 꼽자면 사켄펠드(K. D. Sakenfeld)가 편집한 5권 전집으로 된 『새 해석자 성경 사전』(*New Interpreter's Dictionary of the Bible*, Abingdon, 2006)이 있다. 최근에 두 종류의 단권 성경 사전이 나왔다. 하나는 마크 알란 포웰(Mark Allan Powell)이 편집한 『하퍼콜린스 성경 사전』(*HarperCollins Bible Dictionary*, 개정증보판)이고, 또 하나는 프리드만(D. N. Freedman)이 편집한 『어드만 성경 사전』(*Eerdmans Dictionary of the Bible*)이다. IVP(미국)에서 펴낸 다음의 책에도 유용한 정보들이 가득 들어 있다. 세 권짜리 『구약성경 사전』(*Dictionary of the Old Testament*), 『예수 복음서 사전』(*Dictionary of Jesus and the Gospels*,

요단출판사 역간), 『바울과 바울 서신 사전』(*Dictionary of Paul and His Letters*), 『후기 신약성경 사전』(*Dictionary of the Later New Testament and Its Development*), 『신약 배경 사전』(*Dictionary of New Testament Background*)이 그것이다. 베이커(Baker Academic)에서 나온 케빈 밴후저(Kevin J. Vanhoozer)가 편집자로 엮은 『신학적 성경 해석 사전』(*Dictionary for Theological Interpretation of the Bible*)도 훌륭하다. 성경을 공부하는 중에 떠오를 수 있는 더 폭넓은 관심 분야에 관해서는 다음 두 책, 크로스(F. L. Cross)와 리빙스턴(E. A. Livingstone)이 편집한 『옥스퍼드 기독 교회 사전』(*The Oxford Dictionary of the Christian Church*, 제3판)과 에이드리안 헤이스팅스(Adrian Hastings)가 편집한 『옥스퍼드 기독교 사상』(*The Oxford Companion to Christian Thought*)이 참고가 된다.

성경 지도책은 시중에 많이 나와 있지만 보통 너무 작고 엉성하다. 성경 속 사건들이 지리적으로 어디서 발생했는지 이해하고 싶다면 이에 대한 괜찮은 지도책 한 권쯤은 있어야 한다. 많은 지도책이 있지만 그중에서 세 종류만 언급하겠다. 메이(H. G. May)가 편집한 『옥스퍼드 성서 지도』(*Oxford Bible Atlas*, 제3판), 프리차드(J. Pritchard)가 편집한 『하퍼콜린스 성서 지도』(*HarperCollins Concise Atlas of the Bible*), 『항공사진 성서 지도』(*Aerial Atlas of the Holy Land*, Octopus Publishing, 2008). 특히 세 번째 책은 그 정교함과 정확함에 대해 칭찬하고 싶다.

이 책에 등장하는 주제에 대해 계속해서 연구하기

이 책에서 다루었던 주제들을 좀더 학문적인 수준에서 본격적으로 연구하고자 하는 독자들이나, 내가 이 책 전체를 쓰면서 암묵적 대화의 상대로 삼았던 저술들을 알기 원하는 독자들은 다음에 열거한 책들에 흥미를 느낄 것이다.

앤서니 티슬턴(A. C. Thiselton)이 『해석학의 새 지평들』(*New Horizons in Hermeneutics*, HarperCollins, 1992)에서 제공한 해석학에 대한 광범위한 조사 내용과 니콜라스 월터스토프(Nicholas Wolterstorff)의 『신적 담화』(*Divine Discourse*, CUP, 1995)가 해석학에 기여한 독특한 내용은 내가 이 책을 저술하는 데 유용한 전제가 되어주었다. 프랜시스 왓슨(Francis Watson)의 두 책, 『텍스트와 진리』(*Text and Truth*, Eerdmans, 1997)와 『텍스트, 교회, 세상』(*Text, Church, and World*, T.&T. Clark, 1994)은 몇몇 새로운 연구 방향을 제시했다. 프랜시스 영(Frances Young)의 『연행의 기술』(*The Art of Performance*, DLT, 1990)은 신선한 바람처럼 어떤 주제를 더 깊이 연구하도록 자극을 주었다.

최근에 나온 책들 중에도 중요한 저작이 있다. 『이 텍스트에 의미가 있는가?』(*Is there a Meaning in this Text?*, Kevin J. Vanhoozer, Zondervan, IVP 역간), 『제일신학』(*First Theology*, Kevin J. Vanhoozer, IVP 역간), 『하나님의 이야기: 성경, 교회, 내러티브 신학』(*Telling God's Story: Bible, Church, and Narrative Theology*, Gerard Loughlin, CUP,

1998), 『성경에 참여하기: 신학적 성경 해석의 모형』(*Engaging Scripture: A Model for Theological Interpretation*, Stephen Fowl, Blackwell, 1998), 『기독교 신학에서의 정경과 기준: 교부들로부터 페미니즘에 이르기까지』(*Canon and Criterion in Christian Theology: From the Fathers to Feminism*, William J. Abraham, OUP, 1998), 『성경: 교리적 스케치』(*Holy Scripture: A Dogmatic Sketch*, John Webster, CUP, 2003), 리처드 보캄(Richard J. Bauckham)이 쓴 『정치 속에서의 성경』(*The Bible in Politics*, WJKP, 1990), 『하나님과 자유의 위기: 성경적이고 현대적인 관점들』(*God and the Crisis of Freedom: Biblical and Contemporary Perspectives*, WJKP, 2002), 『세계화에 맞서는 기독교적 증언』(*Bible and Mission: Christian Witness in a Postmodern World*, 새물결플러스 역간).

역시 최근에 나온 다음 세 권의 책은 여기서 다룬 주제 전체에 대해 신선하고 창조적인 시각을 제시했다. 『살아서 운동력이 있는: 구원의 섭리 속에서의 성경』(*Living and Active: Scripture in the Economy of Salvation*, Telford Work, Eerdmans, 2002), 『성경 해석의 기술』(*The Art of Reading Scripture*, Ellen F. Davis and Richard B. Hays, Eerdmans, 2003), 『해석자의 집: 성경 읽기와 문화 읽기』(*Houses of the Interpreter: Reading Scripture, Reading Culture*, David Lyle Jeffries, Baylor University Press, 2003)가 그런 저작이다. 비슷한 주제에 관한 몇몇 중요한 글이 『두 지평 사이에서: 신약학과 조직신학 연결하기』[*Between Two Horizons: Spanning New Testament Studies and Systematic Theology*, Joel B. Green and Max Turner (eds.), Eerdmans,

2000] 안에 수록되어 있다. 특별히 주목을 끄는 책으로는 크레이그 바솔로뮤(Craig Bartholomew) 외 여러 명의 편집자가 엮은 성경과 해석학에 관한 시리즈인데(Paternoster/Zondervan), 다양한 관련 이슈들을 생생하고 수준 높게 다루고 있다. 그 시리즈 중에 알찬 내용으로 가득한 다음 다섯 권의 책은 이미 출판되었다. 『성경 해석의 회복』(*Renewing Biblical Interpretation*, 2000), 『오순절 이후』(*After Pentecost*, 2001), 『왕 같은 제사장?』(*A Royal Priesthood?*, 2002), 『텍스트의 이면』(*Behind the Text*, 2003), 『이집트를 탈출하여』(*Out of Egypt*, 2004)가 바로 그 시리즈의 책들이다. 앞으로도 더 많은 책이 나올 예정이다.

성경과 하나님의 권위

톰 라이트, 성경을 말하다

1쇄발행 2011년 12월 5일
5쇄발행 2023년 2월 9일

지은이 톰 라이트
옮긴이 박장훈
펴낸이 김요한
펴낸곳 새물결플러스

편 집 왕희광 정인철 노재현 이형일 나유영 노동래
디자인 박인미 황진주
마케팅 박성민 이원혁
총 무 김명화 이성순
영 상 최정호 곽상원
아카데미 차상희

홈페이지 www.holywaveplus.com
이메일 hwpbooks@hwpbooks.com
출판등록 2008년 8월 21일 제2008-24호
주 소 (우) 04118 서울시 마포구 마포대로19길 33
전 화 02) 2652-3161
팩 스 02) 2652-3191

ISBN 978-89-94752-14-3 03230

책값은 뒤표지에 있습니다.